曇鸞浄土教形成論

その思想的背景

石川琢道
Takudo ISHIKAWA

法藏館

曇鸞浄土教形成論——その思想的背景——＊目次

曇鸞浄土教形成論

――その思想的背景――

凡　例

1、本文の表記は、いわゆる新字体を用い、現代仮名遣いで統一した。ただし、固有名詞・引用文等の特殊な場合は、このかぎりではない。

2、本文の暦年は、原則として和漢暦で表記し、西暦を（　）にて示した。

〔例〕延興五年（四七五）

3、書名・経典名等には『　』を付し、章篇名や、学術雑誌所収論文等は「　」を付した。

4、巻数・頁数・年号等の数字は、単位語なしの漢数字を用いた。ただし、法数として慣用化されたものは通常の表記を用いる。

〔例〕巻二一　五〇頁　二〇〇六年　四十八願　十六観

5、省略記号については、本文・註記ともに左記のように表示し、それ以外のものについては慣例に従う。

大正蔵　大正新脩大蔵経
浄全　浄土宗全書
印仏研　印度学仏教学研究
日仏年報　日本仏教学会年報

6、典拠は、前項の略号表と4の数字表記に基づき、左記のように表示した。

大正蔵四〇、八二六頁上（大正新脩大蔵経、第四〇巻、八二六頁、上段を意味する）

序　論

一、研究の目的

本書は「曇鸞浄土教形成論――その思想的背景――」と題して、曇鸞（四七六―五四二頃）の浄土教思想の内実を明らかにし、加えてその思想がいかなる背景のもとに形成されたのか検討することを目的とする。

また本書の意図するところは、必ずしも曇鸞という浄土教の祖師研究の範疇にとどまるものではない。中国浄土教思想史上において、曇鸞の思想が道綽、善導へと影響を与えていることは論ずるまでもないが、その後、特に善導の存在が、その弟子懐感にとどまらず、宋代以降の浄土教に対しても大きな影響を与えることを考えると、間接的とはいえ、曇鸞の存在が中国浄土教思想の形成段階において重要な位置を占めているということができる。よって、本書の検討を通じて、初期中国浄土教思想の形成過程の一端を明らかにしてゆきたいと考える。

以下、これまでの研究を回顧し、その現状について確認したうえで、本書における研究方法を提示し、その概要を述べることとする。

二、研究の回顧とその現状

中国における研究動向

中国において、道綽（五六二―六四五）の『安楽集』に対して思想的な影響を与えて以降、曇鸞の思想が積極的な形で援用された形跡をみることはできない。それのみならず、世親の『往生論』が比較的後代にまで思想的な影響を及ぼしたのに対して、曇鸞の『往生論註』（以下『論註』と略す）は、（伝）智顗（五三八―五九七）『浄土十疑論』、ならびに慈恩大師基（六三二―六八二）『法華玄賛』巻三に引用されて以降、その伝歴さえ明らかでないのが現状である。(1) 二〇世紀に入って、湯用彤氏、(2) 任継愈氏、(3) 陳揚炯氏(4)などによって研究は進められてきたが、それらの成果の多くは日本における研究を踏まえたものであり、少なくとも、中国において継続的、かつ体系的に曇鸞研究が進められてきたとはいえない。したがって曇鸞に関する研究を振り返る場合、まず本邦における研究史をみてゆく必要がある。

日本（近世以前）における研究動向―祖師鑽仰としての曇鸞研究―

正倉院文書に『往生論私記』（七四八年、七五三年）、『往生論記』（七六八年）と記される典籍が存在する。(5) これらが『論註』を指すものと考えられることから、少なくとも八世紀頃には日本に将来されていたと思われる。元興寺智光（八世紀頃）の著作に『無量寿経論釈』があるが、その表題は『往生論』の註釈書を意味するものの、復元された内容からは『論註』が援用されることが知られ、(6) 上記の事項を裏付けるものといえる。智光以降、源信『往生要集』、源隆国『安養集』、永観『往生拾因』、法然『選択集』、親鸞の『教行信証』等の諸著書などに引用され、思想的にも影響がみられるものの、曇鸞教学に対する専門的な研究となると、良忠『往生論註記』(以下『論註記』と略す)を待つこととなる。『論註記』以降、ここに列記することができないほど数多くの末註書が成立するが、[7]ここでは近代以降の研究者にも多大な影響を与える、良忠『論註記』ならびに香月院深励(以下、深励と略す)『註論講苑』をその代表として取り上げ、近世以前の曇鸞研究の特徴について言及することとする。

良忠(一一九九―一二八七)は浄土宗第三祖として知られ、その著『論註記』は弘長三年(一二六三)の起稿から何度かの改訂を重ねて、最終的に弘安九年(一二八六)に成立したものである。[8]同書は先述のとおり曇鸞教学に対する専門的な研究としては初出であるが、のちの諸註釈書にも多大な影響を与えている。それは良忠の他の著書と同様、緻密な出典考証に基づく内容理解に努めていることに起因する。そして、深励も『註論講苑』において随所に同書の理解を取り上げるように、浄土宗における理解の範疇にとどまらず、後世の末註書の起点となるものである。

深励(一七四九―一八一七)は真宗大谷派の高倉学寮の第五代講師として大谷派の宗学を大成した学僧として知られ、『註論講苑』は文化四、五年(一八〇七、一八〇八)の夏安居の講録として成立したものである。同書は同じ大谷派の恵然『浄土論註顕深義記』、慧琳『浄土論註顕深義記伊蒿鈔』のみならず、本願寺派の知空『往生論註翼解』、浄土宗の良忠『論註記』、了慧『論註拾遺鈔』、浄土宗西山派の浄音『往生論註刪補鈔』、善偉『往生論註私集鈔』等の先行する末註書を参照して、さらに緻密な内容考証を重ねており、近代以降の研究者にまでも大きな影響を与えている。

この両書の特徴を概略的に挙げるならば、次の三点を指摘することができる。

第一に、基本的に逐文解釈の形式をとる点である。『註論講苑』巻一は「玄談」と題して主要な論題についてわずかに検討を加えてはいるものの、このような逐文解釈の形式をとることは、両書に限らず、末註書としては基本的な形式といえる。このことはつまり、曇鸞教学の体系的理解を目的とするよりは、『論註』の文章理解を主眼としていることを意味する。

第二に、文章理解を行う際の時代性の欠如である。時代性への意識は『註論講苑』には垣間みえるため、特にこれは『論註記』にいえることであるが、例えば『大乗起信論』等、『論註』成立以降の典籍に基づいて『論註』を理解しようとする傾向がある。このような註釈姿勢は、先の指摘と同様に曇鸞教学の体系的理解を目的とするよりは、『論註』の文章理解、ならびに『大乗起信論』などと比較したうえでの『論註』の思想的価値についての理解に努めていることに起因するものと思われる。しかし、そのような立場は一面では曇鸞自身の理解と乖離してしまう可能性も有している。

そして最後に第三として、顕在的もしくは潜在的な宗派意識である。先述のとおり両書は浄土宗、真宗大谷派の学匠によるものであり、両者にとって曇鸞は浄土五祖の第一祖、七高僧の第三祖にあたる祖師であることを考えれば、それは極めて当然のことのようにも思われる。特に『註論講苑』においては、随所に鎮西・西山・真宗の浄土三派における理解の相違について取り上げているが、そのような顕在的な宗派意識の表明にとどまらず、『論註』理解において潜在的に自らの立場（もしくは祖師である親鸞）の理解が正義であるとの強い認識がみられる。このような認識は、いずれも自身の宗派を担う学匠という立場を察すれば当然のことであるが、先の指摘と同様に、一面として曇鸞自身の理解と乖離してしまう可能性も有すといえる。

以上、筆者の批評も加えつつ、良忠『論註記』、深励『註論講苑』の特徴を指摘してきたが、この両書に代表される近世以前の曇鸞研究の特徴について総論的に考えるならば、それは「祖師鑽仰としての曇鸞研究」であったということができるであろう。両書を著述する起因は、『論註』が自らの所属する宗派の祖師である曇鸞によるものであったことにあることを考えれば、そのような祖師鑽仰という立場も当然のことのように思われる。しかしその是非についてはともかく、近代以降の仏教学研究の立場と比較した場合、近世以前の特徴として以上のように指摘することができよう。

日本（近代以降）における研究動向―中国仏教研究と宗学研究―

近代以降、欧米よりもたらされた仏教学という新たな研究領域の誕生により、日本においても近世以前とは異なる、新たな仏教研究の萌芽をみることとなった。

このような動向は中国仏教研究においても無関係ではない。鎌田茂雄氏が、

昭和十二年「支那仏教史学会」が設立され、中国仏教史を中国文化史や社会史との関連において把握しようとする機運が起り、教理、教団、美術、文学、法制、経済のあらゆる面を総合的に把えようとする仏教文化史研究が中国仏教史研究の主流となり、大きな成果を生むに至った。(9)

と指摘するように、凝然『三国仏法伝通縁起』の問題意識に代表されるような、インド・中国・日本と三国を次第する仏教史の一部として中国仏教をとらえるのではなく、中国において萌芽し、発達した一宗教としてとらえる中国仏教研究が開始されたのである。

そのような状況を受けて、中国における仏教遺跡の実態調査をはじめ、敦煌、雲崗、龍門の石窟の調査等が進められている。このうち特に、一九〇〇年に敦煌・莫高窟より発見された諸文献（いわゆる敦煌文献）は、矢吹慶輝

『鳴沙余韻』[10]をはじめとして、『大正新脩大蔵経』巻八五、[11]『敦煌宝蔵』[12]、『敦煌大蔵経』[13]、『俄蔵敦煌文献』[14]、『法蔵敦煌西域文献』[15]、『国家図書館蔵敦煌遺書』[16]等、順次資料公開が進められている現状にある。さらに中国仏教文献について考える場合も、現在研究が進められている聖語蔵等の奈良写経、ならびに落合俊典編『七寺古逸経典研究叢書』[17]に所収される七寺一切経をはじめとした、平安・鎌倉写経の研究も等閑視できない状況にあるといえよう。

このように中国仏教研究は、近世以前とは異なり、上記のような新出資料を駆使して、諸分野を含んだ総合的な視点から、中国固有の一宗教としての中国仏教を研究の対象とすることになった。そして研究者はそのような方法論を各自の研究対象に援用して、新たな理解を提示するに至っており、今後もこのような新たな資料や視点から研究成果が提示されることと思われる。

では、このような点を踏まえ、曇鸞研究の現状についてみてゆくことにしたい。

まず、『論註』の書誌研究においては、大正時代初期に西本願寺の宝庫から発見された、建長八年（一二五六）の親鸞自筆の奥書を有する、いわゆる「親鸞加点本」が完本としては現存最古の版本である。[18]しかしながら、近時、大阪・河内長野の金剛寺より平安期書写と思われる『論註』巻下が発見されており、[19]このような日本の古写経の調査の進展は、今後『論註』の書誌研究も大いに進む可能性を有することを示唆するといえよう。

次に歴史、思想の両分野における研究についてであるが、末註書と同様、ここに列記することができないほど数多くの曇鸞に関する研究書、ならびに研究論文が発表されている。ここでは便宜上、戦後刊行された研究書に限って提示すれば以下のとおりである。

道端良秀『中国の浄土教と玄中寺』永田文昌堂、一九五〇年。

上杉思朗『解読浄土論註』西村為法館、一九五五年。

稲葉圓成『往生論註講要』西村為法館、一九五七年。
藤堂恭俊『無量寿経論註の研究』佛教文化研究所、一九五八年。
野上俊静『中国浄土三祖伝』文栄堂書店、一九七〇年。
篠田龍雄『往生論註の真宗思想』百華苑、一九六二年。
神子上恵龍『往生論註解説』永田文昌堂、一九六九年。
舟橋一哉『仏教としての浄土教』法藏館、一九七三年。
福原亮厳『往生論註の研究』永田文昌堂、一九七八年。
大江淳誠『往生論註大綱』永田文昌堂、一九七六年。
西山邦彦『龍樹と曇鸞―浄土論註研究序説―』法藏館、一九八二年。
西山邦彦『意訳浄土論註』法藏館、一九八三年
早島鏡正・大谷光真『浄土論註』（佛典講座二三）大蔵出版、一九八七年。
幡谷明『曇鸞教学の研究―親鸞教学の思想的基盤―』同朋舎出版、一九八九年。
蓑輪秀邦編『解読浄土論註』（改訂版）真宗大谷派宗務所出版部、一九九五年。
藤堂恭俊他『曇鸞・道綽』（浄土仏教の思想四）講談社、一九九五年。
相馬一意『往生論註講読』百華苑、二〇〇〇年。

また単著ではないが、曇鸞について専論した論文集に以下のものがある。

龍谷大学真宗学会編『曇鸞教学の研究』永田文昌堂、一九六三年。
論註研究会編『曇鸞の世界―往生論註の基礎的研究―』永田文昌堂、一九九六年。

このようななか、近代以降の研究について概観すると、歴史的な側面と思想的な側面の二者に大別することができる[20]。このうち歴史的側面からは塚本善隆氏、野上俊静氏、小笠原宣秀氏、藤堂恭俊氏、藤善真澄氏などにより、諸僧伝にとどまらず、史書類や金石文などの史料を駆使した、伝記、ならびに当時の社会背景の解明がなされ、その研究は大いに進展した。一方、思想的側面からは、神子上恵龍氏、舟橋一哉氏、福原亮厳氏、藤堂恭俊氏、幡谷明氏、相馬一意氏、藤丸智雄氏などにより、近代以降、欧米の仏教学研究よりもたらされた文献学的方法によって研究が行われ、名畑應順氏、森三樹三郎氏、道端良秀氏、宮澤正順氏などからは、仏教学以外の見地より、曇鸞と神仙思想・老荘思想などとの関わりについて研究が進められ、新たなる研究視座が提示された。また、矢吹慶輝氏による敦煌文献の研究により、中世以来、その真偽には異論のあった『略論安楽浄土義』について真撰として一定の結論を得るに至り、書誌学的進歩をみることを得た。

しかしながら、近年、吉津宜英氏、竹村牧男氏、石井公成氏、大竹晋氏などによる『大乗起信論』研究、西本照真氏による三階教研究など、中国仏教研究そのものが大きく展開してゆくなかで、曇鸞研究は行き詰まりを迎えた感がある。その理由として、第一に、歴史的側面においては、閲覧できる史料の整理が一通り終わっていること。第二に、思想的側面においては、これまでの研究の蓄積により曇鸞の諸著作の一言一句に至るまで一応の内容読解を終えていること。第三に、従来の研究の多くが近代仏教学の方法論を用いながらも、顕在的または潜在的に、いわゆる宗学的視点から日本浄土教の祖師の思想と関連して論ぜられる傾向にあることなどが挙げられる。

三、研究方法論

ではそのようななかで、曇鸞研究においていかなる新視座を提示しうるのであろうか。これまで曇鸞研究の多くは、中国から日本に至る浄土教思想史の展開を一つの流れとしてとらえて、曇鸞の存在をその起点とする固定的な位置づけが行われた傾向があり、必ずしも中国仏教思想史上における曇鸞の位置づけはなされてこなかった。確かに日本浄土教の淵源を中国にたどれば曇鸞に至り、また曇鸞の思想がそれ以前と比して特異な存在であることは事実である。しかしその曇鸞の思想も、北魏という時代性や社会と無関係に成立したということはできない。そこで、曇鸞を中国仏教思想史上に還元して、その存在を起点ではなく、一つの結実した思想ととらえて、その形成に至る社会的・思想的背景を注視し、その思想を読み進めてゆくことにより新たな曇鸞像を提示しうるのではないかと考えるのである。本書では、このような視座から、改めてその浄土教思想の体系と内実について検討してゆきたい。

そして、その思想内容の解明にあたる具体的な方法として、『大智度論』『十住毘婆沙論』などの羅什の訳による般若系論書[21]との思想的関連性に注目しながら検討を行うこととする。伝記によるかぎり、曇鸞の浄土教への帰依は極めて劇的なものであった。曇鸞は中国の南地において陶弘景に仙術を学び、その帰路、洛陽において菩提流支より『観無量寿経』(一説には『往生論』)を授かり、それが起因となり浄土教へ帰依したとされる。したがってこの伝記に従うならば、菩提流支の存在とは、いわば師である。しかし、曇鸞の主著『論註』において、菩提流支の訳出による『往生論』に対して訳語の批判を行ったことが象徴するように、菩提流支が多くを訳出した唯識系経論を曇鸞が受容した痕跡はみられない。また、曇鸞と時代を同じくする論者の浄土教関連の典籍も残されていないのが現状である。そのようななかで、四論と呼称される般若系論書を学んだ曇鸞が、自らの浄土教思想を形成するにあたり、それら論書をいかに受容したかを注視することにより、その思想が形成される過程が明らかになると考えるのである。

本書では、以上のような研究方法と視点から、各論について検討を進めてゆきたい。

四、本書の概要

本書は六章により構成される。以下、その概要について述べることとする。

第一章「北魏仏教の民間信仰的側面」では、曇鸞の浄土教信仰との関わりから、曇鸞が活躍した北魏という時代における諸信仰について検討する。まず金石文にみられる造像銘を史料として、当時隆盛へと向かいつつあった無量寿仏信仰の実態を明らかにし、曇鸞の浄土教信仰との関わりに言及する。また、『観世音応験記』を史料として、当時盛んであった観世音信仰における称名という宗教的実践に着目し、曇鸞の称名の実践との関わりを考察する。

第二章「『往生論註』成立に関する諸問題」では、後章の検討に先立ち、『論註』に関わる概論を提示する。まず、『論註』の構成に着目し、逐文註釈という性格を有しつつも、その構成の特徴が示す曇鸞の独自性に言及する。また、三種二十九句の荘厳相の解釈中にみられる曇鸞作成の願文に着目し、曇鸞がいかなる姿勢でこの『往生論』の註釈を行ったのかを明らかにする。

第三章「仏身論」では、仏身に関わる議論について検討する。これまで曇鸞の阿弥陀仏身論は二種法身説によって論じられる傾向にあった。そこでまず、この二種法身説の思想背景について考察し、唯識経論に説示される三身説をその思想背景とみるのに対して批判を加え、それを踏まえて曇鸞が二種法身説を創出した意義ならびにその思想内容について明らかにする。そして、曇鸞が「浄土」という訳語を使用する背景をうかがうことにより、何故に曇鸞が阿弥陀仏を本願成就身ととらえることとなったのか明らかにする。

第四章「菩薩道と願生者」では、阿弥陀仏の浄土への往生行を菩薩道の実践ととらえた曇鸞が、その願生者をいかにとらえていたのか考察する。まず、平等法身の菩薩と未証浄心の菩薩に関する説示に着目し、曇鸞が往生行と菩薩の階位の関わりをいかにとらえていたかを明らかにする。また、曇鸞は願生者の存在を上品生と下品下生の二種に分類して説示を行うが、その二菩薩の分類と往生行の関わりについても併せて明らかにする。

第五章「実践論」では、その往生行に関わる具体的行実を明らかにする。まず難易二道について検討する。『十住毘婆沙論』「易行品」に依拠して曇鸞は難易二道を説示するが、そのような『往生論』の註釈とは一見して無関係であるように思われる。その点に着目し、この難易二道が何故に提示されたのか、その意図を明らかにする。またこれに対し、五念門、奢摩他・毘婆舎那については『往生論』に説示される行業であるが、それら行業に対する曇鸞の解説と、『往生論』の原意との異なる部分に着目し、そこから垣間みられる曇鸞の説示の特徴を明らかにする。また、曇鸞が十念という行業に対して具体的にいかなる行為を意図していたかについてはこれまで多くの見解が提示されているが、この点については曇鸞の称名に関わる説示に着目しながら、その十念に対する曇鸞の理解について再考を試みる。

第六章「曇鸞の往生思想の形成とその特徴」では、曇鸞の意図した往生行がいかに形成され、またどのような特徴を有するものであるかを明らかにする。まず『大智度論』『十住毘婆沙論』所説の往生の概念を確認し、それらが阿弥陀仏の浄土への往生を意図しないまでも、曇鸞の往生思想との近似性を有するのみならず、曇鸞がそれらの思想的影響下において往生思想を形成した点を指摘する。また、曇鸞は往生行として、往生（往相）したのちも菩薩道の実践として現在世へと帰入（還相）することを意図しており、特にその還相について曇鸞が強調したその背景について明らかにする。

以上の六章によって、曇鸞の浄土教思想がいかなる内実を有し、またいかにして形成されたものであるのか明らかにしてゆきたい。

註

（1）柴田泰「中国仏教における『浄土論』『浄土論註』の流伝と題名（一）（二）」（『印度哲学仏教学』一一・一二、一九九六年・一九九七年）参照。

（2）湯用彤『漢魏両晋南北朝仏教史』中華書局、一九五五年。

（3）任継愈主編『中国仏教史』中国社会科学出版社、一九八一―一九八八年。なお同書の邦訳に、丘山新他訳『定本中国仏教史』（第一期全三巻、柏書房、一九九二―一九九四年）がある。

（4）陳揚炯『曇鸞大師伝』宗教文化出版社、二〇〇〇年。同『中国浄土宗通史』（中国仏教宗派史叢書）江蘇古籍出版社、二〇〇〇年。なお同書の邦訳に、大河内康憲訳『中国浄土宗通史』（東方書店、二〇〇六年）がある。

（5）石田茂作『写経より見たる奈良朝仏教の研究』㈶東洋文庫、一九三〇年、「奈良朝現在一切経目録」一三〇頁。

（6）戸松憲千代「智光の浄土教思想に就いて　上・中・下」（『大谷学報』六五・六八・六九、一九三七年・一九三七年・一九三八年）。恵谷隆戒『浄土教の新研究』山喜房佛書林、一九七六年。

（7）それら末註書について整理したものに以下の論考がある。河原静雄「曇鸞大師研究文献略目録」（『宗学院論輯』三五、一九四二年）、直海玄洋・大田利生共編「曇鸞大師関係著書・雑誌論文目録」（龍谷大学真宗学会編『曇鸞教学の研究』永田文昌堂、一九六三年）、早島鏡正・大谷光真『浄土論註』（佛典講座二三）大蔵出版、一九八七年、「文献案内」。

(8) 浄全二一「解題」、四〇頁下—四一頁上を参照。
(9) 鎌田茂雄『中国仏教史』岩波書店、一九七八年、iii—iv頁。
(10) 岩波書店、一九三〇年。
(11) 大正新脩大蔵経刊行会、一九三二年。
(12) 新文豊出版公司、一九八〇—一九八六年。
(13) 前景出版社、一九八九年—。
(14) 上海古籍出版社、一九九二—二〇〇一年。
(15) 上海古籍出版社、一九九四—二〇〇五年。
(16) 北京図書館出版社、二〇〇五年—。
(17) 大東出版社、一九九四—二〇〇〇年。
(18) この加点本については、妻木直良「春日版往生論註について」(『寧楽』七、一九二七年)、藤堂祐範『浄土教版の研究』(藤堂祐範著作集・中巻、山喜房佛書林、一九七六年)により、鎌倉時代の京都で開板されたものとの見解が提示されているが、いずれにしても現存最古であることに変わりはない。
(19) 三宅徹誠「金剛寺蔵保延四年写『無量寿経優婆提舎願生偈註』巻下・解題」(『金剛寺蔵 観無量寿経 無量寿経優婆提舎願生偈註巻下』日本古写経善本叢刊第三輯、国際仏教学大学院大学学術フロンティア実行委員会、二〇〇八年)参照。
(20) 以下、諸氏の具体的な著作、論文名については本書巻末の「参考文献」を参照されたい。
(21) 本書では、羅什訳の中観系論書、ならびに僧肇『肇論』など羅什門下による著作を、「般若系論書」と呼称して用いることとする。

第一章　北魏仏教の民間信仰的側面

第一節　北魏の無量寿仏信仰――造像銘を通じて――

第一項　問題の所在

五胡十六国時代を経て、中国北地は北方民族の拓跋部が建国した北魏によって統一された。非漢民族国家であった北魏が、その漢化政策の一環として仏教を取り入れたことにより、中国仏教は隆盛期を迎えることとなった。一時期、崔浩らによる廃仏の時代を経るが、その後、高宗文成帝によって復仏の詔が発布されると、廃仏以前にも増して仏教興隆の時代をみることになったのである。

その北魏仏教の特徴として、仏教信仰がより一般民衆へと広がった点を指摘することができる。例えば仏図澄が後趙の石勒の帰依を受けたように、それ以前の仏教は国家の平安を願う祈祷的要素が強く、またその信仰は主に皇帝や貴族が担っていた面が強い。それに対し、北魏においては、「邑義」や「法義」と呼ばれる多くの在家信徒団体を生み出すなど、その信者の裾野は広がっていった(1)。

そのような北魏の仏教信仰の一つとして無量寿仏信仰を挙げることができる。釈迦・弥勒の両信仰が大勢を占めるなかで無量寿仏信仰は必ずしも主流ではなく、またそれと同調するようにその信仰について語る史料も少ない。しかしそのわずかな史料から垣間みられる無量寿仏信仰の萌芽と時代を同じくして、後世に影響を与えることとなる曇鸞の浄土教信仰が生まれたという事実は非常に興味深い。

本節では、北魏の仏教信仰の実状を伝える造像銘を史料として、当時の無量寿仏信仰、ならびにそれと関連する西方願生思想の状況を明らかにし、そのうえで、当時の時代状況のなか、曇鸞の浄土教信仰が形成されるに至った、その背景について検討したい。

第二項　先行研究の整理

ここで、造像銘を史料として北魏の無量寿仏信仰について扱った先行研究を整理しておきたい。

まず、塚本善隆氏の研究をその先駆として挙げることができる。(2)これは水野清一・長廣敏雄両氏の龍門石窟の調査によって明らかとなった史料に基づいて、北魏仏教の状況について明らかにしたものである。そのなかで無量寿仏信仰について、北魏から唐代へと時代が経過するなかで、その尊名が「無量寿仏」から「阿弥陀仏」へと変化してゆく点を指摘している。ただし、扱われる史料は龍門石窟のものに限られ、必ずしも中国北地全土に及ぶものではない。しかし、造像銘を用いた研究の初出といえ、なおかつその手法は後に続く研究にも影響を与えるものである。

藤堂恭俊氏は、塚本氏の整理に加えて、大村西崖氏の研究成果(3)に基づいて、さらに史料収集の範囲を龍門以外へと広げ、北魏の無量寿仏信仰について検討を行っている。[4] 藤堂氏は無量寿仏像記載の造像銘に基づいてその信仰内容を精査しているが、その調査対象は無量寿仏にとどまらず、釈迦・弥勒などの尊像の造像銘にまで及び、併せてそこに示される西方願生思想についても言及されている。釈迦・弥勒の造像のなかで西方願生思想がみられることとは、一見すると混同されたもののようにも思われる。しかし、そのような当時隆盛であった釈迦・弥勒両像の造立にみられる西方願生の延長上に、無量寿仏を意図した浄土教が形成されたとの指摘は、藤堂氏によって初めてなされたものである。

久野美樹氏は、藤堂氏が論究された西方願生思想について検討し、[5] 隋、唐以降は『観無量寿経』を中心とした浄土経典に依拠して阿弥陀仏と西方往生が直結するのに対し、南北朝期においては釈迦、弥勒、『法華経』の多宝、観世音の諸信仰のなかで西方願生が述べられる点について論じている。[6] 久野氏は塚本・藤堂両氏の論文以降に報告された造像銘を多数整理しているが、特に両氏と異なり金銅仏の造像銘をその調査対象としていることは、注目すべきである。

侯旭東氏は、五、六世紀の石刻・金銅仏のあらゆる尊像の造像銘を収集し、当時の民衆信仰に関する研究を行っている。[7] 無量寿仏ならびに西方願生の検討についてはその研究の極めてわずかな部分を占めるにとどまり、また無量寿仏信仰に限ってみれば塚本・藤堂両氏の研究を受けたものと思われるが、その史料収集の範囲は非常に広範なものがあり、注目に値する。

第三項　史料収集の範囲

以上の研究史を踏まえ、本節では以下のように史料収集の範囲を定める。

北魏の無量寿仏信仰ならびに西方願生思想に対する検討はすでに藤堂氏によって行われている。しかし藤堂氏の研究も発表から半世紀近くを経過しており、その後報告がなされた数多くの新出史料についての情報が当然ながら反映されていない。したがって、まず藤堂氏以降の新出史料も併せて整理することとする。

また、史料収集の範囲を金銅仏に記される造像銘にまで広げてゆきたい。佐藤智水氏によれば、北朝全体の造像をみてゆくと庶民によるものが最も多く、そのなかでも金銅仏は庶民による造像が圧倒的に多いとされる(8)。法相学や華厳学など仏教の哲学的な解明を意図した教理とは異なり、浄土教は一般民衆に根ざした信仰といえる。これは曇鸞が、介山(9)において民衆を集め教化を行っていたことからも明らかである(10)。この点からも、藤堂氏が未収集の金銅仏を調査に加える意義は大きいと思われる(11)。

本節ではこのような史料収集の範囲を定めたうえで、北魏時代の史料と併せて、その後の造像内容の変遷を確認する意味から、隋による南北統一までの史料についても整理してゆく。

第四項　無量寿仏・阿弥陀仏の造像とその信仰

一、無量寿仏像・阿弥陀仏像の造例

先述のとおり、北魏における無量寿仏・阿弥陀仏の造立は、他の仏菩薩と比較した場合、必ずしも主流ではない。いま仮に佐藤智水氏の収集した北魏の造像中におけるその割合を計算すれば(12)、尊名を有する造像のうち、無量寿仏像はわずか四・一パーセントを占めるに過ぎない。釈迦・弥勒がそれぞれ三割程度の割合を有していたことを考え

ると、その規模の差を容易に把握することができよう。唐代以降、阿弥陀仏・観世音両像の造像が主流となるが、少なくともそれ以前において無量寿仏像と釈迦・弥勒両像の割合が逆転することはない。しかし、その唐代以降の阿弥陀仏像の立像隆盛の時代を迎えるまえに、以下に示すように、少ないながらもその造像量を次第に増やしつつあったのである。

ここで、各先行研究を参照しつつ、さらに筆者の収集を加えた、北魏時代造立の無量寿仏像ならびに阿弥陀仏像について列記すれば以下のとおりである（資料1）。また、造像の変遷を確認するため、北魏以降の北朝の紀年を有する両像についても併せて列記しておきたい（資料2）。

なおここでは、造像年月日、造像主、出土地（製作地）、尊像名、造像銘の順に記す（本節末に出典の略号一覧を付す[13]）。

【資料1】北魏の無量寿仏像・阿弥陀仏像

1、和平五年（四六四）、清信女□姜造像、不明、無量寿仏。
和平五年歳在甲辰、清信女□姜、為父母兄弟姉妹、造无量寿仏、願捨身受身常与諸仏共会。（大和文華四七頁、松原二四六頁）

2、承明元年（四七六）、某人造像、不明、無量寿仏？。
自真□沖……干□道化替?……難□是以……信道□……万□□韶……代承明元……□捨?□……等造无……躯□……識値□……化生自□宿命□□功徳普及十方六道衆生等供養仏□□□之□造。（松原二四八頁）

3、太和六年（四八二）四月八日、某人造像、不明、無量寿仏。

太和六年四月八日□□□□、為亡父母、造無量寿仏一躯、願□□□□受身常与仏会。（松原二五二頁）

4、太和九年（四八五）二月二七日、李伯恩造像、不明、無量寿仏。

太和九年歳在乙丑二月戊戌朔廿七日甲子、仏弟子李伯恩、為命?身所生父母□□合家大小、造無量寿仏一区。（松原二五二頁）

5、太和二十□年（四九六―四九九）□月一五日、陳法花造像、不明、阿弥陀仏?。

太和廿□□□十五日、陳法花、為亡息□□阿□□□□伽文像一区、願使□□□上生天□□仏会中龍□□□□願弟□□□同此□広城□□□。（六朝二八七頁）

6、景明三年（五〇二）、劉保生造像、不明、無量寿仏。

景明三年歳次壬午四月丁丑朔十一日丁亥、弟子劉保生、為上父母見存眷属、敬造無量寿仏石像一区、願縁此福、父母神生天上、常値仏聞法、神果妙唐慶鐘、七世与十方衆生等、登邑□。（西安一五―一七頁）

7、神亀元年（五一八）、清信女造像、龍門（敬善寺洞）、無量寿仏。

神亀元□□清信女□□無量寿□□夫託生西□□願願従□（龍門研究二四八頁、龍門彙録二〇八頁）

8、神亀元年（五一八）七月、清信女姜氏造像、龍門（老龍洞付近）、無量寿仏。

清信女姜氏、造無量寿仏像、神亀元年七月。（彫塑篇二一六頁）

9、神亀二年（五一九）、清信女姜氏造像、河南・洛陽?、無量寿仏。

清信女姜氏、造無量寿仏象、神亀二年。（彫塑篇二一七頁）

10、神亀二年（五一九）四月二五日、杜永安造像、龍門（古陽洞）、無量寿仏。

杜永?安士仏時、祖母智?姚姫士仏時、夫妙景難御、蒄道幽隠、自非眞□胡可超尋、浅世凡夫、□受罪積、末世古?初?、怨今無福、輒割資産、造無量寿仏、斯願天下一切含生、有刑之類、速勝妙景、及七世父母、所生父母、因属知識、常與善遇、弥勒三唱、恒登先首。神亀二年四月廿五日、清信士仏弟子杜永安造。（龍門研究三〇六頁、龍門彙録五一四頁）

11、正光三年（五二二）九月二〇日、□相合妻公孫興姫造像、龍門（火焼洞）、無量寿仏。

正光三年九月廿日、□相合妻公孫興?姫、為亡父母前□□□、造無量寿仏一区、願長命老寿、恒侍仏因縁。（龍門研究三一七頁、龍門彙録五六七頁）

12、正光四年（五二三）八月一九日、比丘僧弘□造像、不明、無量寿仏。

大勢至?菩薩?□。大魏正□四□□在癸□八月十九日、宝霊山□寺比丘僧弘□□等、造無量寿仏一区、上皇帝陛下師□父……□眷属法界衆生、尓巳身道□□□、願弥勒下生□三会在於初□。無量寿仏。観世音菩薩。（北魏紀年七三頁、孫貫文二二八頁）

13、正光四年（五二三）九月一五日、清信優婆夷李氏造像、龍門（魏字洞）、無量寿仏。

正光四年九月十五日、清信優婆夷李、為亡女楊氏王神英、敬造無量寿仏像一堪、願亡者離苦得楽、普津法界。（龍門研究二八三頁、龍門彙録三四九―三五〇頁）

14、孝昌二年（五二六）四月八日、周天盖造像、龍門（魏字洞）、無量寿仏。

孝昌二年四月八日、周天盖、仰為父母師僧、一切衆生、敬造無量寿仏像一躯、願出至天郷、三有群少、同津法沢、普登正覚。（龍門研究二八三頁、龍門彙録三五〇頁）

15、孝昌二年（五二六）五月二三日、丁辟耶造像、龍門（魏字洞）、無量寿仏。

孝昌二年五月廿三日、丁辟耶、為自身夫妻?、居眷大小、法界衆生、敬造無量寿、供養。（龍門研究二八四頁、龍門

彙録三五二頁）

16、孝昌二年（五二六）五月二三日、孫妙憙息造像、龍門（魏字洞）、無量寿仏。

孝昌二年五月廿三日、孫妙憙、自為□□□敬造無量寿。（龍門彙録三五二頁）

17、孝昌三年（五二七）正月一五日、清信女黄法僧造像、龍門（蓮華洞）、無量寿仏。

夫三宝益潤、沾及存亡、是以清信女仏弟子黄法僧、為亡妣、敬造無量寿像一区、願亡者生天、捨苦得楽、居家現□、恒与善会。復願、修福日進、正念無退、含生有識、同帰斯沢。孝昌三年正月十五日。（龍門研究二七五―二七六頁、龍門彙録二六〇頁）

18、永安三年（五三〇）、柱国程文徳妻王伏素造像、不明、阿弥陀仏。

……刻銘未見……（孫貫文二二七頁）

19、永熙元年（五三二）、李四娘造像、龍門（普泰洞）、阿弥陀仏。

……□子□……□人□明□造阿弥陀□一区□□□此福因同斯□□□□□□……（北魏紀年一〇八頁）

20、永熙二年（五三三）九月一〇日、陵江将軍政桃樹造像、龍門（古陽洞）、無量寿仏。

永熙二年九月十日、仏弟子陵江将軍政桃樹、敬無量寿像一区、父母眷属、一切衆生、離苦得洛、値遇諸仏。（龍門研究三〇八頁、龍門彙録四四五―四四六頁）

21、北魏末と推定[14]、大統寺比丘道縁造像、龍門（蓮華洞）、無量寿仏。

大統寺比丘道縁、為己身眷属、造無量寿仏像一区、願生生世世、値仏聞法、一切含生、共同斯願。（龍門研究二八〇頁、龍門彙録二六四頁）

【資料2】北魏以降の無量寿仏像・阿弥陀仏像

1、天平元年（五三四）四月二七日、僧恵等造像、不明、阿弥陀仏。

天平元年卯月廿七日、比丘僧恵等、敬造阿弥陀像一区、願弟子等、身騰九空、迹登十地、万品衆生壹同此願。（魯迅第二冊二三九頁）

2、天平三年（五三六）、鞏県尉妻造像、河南・鞏県、阿弥陀仏?。

衆生一□歳天平三年□□□張七□□□日貴子鞏県□□□□尉妻、為□父敬造阿□□□□像一……。（鞏県三〇二頁）

3、武定七年（五四九）一〇月一日、法嵩法遷造像、不明、無量寿仏。

大魏武定七年歳次己巳十月一日、魏光寺尼法嵩法遷、仰為亡師欽、敬造無量寿像一区、願国主父母、過現眷属、入如来蔵、三界有形、□成正覚。（魯迅第二冊四七一頁）

4、天保六年（五五五）正月二三日、李神景兄弟等造像、河南・上曲陽県、無量寿仏。

天保六年正月廿三日、上曲陽県人李神景兄弟等、仰為皇帝陛下、亡父母、敬造白玉無量寿像一区並二菩薩、願使亡父母捨此身已往生西方極楽世界、又願法界衆生世界居眷大小、遠離苦津、速登正覚。（楊伯達一七〇頁）

5、天保七年（五五六）閏月一五日、趙郡王高睿造像、河北・定州、無量寿仏。

大斉天保七年歳次丙子閏月癸巳十五日丁亥、趙郡王高睿、仰為亡父（中略）南趙郡開国公琛、亡母魏侍中華陽郡長公主元、敬造白石無量寿像一区。（魯迅第三冊六五一—六五二頁、李裕群八三頁）

6、天保七年（五五六）閏月二四日、尼如静造像、不明、無量寿仏。

大斉天保七年歳次丙子閏月癸巳朔廿四日丙申、仏弟子比丘尼如静、為亡師比丘尼始静、願造無量寿仏聖像一区、願令亡者託生西方妙楽仏国、与仏局（居《?》）、面覩諸仏、見存者受福無量、共成仏道。（八瓊室二〇巻一八—一九丁、魯迅第三冊六五七頁）

7、天統二年（五六六）二月九日、比丘道敬造像、河南・鞏県、無量寿仏。

天統二年二月九日、比丘道敬、願造無量□□一区、所願如是。（傅永魁一三九頁）

8、天統三年（五六七）五月二七日、李得玉造像、不明、無量寿仏。

大斉天統三年歳次丁亥五月辛未朔廿七日丁酉、仏弟子李得玉、為亡父母、敬造寿仏一躯。（魯迅第四冊七八五頁）

9、天統三年（五六七）七月一五日、比丘道寧造像、不明、無量寿仏。

大斉天統三□歳次丁亥七月乙亥朔十五日癸丑、比丘道寧□造無量寿像一躯、仰為皇帝陛下、師僧父母、亡過現在法界衆生、咸同斯福。（魯迅第四冊七八七頁）

10、天統四年（五六八）一二月一九日、弟子劉遵伯造像、河南・上曲陽県、阿弥陀仏。

天統四年十二月廿九日、弟子劉遵伯、為過見（現《?》）父母亡姉并眷属、怡（以《?》）及含識造弥陀玉像、観音大勢二菩薩、願使存亡並生安楽、倶登仏果、旦《?》文殊文慧文欣《?》。（楊伯達一七〇頁）

11、武平三年（五七二）□月一三日、暈禅師等造像、河北・雹水、阿弥陀仏。

（前略）武定三□□□月廿三日、雹水村四部道俗邑義五十人等、敬造阿弥陀白玉像一区、為皇帝陛下、師僧父母法界衆生、倶旋《?》浄土。（後略）（魯迅第四冊八四七—八四九頁）

12、武平三年（五七二）七月二〇日、□雅造像、龍門（路洞）、阿弥陀仏。

武平三年七月廿日、清信仏弟子□雅、敬造□□□、願為皇帝、敬造阿弥陀、為父母因縁□□共同斯福。（龍門彙録五八三頁）

13、武平四年（五七三）一一月三〇日、賈思業造像、河北・真定県、阿弥陀仏。

大斉武定四年十一月卅日、真定県人賈思業、敬造阿弥陀玉象両区、師子肆枚供養香爐一具、上為皇帝陛下、下国王一切法界含生、過去見（現?）在未来師僧父母、願生不動浄土修行、咸同仏果。（魯迅第四冊八六五頁）

無量寿仏像の造立の歴史について考えれば、廬山慧遠の精舎に無量寿仏像を蔵したことが知られ[15]、また、劉遺民の「立誓願文」に阿弥陀仏像の前に集まり誓願したことが記されるように[16]、史伝類をみるかぎり、かなり早い時期から無量寿仏・阿弥陀仏の造像が行われたものと推察される。そのようななか、今回の整理から導き出される最古の造例として、和平五年（四六四）の清信女□姜造像（資料1―1）を指摘することができる[17]。

二、無量寿仏と阿弥陀仏の尊名について

上記の史料から、まずその尊名について確認すると、北魏の造像は無量寿仏像が大勢を占めていることがわかる。そのようななか、わずかではあるが阿弥陀仏の銘を有する尊像を指摘することができる。このうち、太和二十□年（四九六―四九九）□月一五日の陳法花造像（資料1―5）は、久野氏により阿弥陀仏像と推定されているが[18]、少なくともその像銘をみるかぎり阿弥陀仏像であると断定することはできない。また、永安三年（五三〇）の柱国程文徳妻王伏素造像（資料1―18）も、孫貫文氏により阿弥陀仏像と指摘されるが[19]、残念ながら筆者はその像銘を確認できておらず、現時点においてはこれも阿弥陀仏像であることを断定できない。以上のことを考えると、刻銘は不鮮明ながらも阿弥陀仏像であることが明らかなものは、永熙元年（五三二）の李四娘造像（資料1―19）の一例のみである。

さらに北魏以降のものに目を向けるならば、その造例は徐々に増加する傾向を示している。天平三年（五三六）の銘を有する鞏県尉妻造像（資料2−2）は、刻銘の摩滅部分が多く断定的なことはいえないが、そのほか、

・天平元年（五三四）四月二七日、僧恵等造像（資料2−1）。
・天統四年（五六八）一二月二九日、弟子劉遵伯造像（資料2−10）。
・武平三年（五七二）□月二三日、暈禅師等造像（資料2−11）。
・武平三年（五七二）七月二〇日、□雅造像（資料2−12）。
・武平四年（五七三）一一月三〇日、賈思業造像（資料2−13）。

など、五例の阿弥陀仏像の存在を指摘することができる。

「□雅造像」（資料2−12）を除いて、これらの多くは河北において造立されたものであるが、塚本氏によって指摘された龍門における状況と同様、中国北地において、北魏からそれ以降へと時代を経るに従い、阿弥陀仏の尊名を有する造像が徐々に増加する傾向をみることができる。

三、無量寿仏信仰の特徴

次に、これら尊像の造立の目的を確認し、そこから垣間みられる無量寿仏信仰の特徴について検討を進めてゆきたい。

まず供養の対象についてみると、正光四年（五二三）八月一九日の比丘僧弘□造像（資料1−12）は「皇帝陛下」のため[20]、また孝昌二年（五二六）四月八日の周天盖造像（資料1−13）は「師僧」などのために造立されたものである。しかし、多くは父母、兄弟、配偶者、子供、ならびに「父母眷属」「己身眷属」「七世父母」などとあるように、

肉親とその関係者のために造立されたことがわかる。

さらにその内容を精査すれば、多くは「亡者」に対するものであり、特に「父母」に対するものが目立つ。すなわち、これら造像の大半が肉親亡者に対する供養のためになされた、ということが明らかとなる。

では造像主は、亡者が滅後いかなる状態となることを祈願しているのであろうか。まずその前提となるのは、太和六年（四八二）四月八日の某人造像（資料1―3）に「常与仏会」と記されるように、滅後に仏の会座に参ずることである。孝昌三年（五二七）正月一五日の清信女黄法僧造像（資料1―17）の「恒与善会」、ならびに北魏末と推定される大統寺比丘道縁造像（資料1―21）の「願生生世世、値仏聞法」などとみられる記載もこれと同様の理解を示すものである。まずここに、当時の人々が、この現実の世界（娑婆）と滅後世界（来世）という二世界観を有していたことが確認される。

この仏会がいかなる仏の会座を意図したものかについては、造像銘によるかぎり必ずしも明らかではないが（この点については後述する）、さらにその仏の会座に参じたのちの祈願内容について整理すると、二種に大別することができる。

第一は、「離苦得楽」である。正光四年（五二三）九月一五日の清信優婆夷李氏造像（資料1―13）、永熙二年（五三三）九月一〇日の陵江将軍政桃樹造像（資料1―20）には「離垢得楽（洛）」、孝昌三年（五二七）正月一五日の清信女黄法僧造像（資料1―17）には「捨苦得楽」と記されている。これは亡者が滅後の世界で苦しみのない平安な状態となることを祈願したものである。

第二は、「普登正覚」である。孝昌二年（五二六）四月八日の周天蓋造像（資料1―14）には「普登正覚」、また時代は下るが、天保六年（五五五）正月二三日の李神景兄弟等造像（資料2―4）には「速登正覚」、天保七年（五五六）閏月二四日の尼如静造像（資料2−6）には「共成仏道」と記されている。これらはそれぞれ表記が異なるものの、いずれも亡者が仏会において正覚、すなわち成仏を得ることを祈願するものである。

このような祈願が多くの造像銘に示されることは、当時の人々の生活が「離苦得楽」や「普登正覚」なる状態とはかけ離れたものであったことを意味している。その生活が平安に満ちたものであったとするならば滅後の「離苦得楽」なる境界を願うことはなく、また仏道修行を重ねて悟りを求める生活をしていたならば滅後の「普登正覚」なる境界を願うことはないであろう。すなわち現実として、造像主や造像銘に刻まれた亡者が、その生前において苦しみを感じながら生活して、なおかつ仏道修行を重ねることなく、命終を迎えていたのである。このような人々が無量寿仏・阿弥陀仏という尊像の造立という宗教的行為によって、滅後の「離苦得楽」や「普登正覚」の状態を願っていることが明らかとなる。造像銘の内容からは、そのような無量寿仏信仰の実状について読み取ることができる。

第五項　西方願生思想について

一、無量寿仏造像と弥勒信仰

滅後に至る仏会がいかなる仏の会座であるか断定しがたいことについて先に述べたが、それは造像銘における無量寿仏・阿弥陀仏の仏会（極楽浄土）であることを特定する語句の欠如に起因している。

神亀元年（五一八）の清信女造像（資料1−7）には、「託生西□（方?）」との表現がみられるが、このように無量寿仏・阿弥陀仏の会処を「西方」と明記するものは、北魏の無量寿仏・阿弥陀仏の両像に限るならば、この造像のほかにみることはできない。北魏以降に至ってようやく、天保六年（五五五）正月二三日の李神景兄弟等造像（資料2-4）に「已往生西方極楽世界」、天保七年（五五六）閏月二四日の尼如静造像（資料2-6）に「西方妙楽仏国」、天統四年（五六八）一二月二九日の弟子劉遵伯造像（資料2-10）に「生安楽、倶登仏果」などあるように、「西方」「安楽」といった無量寿仏・阿弥陀仏の会処と特定しうる語句を多数見いだすことができるようになる。

もちろん上記のように特定しうる語句がないからといって、その仏会が無量寿仏・阿弥陀仏以外のものであることを示すとは限らない。しかし、そのような疑念を生み出す理由として、無量寿仏の造像銘にみられる弥勒信仰との混同が挙げられる。

中国において弥勒信仰は古くから行われており、『梁高僧伝』には弥天の道安をはじめとして、兜率上生（弥勒上生）を願う多くの僧たちの記録が残されている。またそれと同調するように弥勒下生の信仰も多くみられる。弥勒下生信仰とは、釈迦滅後五十六億七千万年ののちに弥勒菩薩が下生して、龍華樹下において悟りをひらき、釈尊の説法にもれた者を、初会の説法で九六億人、第二会で九四億人、第三会で九二億人、救済し悟らしめるというものである。釈迦滅後五十六億七千万年後の弥勒の法座に会することを願う背景として、当時の社会において生まれつつあった末法思想との関連も考えられる(21)。

それはともかく、そのような無量寿仏を造像しながらも弥勒信仰の痕跡をうかがわせる事例として、正光四年（五二三）八月一九日の比丘僧弘□造像（資料1-12）には「願弥勒下生□三会在於初□」、神亀二年（五一九）四月二五日の杜永安造像（資料1-10）には「常與善遇、弥勒三唱、恒登先首」と記される点を指摘することができる。また摩滅が多いものの、太和二十□年（四九六―四九九）□月一五日の陳法花造像（資料1-5）に「願使□□□上生天□□仏会中龍□□□□」と記されるのも、同様の意図をもったものと推察される。

二、西方願生思想のみられる尊像の造例

このような諸信仰との混同は無量寿仏像に限らず、逆に、釈迦・弥勒・観世音・多宝仏の造像のほか、尊名が不明の造像において、「託生西方」などの表現に代表される西方願生思想をみることができる。

ここで、各先行研究を参照しつつ、さらに筆者の収集を加えた、北魏時代の各尊像にみられる西方願生思想の用例について列記すれば以下のとおりである[22]（資料3―6）。

なおここでは、造像年月日、造像主、出土地（製作地）、造像銘の順に記す（本節末に出典の略号一覧を付す[23]）。

【資料3】西方願生を示す尊像の造例―釈迦―

1、延興五年（四七五）七月、徐敬姫造像、不明。

延興五年歳在乙卯七月甲午朔□□□□丘県《?》人徐敬《?》姫《?》、為父《?》母、造多保雙坐像、願生《?》西方、常与弗会龍花樹下□共□。（松原二四七頁）

2、正始五年（五〇八）八月一五日、比丘恵合造像、龍門（古陽洞）。

正始五年八月十五日、比丘恵合、為亡□□、造釈迦一区、願託生西方、面奉諸仏、若□……令解脱、七世父母所……眷属一切衆生……。（八瓊室一三巻七二頁、龍門研究三〇二頁、北京第三冊一一五頁、龍門彙録四九二頁）

3、永平三年（五一〇）一一月二九日、尼恵智造像、龍門（古陽洞）。

永平三年十一月廿九日、比丘尼恵智、為七世父母、所生父母、造釈迦像一躯、願使託生西方妙楽国土、下生人間、為公王長者、永離三途、又願身平安、遇与弥勒、倶生蓮華樹下、三会説法、一切衆生、普同斯願。（八瓊室一三巻七二頁、龍門研究三〇三頁、北京第三冊一三五頁、龍門彙録四四一頁）

4、正光二年（五二一）三月二六日、比丘尼道□造像、龍門（火焼洞）。

正光二年三月廿六日、……丘尼道□、敬造……釈迦像一区。□七世父《?》母《?》、所生父母、亡兄弟……託生西方、……□□□浄之處……諸仏、願一切衆生、……共……仏道。（龍門研究三一七頁、龍門彙録五六七頁）

5、孝昌三年（五二七）四月八日、宋景妃造像、龍門（蓮華洞）。

大魏孝三年歳次癸未四月癸巳朔八日庚子、清信女宋景妃、自惟先因果薄福縁浅漏、生於閻浮受女人形、頼亡父母、慈育恩深、得長軽躯、是以仰尋勗養之労、無以投報、今且自割釵帯之半、仰為亡考比、敬造釈迦像一区、藉此微功、願令亡考比、託生西方妙楽国土、値仏聞法、彌世々勤一切有形、皆同斯□。（八瓊室一三巻七六頁、彫塑篇二二五頁、龍門研究二七六頁、北京第五冊六一頁、龍門彙録二六〇―二六一頁）

6、普泰元年（五三一）四月、比丘法雲造像、河南・鞏県。

普泰元年歳次□□、比丘法雲、為亡父母、捨安養仏国、勒現在眷安行吉士□珍厄必□□人三……（鞏県三〇一頁、北京第五冊一五四頁、孫貫文二二七頁）

7、永熙二年（五三三）七月一〇日、陽烈将軍樊道徳造像、龍門（趙客師洞）。

［永熙二］年七月十日、［清信］士仏弟子［陽烈］将軍羽林監太官丞樊道徳、為忘妻張、造釈迦像一区、友師忘者、神生西方静（浄《?》）士、値遇諸仏、現在眷属、常与善居、願願従心。（龍門彙録三二四―三二五頁）

【資料4】西方願生を示す尊像の造例―弥勒―

1、太和二二年（四九八）五月、普貴造像、河北・盧龍県。

大魏太和廿二年五月□□□、肥如県比丘僧施□□□□普貴、為父母造弥勒尊像一躯、史父亡者生天、殖語諸仏殖

生、殖生西方妙洛国土、龍華化生樹下、三会説法。（大和文華四六頁、図典四七五頁、松原一五四頁、泉屋博古四七頁）

2、太和二三年（四九九）一二月九日、比丘僧欣造像、河北・房山。

大代太和廿三年歳次己卯十二月壬申朔九日庚辰、比丘僧欣、為生縁父母、幷眷属、師僧、造弥勒石像一区、願生西方無量寿仏国、龍華樹下、三会説法、下生人間侯王子孫、与大菩薩同生一処。願一切衆生、普同斯福、所願如是。（彫塑篇一九九頁、魯迅第一冊三五頁、北京第三冊四三頁、図典四五七頁、松原二五四頁）

3、永平三年（五一〇）九月四日、尼法慶造像、龍門（古陽洞）。

永平三年九月四日、比丘尼法慶、為七世父母、所生因縁、敬造弥勒像一躯。願使来世託生西方妙楽国土、下生人間、公王長者、遠離煩悩、又願己身与弥勒倶生、蓮華樹下、三会説法、一切衆生、永離三途。（八瓊室一三巻七二頁、龍門研究三〇三頁、北京第三冊一一五頁、龍門彙録四四〇—四四一）

4、永平四年（五一一）二月一〇日、黄元徳造像、龍門（古陽洞）。

大代永平四年二月十日、清信士五品使□《?》黄元徳弟王奴等、敬造弥勒像一区、幷五十三仏、為亡母、願亡母託生西方妙楽国土、若人間王侯長俊。願合門大小、見在安穏、復願一切衆生離苦□《?》垢、咸同斯福、一時成仏。（彫塑篇二〇五頁、龍門研究三〇三—三〇四頁、北京第三冊一三七頁、龍門彙録四九三頁）

5、神亀元年（五一八）三月三日、邽夏□造像、河北・曲陽県。

大魏神亀元年三月甲辰朔三日丙午、中山上曲陽民夏□、上為過去亡父母、兄弟、存上居家眷属、造交脚弥勒像一躯、幷諸供養等事、願使無辺衆生皆同其福、託生西方妙楽国土、蓮華三会、与仏相随、所願如是、故記之耳。（図典四六七頁、松原二六二頁）

6、神亀三年（五二〇）四月一三日、翟蛮造像、山東・平度。

萬寿寺碑記。神亀三年四月十三日、夫興造福慕?者、悉知天堂之快楽、及知地獄之酸?□、即自為居家眷属、於?発洪願、竭其家珎、□割妻子、以造弥勒像一塸。皆成就願、仏弟子居家、衆悪霊消並善慶集、悉洛□□□彭?祖、使学問者聡明精爽?（以上正面下方中央）土□属□□、為□三可□世不□伏□□□□□有□□□咸□斯□（以上正面右下方）……子……孫□□□□息□蠻息毛蠻息□□□父翟□□（以上左下方）仏弟子翟蛮、為亡父母洛難?敬造弥勒像一塸、願使亡者、上生天上、託生西方、待仏?佐右、供養三宝時（以上正面上方）金□力士（以上正面龕中左下方）護塔善神（以上正面龕中右下方）（彫塑篇二三五頁、魯迅第一冊一〇三―一〇四頁、北京第四巻八〇頁、松原二六二頁、中国の石仏一四八頁）

7、普泰二年（五三二）三月一日、尼曇顔造像、浙江・定海県。

大魏普泰二年歳次壬子三月乙未朔月一日乙未、昌国県新興寺尼曇顔、為亡妹曇利敬造弥勒金像一躯、願師僧眷属、弟子父母、宗親一切衆生、直生西方無量仏国、普同其富、所願両心。（図典四八一―四八二頁）

【資料5】西方願生を示す尊像の造例―観世音・多宝仏―

1、太和二年（四七八）一一月一〇日、比丘廿道可造像、不明、観世音?。

太和二年十一月十日、比丘廿道可、為母観像一区、願母化生西方無量寿仏□、蓮□化生、□□□□。（彫塑篇一八五頁、李静傑四一頁）

2、太和二二年（四九八）一一月二日、呉道興造像、河北脩県?、光世音。

太和廿二年十一月二日条県?人?呉道興、為亡父母造光世音一区、願居家大小託生西方妙洛?国土、所求如意、兄弟姉

妹?六人常与仏会。（彫塑篇一九八頁、図典四五六頁、松原二五四頁）

3、太昌元年（五三二）一二月一二日、楊元凱造像、龍門（蓮華洞）、多宝仏。

太昌元年十二月十二日壬戌朔、仏弟子楊元凱、為亡父母、造多宝仏両区在窟、願亡父母、離其三徒八難、託生西方安楽之処、値遇諸仏、恒与善因。（龍門研究二七六―二七七頁、龍門彙録二六一―二六二頁）

【資料6】西方願生を示す尊像の造例―尊名不明―

1、太和七年（四八三）八月三〇日、邑義信士等五十四人造像記、雲崗第一一洞東壁。

邑師道育、文殊師利菩薩、大勢至菩薩、観世音菩薩、邑師普明、邑師曇秀、邑師法宗太和七年歳在癸亥八月三十日、邑義信士女等五十四人、自惟往因不積、生在末代、甘寝昏境、靡由自覚、微善所鐘、遭値聖主、道教天下、紹隆三宝、慈被十方、沢流无外、乃使長夜改昏、久寝斯悟、弟子等、得蒙法潤、信心開敷、意欲仰訓洪沢、莫能従遂、是以共相勧合、為国興福、敬造石廟形像九十五区、及諸菩薩、願以此福、上為皇帝陛下、太皇太后、皇子、徳合乾坤、咸踰転輪、神被四天、国祇永康、十方帰伏、光揚三宝、億劫不墜、又願義諸人、命過諸師、七世父母、内外親族、神栖高境、安養光接、託育宝花、永辞穢質、証悟無生、位超群首、若生人天、百味天衣、随意湌服、若有宿殃、堕洛三途、長辞八難、永与苦別、又願同邑諸人、従今已往、道心日隆、戒行清潔、明鑒実相、暈揚慧日、使四流傾竭、道風堂扇、使慢山崩頽、生死永畢、仏性明顕、登階住地、未成仏間、願生生之處、常為法善知識、以法相親、進止倶遊、形容影嚮、常行大士、八万諸行、化度一切、同善正覚、逮及累劫、先師七世父。（雲崗第二巻三―四頁、北京第三冊一四頁）

2、正始元年（五〇四）四月八日、孟□姫造像、河北・易県。

願使忘(亡?)父母生上天上、見御(遇?)諸仏、願先(西?)方妙洛国土、所生生人間侯王長者(以下欠)(北京第三冊七七頁)

3、延昌年間(五一二—五一五)、□妙姫造像、不明。

延昌……仏弟子□妙姫、上為亡……零、託生西方浄楽国土。□……命□□得解脱、□□□□□……願一切衆生、咸同斯……仏弟子。(龍門研究三四六頁)

4、延昌二年(五一三)六月一五日、曹子元造像、甘粛・炳霊寺石窟一二六窟。

大代延昌二年歳次癸巳六月甲申朔十五日戊戌、大夏郡武陽部郡本国中政曹子元、造窟一区、仰為皇帝陛下、群僚百官士衆人民、亡世父母所生父母六親眷属、超生西方妙楽回生含生之類普同福□。(炳霊寺二八一—二八二頁)

5、延昌三年(五一四)七月九日、劉帰安造像、河北・唐県。

大魏延昌□年歳在□午七月丁未朔九日乙卯、唐県民劉帰安、上為皇家若為亡父母亡兄若為身幷及居家眷属、敬造石像一躯、願使未来世中直生西方妙楽国土、見仏聞法、自識宿命厭願如□。(彫塑篇二〇九頁、魯迅第一冊七七頁)

6、延昌四年(五一五)九月一五日、清信士造像、雲崗第一九B後壁。

延昌四年歳次乙未九月辛丑朔十五日乙卯、清信士元三?、為?亡?父母王鳳皇……亡……造像一区、上為皇帝陛下、□(太?)皇太后、下及七世父母、□(所?)生父母、願?託生西方妙楽国土、蓮華化生、…願己身……日……。(雲崗第二巻五頁)

7、熙平元年(五一六)九月一二日、徐桃棒造像、不明。

熙平元年九月十二日、徐桃棒為亡父母造像一躯、願使値生西方、常与善居。(李静傑六九頁)

8、正光年間(五二〇—五二五)□月二三日、為亡夫侍中造像、雲崗第四洞。

□□□□霊《？》□非□魂《？》以済《？》其《？》源霊姿《？》湛《？》麗□□想……□□為亡夫侍中平原《？》太守《？》……□世□□□亡息済《？》言《？》怕《？》滅《？》氵《？》、、□□一《？》区《？》□亡者託生浄土西……□之玄源神《？》□□明於《？》……皇祇永隆恵沢其敷……□霊相《？》識憑□□……、正光□□……月廿三日……。（雲崗第二巻三頁）

9、正光六年（五二五）三月二二日、比丘宝渕造像、不明。

大魏正光六年歳在乙巳三月乙巳朔廿二日丙寅、比丘尼宝渕、上為亡父母□師、敬造像一躯、幻容已就、願令亡者□西方妙楽国土、恒在龍華樹下、三会説法、常与佛居、若下生人間、□為国王長者、及衆生普同斯福、所願如是。（彫塑篇二三七―二三八頁）

10、孝昌二年（五二六）正月二四日、元寧造像、不明。

大魏孝昌二年歳次丙午正月辛丑朔廿四日甲子、滎陽太守元寧、仰為二聖、敬造石像一軀、願主上万祚、臣僚盡忠、後宮皆潤、願天下太平、四方慕儀、又願亡考生天安養国土、上下延寿、兄弟眷属、含霊有識、蠢動衆生、普同斯福、鬼龍山岳、靡不慈仁、所願如是。（萃編二九巻二三頁、彫塑篇二三八頁、魯迅第一冊一三九頁）

11、普泰元年（五三一）二月一七日、郭旱造像、不明。

普泰元年十二月十七日、仏弟子郭旱、為亡父造像一躯、願使亡父託生西方、□経三途八難、現存得福。（図典四八〇頁）

12、永興二年（五三三）二月一五日、解保明造像、不明。

夫大魏永興二年太歳在癸丑二月乙未朔十五日癸酉日、仏弟子解保明、勧化上下邑子五十人等、敬造石像一傴、□四尺。上為皇帝陛下、□為父母、所生父母、因縁眷属、後為亡者離苦西方、上生□□会遇弥勒、下生一中公王長者、衣食自然徳如是。（図典四八二―四八三頁、松原二七二―二七三頁）

13、永熙三年（五三四）三月五日、法義兄弟一百人等造像、山東・歴城。

維大魏永熙三年歳次□□三月癸未朔五日丁亥、夫大覚遷方託霊造以□福、□雄謝世、□三乗以存教、自非遠鑒幽源、寧能辨其功、是以法義兄弟一百人等、識攬玄宗敬崇正法、減割□財、仰為皇帝陛下、今為七世父母、營造微福、如訪□巖、捜祢玄豁□□妙手、敬造尊像一区二侍菩薩、厳姿超絶、色精崑宝、光払紫虚、暉洞皎日、崇髣髴於幽蹤、依俙於霊容者也、縁□微□、願令亡者遊神西方浄仏国土、現存同福長保仮□、一切群生共沐□沢。（彫塑篇二四四頁、魯迅第一冊二一五―二一六頁）

以上の整理から導き出される西方願生を示す最古の造例は、延興五年（四七五）七月の銘を有する徐敬姫による釈迦像（資料3―1）である。(24)ただしこの徐敬姫造像には、釈迦像でありながら、西方願生を意図すると同時に、「常与弗会龍花樹下□共□」と示されるように弥勒信仰との混同もみられる。

西方願生を示す造像例は、このように北魏時代に限っても多数みることができるが、併せてその出土地（製作地）をみるならば、龍門石窟のある河南をはじめとして、河北、山東、浙江、山西、甘粛など、中国北地全域に広がっており、その流布範囲の広さが確認される。

三、西方願生思想の特徴

上記の史料から、まず尊像の造立の目的について確認すると、先の無量寿仏像の造像銘と同様に、多くが「離苦得楽」「普登正覚」を目的とし、西方願生を求めていることがわかる。もちろん、これらは釈迦や弥勒などの造像を通じて西方願生がなされたものであり、厳密にいえば無量寿仏の造立にみられる西方願生とは性格を異にするものである。

そのようななかで、上記の史料のみにみられる祈願内容として、以下の造像に示される「下生人間為公王長者」が挙げられる。

・太和二二年（四九八）一一月二日、呉道興造像、河北脩県？（資料5–2）。
・太和二三年（四九九）一二月九日、比丘僧欣造像（資料4–2）。
・永平三年（五一〇）九月四日、尼法慶造像（資料4–3）。
・永平三年（五一〇）一一月二九日、尼恵智造像（資料3–3）。
・永平四年（五一一）二月一〇日、黄元徳造像（資料4–4）。
・正光六年（五二五）三月二二日、比丘宝測造像（資料6–9）。
・永興二年（五三三）二月一五日、解保明造像（資料6–12）。

これらはいずれも、仏会に参じたのち、さらに人間として現在世へと帰ったおりには、国王や長者となることを願うものである。

インド仏教と異なり中国仏教では、死後に現在世へと再び生まれ変わるという輪廻思想は、たとえば心滅不滅論に代表されるようにむしろ肯定的に受けとめられる傾向があったようである(25)。「下生人間為公王長者」とは、まさにこのような当時の中国の民衆が有していた願いを反映させたものとみることができよう(26)。

当時、弥勒信仰の隆盛していたことは先述のとおりであるが、上記の史料において、弥勒像のみならず各尊像に、弥勒の下生したのちの龍華三会へ列するという祈願を多くみることができる。また、上生を願うものも散見されるが下生を願うものと比較するとその数は少なく、例えば正始五年（五〇八）八月一五日の比丘恵合造像（資料3–2）のように、西方無量寿仏国に生じたのちに、再び弥勒の龍華三会に列することを願うなど、上生が西方往生へと置換されている例さえもみられる点を、その特徴として挙げることができる。

この龍華三会とは、釈迦滅後五十六億七千万年後の、紛れもなくこの現実世界（娑婆における法座）を意図している。その点を考慮するならば、北魏当時の人々が弥勒下生信仰を有し、その会座に列することへの祈願とは、現実世界への帰入を願うという点で、「下生人間為公王長者」と共通するものといえよう。

第六項　北魏の無量寿仏信仰と曇鸞の浄土教信仰

以上の整理を踏まえ、まず、無量寿仏像の造立にみられる無量寿仏信仰、ならびに諸尊像にみられる西方願生思想の特徴について整理をしてみたい。

無量寿仏像の造像銘にみられるその信仰とは、滅後に現在世とは異なる世界として仏会の存在を想定しており、「離苦得楽」「普登正覚」などと表現されるように、その来世が、苦のない平安な状態であって、なおかつ成仏を得る境界であることを祈願するものである。また、諸尊像にみられる西方願生思想とは、異なる尊像を造立しながらも、来世が「離苦得楽」「普登正覚」なる状態であることを祈願するという点で共通するものといえる。

これは、当時、すでに『無量寿経』『阿弥陀経』『観無量寿経』など浄土経典が完備されつつあったにもかかわらず、造像銘からみられる当時の人々の無量寿仏や西方などに対するその理解とは、「離苦得楽」「普登正覚」なる境界であるとの認識にとどまるものであったことを示すものであろう。そしてそのことは、この現実世界における生を終えたのちの、滅後の来世に期待をよせるという意味で、今回整理した諸史料にみられる弥勒上生の思想とも本質的に異なるものとはされておらず、それゆえに諸尊像において一見雑多とも思える諸信仰の混在する現状が生み出されたものと推察される。そのような姿勢は、諸信仰の混在したもののようにもみえるが、しかし、まさにそれこそが北魏当時の人々の信仰そのものであったのであろう。

また、すべての尊像にみられるものでなく、あくまで一面的な特徴といえるが、史料から垣間みられる北魏の人々の現世への執着の念は注目される。諸尊像には「下生人間為公王長者」とあるように、仏会に参じたのち、さらに人間世界に帰ったおりには、国王や長者となることを願うように、この現実世界（現世）への強い執着が示される。しかし、そのような姿勢は「下生人間為公王長者」という祈願のみならず、釈迦滅後五十六億七千万年後、弥勒の下生ののちにこの娑婆世界においてなされる龍華三会に列することも、現実世界への帰入を願うという点において本質的に共通するものといえる。龍華三会に列するという記述は無量寿仏像の造像銘にもみることができるが、このように無量寿仏像を造立し、また西方願生をしながらも、再び現実世界へと帰入することを願うのは、当時の人々の素直な願いを表すと同時に、先と同様に、無量寿仏や西方などに対する理解の度合いを示すものといえよう。

さて、曇鸞はまさにこのような時代と時を同じくして自らも浄土教信仰を有することとなったわけであるが、上記のような北魏当時の時代状況のなかで、何故に曇鸞の浄土教信仰が形成されるに至ったのか、その背景について検討を行いたい。

まず、曇鸞が北魏当時の人々の有していた無量寿仏信仰に対し、自らの浄土教信仰が別のものであるとの認識を有していたことが推察される。もし、当時の無量寿仏信仰が曇鸞の受け入れうるものであったならば、そのままそれを受容したであろう。しかし、それらは同じく無量寿仏をよりどころとし、なおかつ西方願生を意図しながらも、そのまま曇鸞に受け入れられることはなかったのである。

曇鸞が来世の浄土を今世とは異なる世界であるとの認識（二世界観）を有していたことは共通するものがある。しかしその反面、その浄土観については相違がみられる。『往生論註』（以下『論註』と略す）巻上において、三種二十九句の荘厳相について解説を加えるなか、曇鸞は自ら、仏に仮託する形で願文を付しており、そこでは一貫して娑婆に対する浄土の優位性について論じている[27]。

そしてその浄土は、

釋論言、如レ斯淨土、非二三界所攝一。何以言レ之。無レ欲故、非二欲界一。地居故、非二色界一。有レ色故、非二無色界一。蓋菩薩別業所レ致耳[28]。

と『大智度論』「往生品」に基づいて述べるように、欲界、色界、無色界の三界内にあるのではなく、三界の外にあるとするのである。阿弥陀仏の浄土は三界の外にあるという記述は、曇鸞当時既訳の浄土教の経論をみるかぎり『往生論』を除いてほかに存在しない。しかし曇鸞がここで『大智度論』によって三界外にあることを論じているように、羅什訳経論や『注維摩詰経』には仏土は三界の外にあると散説されており、そのような理解に基づいて、曇鸞は阿弥陀仏の浄土は三界の外にあることを強調するのである[29]。

それに対し、無量寿仏像の造像銘には明確な浄土観というものは明示されないものの、その混在がみられる弥勒浄土について考えるならば、曇鸞よりやや時代を後とする吉蔵は、『弥勒経遊意』に、

問、此經宗、淨土因果爲レ宗。是名約淨土。

答、此國土、穢土中淨穢土。非三是如二無量壽淨土等一。何以知レ之者。大論云、地居故、非二諸天一。無レ欲故、非二欲界一。賢愚經云、彌勒出世時五百歳行嫁有二婦女等一、即得二是好淨土一也[30]。

と述べるように、弥勒浄土は穢土であり、無量寿仏の浄土とは異なるとしている。すなわちこのことは、弥勒浄土

は三界内の浄土であり、曇鸞のいう三界外の浄土とは異なることを意味している。

曇鸞はその著作のなかにおいて必ずしも弥勒浄土については言及していない。しかし、曇鸞が浄土を三界外にあるものであることを意図していたことを考えると、三界内の弥勒浄土は許容しうるものではない。それが結果として、曇鸞の浄土教信仰が、当時の無量寿仏信仰と同じく、無量寿仏像をはじめ諸尊像にみられる無量寿仏をよりどころとし、なおかつ西方願生を意図しながらも、弥勒信仰を有するような混在した状態の信仰とは一線を画すこととなったのであろう。

ただし、北魏の社会において行われていたその信仰と曇鸞の浄土教信仰が、まったく無関係であったとはいえない。曇鸞は『論註』巻下に

長淪㆓三有㆒、受㆓種種分別苦取捨苦㆒。長寝㆓大夜㆒、無㆑有㆓出期㆒。是衆生、若遇㆓阿彌陀如來平等光照㆒、若聞㆓阿彌陀如來平等意業㆒、是等衆生、如㆑上種種意業繋縛、皆得㆓解脱㆒、入㆓如來家㆒、畢竟得㆓平等意業㆒。(31)

と述べている。ここで、苦にせまられたこの三界を出でて楽なる阿弥陀仏の浄土へと往生して、またその往生ののちに阿毘跋致を得ることを意図していたことは、まさに当時の民衆が希求していた滅後の「離苦得楽」「普登正覚」と共通するものであり、むしろそのような北魏当時の人々が希求する心理を背景として、それに呼応する形で曇鸞が浄土教信仰を得て、なおかつ後章において検討するような教理の構築を行っていったものと考えられるのである。

【資料1―6】出典略号一覧

萃編…王昶『金石萃編』。『石刻史料新編』第一輯、新文豊出版公司、一九七七年。

八瓊室…陸増祥『八瓊室金石補正』。『石刻史料新編』第一輯、新文豊出版公司、一九七七年。

彫塑篇…大村西崖『支那美術史彫塑篇』仏書刊行会図像部、一九一五年、［再版］国書刊行会、一九七二年。

龍門研究…水野清一・長廣敏雄『龍門石窟の研究』（二）本文編、座右宝刊行会、一九四一年、［再版］同朋舎出版、一九八〇年。

雲崗…水野清一・長廣敏雄『雲崗石窟―西暦五世紀における中国北部仏教窟院の考古学的調査報告―』京都大学人文科学研究所雲崗刊行会、一九五一―一九七五年。

六朝…大阪市立美術館編『六朝の美術』平凡社、一九七六年。

鞏県…河南省文物研究所編『中国石窟　鞏県石窟寺』平凡社、一九八三年。

楊伯達…楊伯達（松原三郎訳）『埋もれた中国石仏の研究―河北省曲陽出土の白玉像と編年銘文―』東京美術、一九八五年。

炳霊寺…甘粛省文物工作隊・炳霊寺文物保管所編『中国石窟　炳霊寺石窟』平凡社、一九八六年。

魯迅…北京魯迅博物館・上海魯迅博物館編『魯迅輯校石刻手稿』第二函、上海書画出版社、一九八七年。

北京…北京図書館金石組編『北京図書館蔵中国歴代石刻拓本匯編』中州古籍出版社、一九八九―一九九〇年。

大和文華…大和文華館編『特別展　中国の金銅仏』大和文華館、一九九二年。

図典…金申『中国歴代紀年佛像図典』文物出版社、一九九四年。

松原…松原三郎『中国仏教彫刻史論』本文編、吉川弘文館、一九九五年。

中国の石仏…大阪市立美術館編『中国の石仏―荘厳なる祈り―』大阪市立美術館、一九九五年。

李静傑…李静傑主編『中国金銅仏』宗教文化出版社、一九九六年。

龍門彙録…劉景龍・李玉昆主編『龍門石窟碑刻題記彙録』上・下　中国大百科全書出版社、一九九八年。

西安…高峡主編『西安碑林全集』第一〇五巻「造像題記」、広東経済出版社、一九九九年。

北魏紀年…佛教拓片研読小組編『中央研究院歴史語言研究所蔵　北魏紀年佛教拓本目録』中央研究院歴史語言研究所、二〇〇二年。

泉屋博古…『特別展　金銅仏―東アジア仏教美術の精華―』泉屋博古館、二〇〇四年。

傅永魁…傅永魁「河南鞏県石窟寺発現一批石刻和造像龕」（『文物資料叢刊』五、一九八一年）。

孫貫文…孫貫文「北京大学図書館蔵歴代石刻拓本草目（二）」（『考古学集刊』八、一九九四年）。
李裕群…李裕群「霊岩寺石刻造像考」（『文物』二〇〇五年第八期）。

第二節　観世音信仰にみる称名の実践

第一項　問題の所在

中国における観世音信仰の始まりは古く、西晋の竺法護が『正法華経』を訳出してまもない三世紀末（元康年間）、竺長舒が『観世音経』を誦して災いから免れたという逸話が伝えられている[32]。その後、鳩摩羅什により『妙法蓮華経』（以下『法華経』と略す）が訳出されるとさらにその信仰は広がりをみせていった。

観世音信仰は、僧や貴族のみならず一般民衆にまでも受容されていったが、その信仰の姿をつぶさに伝える史料として『観世音応験記』がある。当時の中国の人々がその信仰をいかに受容したかを考える場合、経文や教義のみで把握することはできない。そのような状況下において、この『観世音応験記』は、中国南北朝期において、在家者・出家者を問わず実際に行われていた信仰事例を残す史料として価値を有するものといえる[33]。そしてこの史料をみるに、観世音信仰とは具体的には、読経、または観世音を念ずるといったことが行われていたようであるが、それと同時に観世音の名を称える「称名」も行われていたことが知られるのである。

曇鸞が観世音信仰を有していたとは思われない。しかし、浄土教信仰と観世音信仰という異なる信仰でありながらも、その観世音信仰と時を同じくして、曇鸞が「称名」という宗教的な実践を取り入れたという事実は非常に興味深いものがある。

曇鸞が自身の浄土教信仰を確立するにあたり、中国浄土教史上において初めて『無量寿経』『観無量寿経』『阿弥陀経』などの浄土経典が完備されたということの意味は大きい。しかし、そのような経典の具備された環境において、曇鸞の浄土教信仰がそれら経典によって成立したと考えると同時に、その受容過程における当時の宗教的影響、もしくは社会的影響も重要な要素になってくるであろう。

そこで本節では、曇鸞当時の時代性を把握する一環として、『観世音応験記』にみられる称名の実践について検討してゆきたい

第二項　『往生論註』と『法華経』

曇鸞が観世音信仰を有していなかったことは先に述べたとおりであるが、その著『論註』には、観世音信仰の典拠となる『法華経』「普門品」に関する言及がみられる(34)。まずその内容について確認しておきたい。

> 如二經言一、阿彌陀佛國、有二無量無邊諸大菩薩一。如二觀世音大勢至等一。皆當下一生於二他方一、次補中佛處上。若人、稱レ名憶念者、歸依者、觀察者、如二法華經普門品說一、無二願不一レ滿(35)。

これは、巻上の菩薩荘厳功徳成就について解説を加えるのに先立ち、何故に仏のみならず菩薩も観察する必要があるのかと問うたなかに示されるものである。それに対し曇鸞は、浄土経典に散説されるように、阿弥陀仏の浄土には観世音・大勢至の両菩薩に代表される一生補処の大菩薩が存在すると認識している。そしてそれら菩薩に対して

も、称名憶念、帰依、観察する者は、その願いが満たされるとし、その根拠として『法華経』「普門品」を示している。

またこの『法華経』「普門品」は、巻下「利行満足」にも言及されている。

應化身者、如二法華經普門示現之類一也。(36)

ここでは浄土へ往生し、再び此土へと還相した菩薩の「応化身」という姿を、『法華経』「普門品」の示現、すなわち観世音信仰にみられる観世音菩薩の姿に譬えている。

このような曇鸞の説示は、もちろん浄土教信仰の実践に関連して述べられたものである。しかし、ここで浄土教信仰に対する理解を容易ならしめるため、『法華経』「普門品」の引用、具体的には観世音信仰の実例を用いていることは、まず、曇鸞周辺において観世音信仰が一般的に受容されていたことを示すものといえよう。

それと同時に、特に前者の引用において注目したいのは、称名憶念、帰依、観察する者は、観世音信仰と同じように、その願いが満たされるとする点である。ここで浄土教信仰と観世音信仰に共通するものとして、願いが満たされるという点に限っていっているのか、または、観世音菩薩や勢至菩薩など阿弥陀仏の侍者に対する論旨であるがゆえに、その菩薩に対する称名憶念、帰依、観察という実践内容も含めたものとしていっているのかは定かではない。しかしここで、曇鸞が両信仰において共通する「称名」について言及していることは注意されよう。

第三項　『観世音応験記』にみられる「称名」について

では、次に『観世音応験記』にみられる「称名」の実践の事例についてみてゆきたい。

この『観世音応験記』は古来散失したものと考えられていたが、赤松俊秀氏の調査によって京都吉水の青蓮院より発見され、その後、塚本善隆氏の「古逸六朝観世音応験記の出現—晋・謝敷、宋・傅亮の光世音応験記—」[37]における解説を経て、牧田諦亮氏の『六朝古逸観世音応験記の研究』[38]によって研究・翻刻がなされたものである。

『観世音応験記』の構成について略説すると、具体的には以下の三書から成り立っている。それぞれを書名、著者、成立地、成立年代の順に記せば次のとおりである。

一、『光世音応験記』、宋・傅亮(もと謝敷)(三七四—四二六)、北地(?)、不詳。

二、『続光世音応験記』、宋・張演(五世紀前半、没年は四四二以前)、呉郡、不詳。

三、『繫観世音応験記』、斉・陸杲(四五九—五三二)、呉郡(?)、中興元年(五〇一)。

このなか、『光世音応験記』は、もともとは謝敷が一巻十数例を著したものであったが、兵乱によって散逸してしまったため、のちに傅亮によってそのなかの七例に限り復元されたものである。その他、『続光世音応験記』には一〇例、『繫観世音応験記』には六九例、応験の事例が残されている。

そのなか「称名」を実践する事例を抽出すると以下のようになる。なお、ここでは「称名」の「称」と同義と思われる「呼・誦・喚」が用いられている事例も取り上げた[39]。

表 『観世音応験記』にみられる「称名」の事例

	名前(出身)	時代/場所	状況	実践内容	結果
一—五	呂竦(兗州人)	不詳/始豊	日が暮れ風雨のなか船にて渓をゆく。	唯帰二心光世音一、且誦且念	岸に火の光があり、無事に帰家することをうる。

一-六	徐栄（瑯琊人）	不詳／経定山	日が暮れ風雨のなか船にて渓をゆく。	唯至レ心呼二光世音一	火の光が現れ救われる。
二-四	孫恩乱後臨刑二人	五世紀前半／不詳	孫賊の乱の後、刑に処される際。	至レ意誦二光世音一	官司の帳面から二人の名が消え処刑を免れる。
二-六	釈僧融	不詳／不詳	就寝時に鬼が現れる。	稱二念光世音一、聲未二及絶一	鬼は驚懼して散走する。
二-一〇	韓當（平原人）	不詳／呼陀河	河の中流にて舟が沈む。	稱二光世音一	水中に白い龍のような物を見、しばらくすると岸へと至る。
三-一	釈法力	不詳／魯郡	麻を載せた車でゆく際、野火に遭い、もう免れえないと感ずる。	因擧レ聲稱レ觀、未レ得レ言二世音一、便自應レ聲	風が転じ火は滅する。
三-二	釈法智	不詳／不詳	一人沢を行くに、猛火に遭い、四方を囲まれる。	頭面禮二光世音一至レ心稱二喚名一號	唯、法智のいる所のみ焼け残る。
三-五	劉澄（沛国人）ならびに尼僧二人	孝建（四五四―四五六）／不詳	宮亭左里にいく途中大風に遭う。	當急叫二喚觀世音一聲々不レ絶	尼僧二人が称名をした劉澄の乗る船は覆ることはなかったが、他の船は観音の利益に救われなかった。
三-一〇	外国百余人	不詳／不詳	扶南に向かう際、悪鬼に遭い、船人を一人殺されそうになる。	共稱二觀世音一	観音を信じない小乗の沙門は「観世音」と称さなかったが、悪鬼が沙門を探すにおよび狼狽し、ついに称名し免れることを得た。

三-一一	北有一道人	不　詳／山西・寿陽	肩を木に縛り付けられ、衣服を盗られて殺されそうになる。	至レ心喚二観世音一	道人を切ろうとしたが刀が体へと入らず、賊は恐れて逃げて行った。
三-四一	益州一道人	不詳／不詳	賊に遭い逃げたが、逃げ切れず住居に帰って座す。	至レ心稱二観世音一	屋内に入ってきたが、賊は、「この神、必ず我を殺すであろう」といって競い逃げてゆく。
三-四二	河北有老尼	不詳／河北	賊に遭い、持ち物を奪い取られそうになった。	仰天絶二喚観世音一	絶喚する声は遠くまで響き、盗賊は逃げて行った。
三-五三	釈道汪	不詳／蜀道中	道中に羌族の反に遭い道をふさがれる。	道汪一心存二観世音一、又使宗梂皆稱二名號一	安穏に遇うことを得て、道汪に十余人がついてきた。
三-六〇	釈僧冏	義熙十年（四一四）／河南霍山採鍾乳	鍾乳洞のなかにおいて仲間も水に溺れ死に、手炬の光もなくなりそうになった。	於是唯喚二観世音一	百人の僧会が現れ、炊事して一宿を設ける。小光を見つけてそれをたどってゆくと外へ出ることができた。

以上の整理から、以下の点を読み取ることができる。

・『正法華経』において用いられる「光世音」、『法華経』において用いられる「観世音」の訳語がみえることからも、これら経典を典拠とした「称名」が説示されている。

・「称名」という実践によって得られる結果は、「日が暮れ風雨のなか船にて渓をゆくに、岸に火の光がみえた」（一-五）であるとか、あるいは「猛火に遭い、四方を囲まれたが、唯、法智のいる所のみ焼け残った」（三-一二）

というような「現世利益的」なものであって、その結果は「一時的」なものである。
・『続光世音応験記』『繋観世音応験記』は南地において撰述されたものであるが、当該者の出身地をみると韓當は山東・平原の出身（二―一〇）、劉澄は安徽・沛国の出身（三―五）など北地出身の者がみられ、また、北地での事例（二―一〇、三―一一、三―四二）があることから、南北を問わずその観世音信仰が広まっていたと考えられる。
・信仰を有する者が僧侶・官人など様々であることから、観世音信仰が在家者・出家者を問わず広がっていたものと考えられる。

第四項　観世音信仰と曇鸞の「称名」

以上の整理にみられる観世音信仰の「称名」と、曇鸞の意図した「称名」を比較した場合、その性格には大きな相違がみられる。すなわち曇鸞の「称名」とは、後章において詳論するが、往生以前ならびに往生以後も含めた当益を意図したものであり、現世利益のみを有する観世音信仰の「称名」とは性格を異としている。

これまで曇鸞の称名思想形成の背景として道教からの影響が研究されてきた。『論註』のなかにみられる「日出東方云々」等の音辞も、その典拠として『抱朴子』内篇が指摘されているように、現に曇鸞の遺文中に道教的要素をみることができる。そこにみられる禁呪の音辞は、「称名と同じく唱誦するものであり、この時代の人々は自分がもった意楽の実現を口業をとおして達成することを、既成の事実として持っていた」と藤堂恭俊氏が指摘されたとおりである。(40)

そのような点を踏まえて『観世音応験記』にみられる「称名」について考えてみると、直接、『論註』に観世音信仰の影響がみえなくとも、同じく「意楽の実現を口業をとおして達成すること」を目的とする点に関して共通点をみることができる。

また、『論註』の存在そのものを中国仏教史上において考えるならば、塚本善隆氏が「北魏後期になると、現在仏として説かれた無量寿仏および脇侍のボサツとされ、現実の苦悩者の救済に活動するという、大慈悲の観世音菩薩に集中していった」と指摘され、(41) またその観世音菩薩が、同じく塚本氏によって「観世音は浄土経典に阿弥陀仏の脇侍として説かれているから、自ら阿弥陀浄土信仰に結びつくものである」と指摘されたように、(42) 当時盛んであった観世音信仰に基づく「称名」の実践の事実を等閑視することはできないであろう。

註

（1） 塚本善隆「北魏建国時代の仏教政策と河北の仏教」「北魏大武帝の廃仏毀釈」「沙門統曇曜とその時代」（『塚本善隆著作集』二、大東出版社、一九七四年）、鎌田茂雄『中国仏教史』岩波書店、一九七八年参照。

（2） 塚本善隆「龍門石窟に現れたる北魏仏教」（『龍門石窟の研究』（二）本文篇、座右宝刊行会、一九四一年、〔再録〕『塚本善隆著作集』二、大東出版社、一九七四年）。

（3） 大村西崖『支那美術史彫塑篇』仏書刊行会図像部、一九一五年。

（4） 藤堂恭俊「北魏時代に於ける浄土教の受容とその形成―主として造像銘との関連に於て―」（『佛教文化研究』一、一九五一年、〔再録〕『無量寿経論註の研究』佛教文化研究所、一九五八年）。

（5） ただしその論説をみるかぎり、久野氏の研究が藤堂氏の研究を参照したうえでなされたものかどうかは定かではない。

（6） 久野美樹「造像背景としての生天、託生西方願望―中国南北朝期を中心として―」（『佛教藝術』一八七、一九八九年）。

（7）侯旭東『五、六世紀北方民衆佛教信仰─以造像記為中心的考察─』中国社会科学出版社、一九九八年。
（8）佐藤智水「北朝造像銘考」（『史学雑誌』八六－一一、一九七七年［再録］佐藤智水『北魏仏教史論考』（岡山大学文学部研究叢書一五）岡山大学文学部、一九九八年）。
（9）介休山、綿山ともいう。現在の山西省介休市東南。
（10）大正蔵五〇、四七〇頁下（『続高僧伝』「曇鸞伝」）。
（11）しかし同時に、金銅仏が有する史料的欠点も認めざるを得ない。石刻史料についてはその性格上、出土地が明らかである場合が多いが、小型であり移動が容易である金銅仏はその製作地が必ずしも定かではない。それゆえ広大な中国において、その信仰の地方性について論ずることは困難である。そのようななかで本節では、北朝の紀年を有する史料にかぎり収集に努めることとした。少なくともその政治的勢力内にあることは確実であるからである。
（12）佐藤智水「北朝造像銘考」（『史学雑誌』八六－一一、一九七七年）一四六三頁。
（13）なお史料中、「□」の記号は一文字の滅字を表し、「……」は摩滅の文字数が明らかでない場合に、「?」は筆者により（または元史料に基づき）読解が難しい場合に用いる。また句読点は筆者によるものである（ただし一部は元史料に基づく）。
（14）この時代推定については、水野清一・長廣敏雄『龍門石窟の研究』（一）本文編、座右宝刊行会、一九四一年、二八〇頁に基づくものである。
（15）大正蔵五〇、三五八頁下（『高僧伝』「慧遠伝」）。
（16）大正蔵五〇、三五八頁下（『高僧伝』「慧遠伝」）。
（17）甘粛省・炳霊寺石窟第一六九窟第六号に存し、西秦・建弘元年（四二〇）年の銘を有する一仏二菩薩の塑像には、それぞれに無量寿仏、勢至菩薩、観世音菩薩と墨書にて題名が記されている。また題名と併せて題記も墨書にて記されているが、これら墨書が信頼しうるものであるか現時点で筆者は判断しかねるので、ここではそれを指摘するにとどめ、採用は保留しておきたい。なお同窟第一一号には同じく西秦時代の無量寿仏と墨書にて題記される壁画もみられる（甘粛省文物工作隊・炳霊寺文物保管所編『中国石窟　炳霊寺石窟』平凡社、一九八六年）。
（18）前出註（6）久野氏稿、三三頁、「表4・無量寿に関する造像銘」参照。

(19) 孫貫文「北京大学図書館蔵歴代石刻拓本草目（二）」（『考古学集刊』八、一九九四年）二二七頁。

(20) 皇帝崇拝については、佐藤智水「北朝造像銘考」（『史学雑誌』八六―一一、一九七七年、一一四八頁―）に詳しい。

(21) この末法思想と曇鸞が表明した無仏思想の関わりについては、すでに藤堂恭俊氏によって検討がなされ、藤堂氏はその両思想について異質なものととらえている（「六世紀前半、北シナにおいて形成された無仏思想について」『佛教大学学報』二九、一九五四年）。筆者は、曇鸞によって末法意識の表明、ならびに無仏思想に関する詳説がなされていない以上、両思想の明確な相違について検討することは難しいと考えている。しかし、近時、殷光明氏によって五世紀前半造立の石塔に明確な末法意識がみられるとの報告がなされるなど、中国における末法意識の出現時期については見直しがなされつつある（殷光明『北涼石塔研究』㈶覚風仏教芸術文化基金会、二〇〇〇年）。そのようななかで、いま一度、曇鸞当時の末法意識については確認する必要があるように思われる。

(22) なお紙幅の都合上、北魏以降の北朝における造例を示すことはできないが、筆者の調査によれば二八例を数えることができる。

(23) なお史料中の表記記号については、註(13)を参照。

(24) 銘文には「多保雙坐像」と記されるが、詳しくは釈迦・多宝の二仏並坐像である。松原三郎『中国仏教彫刻史論』（本文編）吉川弘文館、一九九五年、七〇頁参照。

(25) 鎌田茂雄『中国仏教史』岩波書店、一九七八年、一一三頁参照。

(26) もちろん上記の見解は筆者の収集資料のみによって導き出されたものであるが、より広範な史料の収集を行った佐藤智水氏は、「北朝人は輪廻をそれ自体〝苦〟とはみなさずむしろ死後の生存を保証するものとして受容している。（中略）像主たちは六道の輪廻のうち、天上はまさに望ましく、もし人間界に生じても王侯長者であればよく、ただ三途だけは解脱したいと願っているのが判る」（佐藤智水「北朝造像銘考」『史学雑誌』八六―一一、一九七七年、一四四一頁）との指摘を行っており、筆者の指摘は、各種造像の全体的な傾向として認めうるようである。

(27) 本書第二章第二節「『往生論註』における註解姿勢―曇鸞作成の願文を通じて―」を参照。

(28) 大正蔵四〇、八三〇頁上。

(29)　本書第六章第一節「曇鸞の往生思想の背景とその形成」を参照

(30)　大正蔵三八、二六九頁中。なお、曇鸞以降盛んに議論されることとなる弥陀弥勒相対論については、金子寛哉『「釈浄土群疑論」の研究』大正大学出版会、二〇〇六年、第四章「弥陀・弥勒相対論」参照。

(31)　大正蔵四〇、八三九頁下。

(32)　『法苑珠林』巻二三。大正蔵五三、四五九頁上。

(33)　六朝当時の観音信仰については、佐藤泰舜「六朝時代の観音信仰」(『支那佛教思想論』古径荘、一九六〇年)、牧田諦亮「六朝人の観音信仰」(『中国仏教史研究』一、大東出版社、一九八一年)を参照。

(34)　ここで曇鸞と『法華経』の関わりについて一言しておきたい。当時、『法華経』研究が般若経典研究などと並行して行われていたことは、『出三蔵記集』所収の僧叡「小品経序第四」にみることができる。

是以、法華般若相待以期レ終、方便實化冥一以俠レ盡。論二其窮理盡性夷明萬行一、則實不レ如レ照。取二其大明眞化解本無三一、則照不レ如レ實。是故歎レ深則般若之功重、美レ實則法華之用微。(大正蔵五五、五四頁下—五五頁上)

この内容から、羅什の上足であった僧叡が、般若によれば平等に万行を明らかにするという面で劣り、法華によれば真実の智慧、すなわち教えの深さという点で劣るとし、両経が相互補完の関係にあり、そこに般若とともに法華を高く評価しており、羅什門下において般若とともに法華の研究が行われていたことを知ることができる。このようなことからも、羅什の思想的影響下において仏教を学んだ曇鸞は、般若とともに法華も学んだものと推察される。

また、横超慧日氏はこの『法華経』との関連において『無量義経』にみられる「速疾成仏」の思想の影響について指摘している。この経典は『法華経』序品に基づいて編纂され、またその擬撰者として劉虬が指摘されているが、そこにみられる経力による速やかなる成仏が、『論註』にみられる仏願力による速やかなる往生と、共に行者の自力をもととしていないという点で思想的共通点を見いだせるとしている(横超慧日「速疾成仏の思想」『印仏研』三-一、一九五四年、[再録]横超慧日『法華思想の研究』平楽寺書店、一九七一年)。このような指摘も、曇鸞と『法華経』の関わりを示すものといえよう。

(35)　大正蔵四〇、八三三頁上。

(36) 大正蔵四〇、八四三頁中。
(37) 京都大学人文科学研究所編『創立廿五周年記念論文集』京都大学人文科学研究所、一九五四年。
(38) 牧田諦亮『六朝古逸観世音応験記の研究』平楽寺書店、一九七〇年。
(39) なお図表に付した数字は、上段が「一」『光世音応験記』、「二」『続光世音応験記』、「三」『繫観世音応験記』の典籍を示し、下段は『六朝古逸観世音応験記の研究』所収の本文に付された通番を示している。
(40) 藤堂恭俊「北魏仏教における称名とその社会背景—特に曇鸞浄土教を中心にして—」（横超慧日編『北魏仏教の研究』平楽寺書店、一九七〇年）。
(41) 『塚本善隆著作集』四、大東出版社、一九七六年、一六五—一六六頁。
(42) 『塚本善隆著作集』四、大東出版社、一九七六年、一三頁。

第二章　『往生論註』成立に関する諸問題

第一節　『往生論註』の題号とその構成

第一項　問題の所在

『往生論註』（以下『論註』と略す）の具題は「無量寿経優婆提舎願生偈婆藪槃頭菩薩造幷註」である。すなわち、世親著『無量寿経優婆提舎願生偈』に対して曇鸞自身が註釈したという意味である。この点については論ずるまでもなく至極当然のことであるが、『論註』が有する構成の問題を考える場合、等閑視することはできない。

周知のとおり、『往生論』は五言一句の偈の四偈を一行として、二四行を重ねた「願生偈」の偈頌の部分と、「長行《じょうごう》」と呼ばれる「願生偈」に対する解釈を行った部分から構成される。『往生論』の冒頭の帰敬偈には、

世尊我一心　歸二命盡十方　無礙光如來一　願レ生二安樂國一(1)

と、世親の阿弥陀仏への帰依とその浄土への往生に対する願いが吐露される。この「願生偈」と「長行」のいずれもが世親自身によってなされたものである。(2)

『論註』は、この『往生論』の構成に準じて、巻上において「願生偈」の註釈を行い、また巻下において「長行」の註釈を行っている。したがって、『論註』は巻上においては「願生偈」の註釈をするのみであるが、巻下ではその「願生偈」の註釈を行った「長行」に対してさらなる註釈を加えている。この関係を図示すれば以下のとおりである。

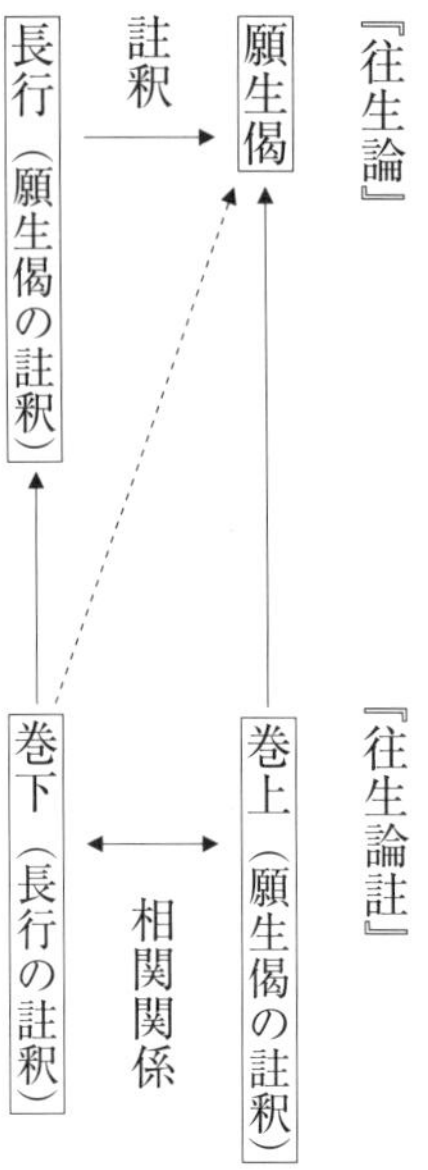

つまりこのことは、『論註』巻下は、「長行」の註釈にとどまらず、間接的に「願生偈」の註釈でもあることを意味している。

このように『論註』というテキストは巻上と巻下が、それぞれ異なる内容について注釈を加えたものではなく、『往生論』と『論註』巻上と巻下の内容が多重的に関連しながら成立する特異な性格を有していることが確認されるのである。以上の指摘を踏まえ、本節では後章における曇鸞の諸思想の検討に先立って、『論註』の題号に関わる問題とその特異な構成について整理し、『論註』の構成から垣間みられる曇鸞の浄土教思想の独自性という点に問題を絞って言及してゆきたい。

第二項　『往生論註』の題号について

『往生論』の具名、「無量寿経優婆提舎願生偈」のうち、その「無量寿経」がいかなる経典を指示するものであったのかについては、古来諸説がある。それらを大別すると「通申論」と「別申論」の二種に分けられる。「通申論」とは、題号の「無量寿経」を『無量寿経』『観無量寿経』『阿弥陀経』の三経を意図したものであるとする説である[3]。また「別申論」とは、『無量寿経』、もしくは『阿弥陀経』等、一部の経典を意図したものであるとする説である[4]。

以上のような『往生論』の題名に対する解釈と同様に、曇鸞がこの題号にみられる「無量寿経」をいかなる経典と理解していたかについても、上記のような、通申論と別申論が存在する[5]。

この「無量寿経」について、曇鸞が具体的にいかなる経典を意図していたかについては、続く「優婆提舎」の提示する意味を考える際にも重要となる。

「優婆提舎」とは、一般的に「論議」等とも漢訳され、仏の教説について、仏または高弟などによって論議分別され、その意味を明らかにしたものである[6]。そしてこのうち、この『往生論』は世親という人師によって論議がなされたものであるから、経・律・論の三蔵のうち、論蔵に分類されるべきものである。したがって、釈尊の直説である経典とは一線を画するものと一般的に認識されるのであるが、曇鸞はそれと異なる解釈を行っている。

『論註』冒頭において、「優婆提舎」について解釈するなか、

後聖者婆藪槃頭菩薩、服二膺如來大悲之教一、傍レ經作二願生偈一、復造二長行一重釋。梵言二優婆提舍一、此間無二正名

相譯一。若擧二一隅一、可二名爲レ論。所三以無二正名譯一者、以二此間本無レ佛故。(7)

と、「優婆提舎」について訳するならば「論」とすることも可能であるが、それでは本来有するすべての意を含むことはできないとし、「優婆提舎」と訳される意図を説明した後、その意味について次のように述べている。

若復佛諸弟子、解二佛經教一與二佛義一相應者、佛亦許名二優婆提舍一。以レ入二佛法相一故。此間云レ論直是論議而已。豈得三正譯二彼名一耶。(8)

曇鸞はここで、仏弟子が仏の経典の教えを解釈して、それが仏の意図と一致するならば、仏は法相に適っているから、これを「優婆提舎」と名付けることを許すのである、としている。すなわち、本来であれば三蔵のなかの「論」に配されるべき『無量寿経優婆提舎願生偈』（『往生論』）が、仏の意図と一致していることを論拠として、「論」としてではなく「経」に配されるべきであるとしているのである。(9)

第三項　『往生論註』の構成について

次に『論註』の構成について考えてみたい。テキストの構成について考える場合、まず科文の検討など、その分科に関わる問題を意図する場合が多いが、『論註』はテキスト自身が分科についてある程度明確に示しており、また先学による整理も多くなされている。したがってそれらの問題については先学に譲り、本節では『論註』という註釈書にみられる特異な構成部分について、まず指摘してみたい。

先述のとおり、『論註』は、『往生論』の構成をそのまま受け、巻上と巻下が相互に関連を有するテキストということができる。しかし、そのような特異なテキストとはいえ、その註釈形式については、基本的には『往生論』の本文に対応しながら逐文解釈形式を採用していることに変わりはない。

しかし、『往生論』の本文とそれに対する『論註』の解釈文を対応させてゆくと、『論註』は逐文解釈の形式を採用するものの、必ずしもすべての内容が『往生論』の本文に対応していないことがわかる。紙幅の都合上それらを明記することはできないが、『論註』の各所に散見されるのが実態である。

それら本文に該当しない解説文をさらにその性格により分類すると、

(一)『往生論』の本文には直接対応しないが、本文またはその解説文と間接的に関わるもの。

(二)『往生論』の本文に全く対応しないもの。

の二種に分けることができる。まず、(一)についてみてみると、例えば巻上「大義門功徳成就」について解説するなか、本文の解釈を終えた後、次のような問答を設けている。

問曰、案二王舍城所説無量壽經一、法藏菩薩四十八願中言、設我得レ佛、國中聲聞、有三能計量知二其數一者、不レ取二正覺一。是有二聲聞一一證也。又十住毘婆沙中、龍樹菩薩造二阿彌陀讃一云、超二出三界獄一、目如二蓮華葉一、聲聞衆無量。是故稽首禮。是有二聲聞一二證也。又摩訶衍論中言、佛土種種不同。或有二佛土一純是聲聞僧。或有二佛土一純是菩薩僧。或有二佛土一菩薩聲聞會爲レ僧。如二阿彌陀安樂國等一是也。是有二聲聞一三證也。諸經中有レ説二安樂國一處多言レ有二聲聞一不レ言レ無二聲聞一。聲聞即是二乘之一。論言三乃至無二二乘名一、此云何會。

答曰、以レ理推レ之、安樂淨土不レ應レ有二二乘一。何以言レ之。夫有レ病則有レ藥、理數之常也。法華經言、釋迦牟尼如來、以レ出二五濁世一故、分レ一爲レ三。淨土既非二五濁一。無二二乘一明矣。法華經道。諸聲聞是人、於レ何而得二解脱一。但離二虚妄一、名爲二解脱一。是人實未レ得二一切解脱一。以レ未レ得二無上道一故、覈推二此理一、阿羅漢既未レ得二一切解脱一。必應レ有レ生。此人更不レ生二三界一。三界外除二淨土一更無二生處一。是以唯應下於二淨土一生上。如レ言二聲聞一者、是他方聲聞來生仍二本名一故、稱爲二聲聞一。如下天帝釋生二人中一時、姓二憍尸迦一。後雖レ爲二天主一、佛欲レ使三人知二其由來一、與二帝釋一語時、猶稱中憍尸迦上。其此類也。又此論但言二二乘種不レ生一、謂安樂國不レ生二二乘種子一、亦何妨二二乘來生一耶。譬如下橘栽不レ生二江北一、河洛果肆亦見レ有レ橘。又言下鸚鵡不レ渡二壟西一、趙魏架桁亦有中鸚鵡上。此二物但言二其種不レ渡。彼有二聲聞一亦如レ是。作二如レ是解一經論則會。(10)

ここで、『往生論』では「二乗種不生」といい、浄土には声聞や縁覚はいないと述べているにもかかわらず、『無量寿経』『十住毘婆沙論』『大智度論』のいずれにおいても浄土には声聞が存在すると記されている点を述べ、その会通を試みている。この問答自体は直接『往生論』の本文に注釈を行ったものではないが、浄土の二乗種不生という『往生論』の提示に対して、異説を有するほかの経論との会通という間接的な問題として曇鸞はここで問答を設けている。この引用の後に続く二つの問答を含め、この㈠に分類することができる。

次に㈡についてみてみると、その用例として以下の三箇所を指摘することができる。

一、難行道・易行道の説示（巻上冒頭）
二、十八願・十一願・二十二願の「三願的証」（巻下末尾）
三、八番問答（巻上末尾）

さて、これらの説示については注目する必要がある。『論註』では、逐文解釈の形式をとる註釈書であるため、『往生論』への解釈を離れた曇鸞自身の理解について体系的に述べられる箇所はみることはできない。しかしこの、㈡に分類されるような『往生論』の本文に全く対応しない説示箇所を検討することにより、『往生論』本文への解釈という作業を離れた、曇鸞独自の思想が明らかになると思われる。そこで、次に、先に挙げた、難行道・易行道の説示、十八願・十一願・二十二願の「三願的証」、八番問答の三つの問題について考察し、その説示内容を検証してゆきたい。

第四項　実践行の提示とその根拠

初めに、難行道・易行道の説示について検討したい。周知のとおり、この難易二道は『論註』巻上の冒頭に次のように述べられる。

謹案㆓龍樹菩薩十住毘婆沙㆒云、菩薩求㆓阿毘跋致㆒、有㆓二種道㆒。一者難行道。二者易行道。(11)

ここで曇鸞は『十住毘婆沙論』の説示に基づいて、菩薩が阿毘跋致という悟りの境界を求める際に二種の道があることを示している。まずここでは行ずる主体が菩薩であり、また最終的に阿毘跋致という悟りの境界を求めている点に注意したい。

続いて難行道について、次のように述べている。

難行道者、謂於㆓五濁之世㆒於㆓無佛時㆒、求㆓阿毘跋致㆒爲㆑難。此難乃有㆓多途㆒。粗言㆓五三㆒以示㆓義意㆒。

一者、外道相善、亂㆓菩薩法㆒。

二者、聲聞自利、障㆓大慈悲㆒。

三者、無顧悪人、破㆓他勝徳㆒。

四者、顚倒善果、能壞㆓梵行㆒。

五者、唯是自力、無㆓他力持㆒。

如㆑斯等事、觸㆑目皆是。譬如㆓陸路歩行則苦㆒。(12)

ここでは、先に示したとおり、菩薩が阿毘跋致を得ることを目的としているにもかかわらず、この娑婆世界が五濁の世、無仏時であるため、その達成は難しいとし、さらにその理由として五種を挙げている。なお、『十住毘婆沙論』において「難行」が説示される際に、この五種の理由が提示されることはない。すなわちこのことは、この内容が曇鸞によって添加されたことを意味し、また同時にこの後に曇鸞自身が難行道ではなく易行道を選び取る理由ともなるものである。

そして易行道について、次のように述べられる。

易行道者、謂但以㆓信佛因縁㆒、願㆑生㆓淨土㆒、乗㆓佛願力㆒、便得㆑往㆓生彼清淨土㆒、佛力住持即入㆓大乗正定之聚㆒。正定即是阿毘跋致。譬如㆓水路乗船則樂㆒。[13]

ここで、阿弥陀仏の仏願力を信ずる因縁（信仏の因縁）によって、浄土に往生したいと願うならば、その仏の願力によって浄土に往生することができる。そしてさらに、その仏願力によって大乗の悟りの境界、すなわち阿毘跋致の境界を得ることができるとしている。

なお、ここで易行道の内容が『無量寿経』の四十八願文の内容によっていることに注意したい。すなわち、信仏の因縁により浄土往生を願い、仏の願力によって浄土へと往生するとの説示は「第十八願文」の、また仏の願力によって大乗正定の聚という正定を得るとの説示は「第十一願文」の内容と一致するものである。そしてこの点を確認しつつ、『十住毘婆沙論』「易行品」における易行道の説示をみると、信方便によって阿惟越致（阿毘跋致）に至るとの説示はみられるものの、そこに仏の願力が介在しないことが確認される。[14]『論註』では易行道の説示中、先に示したとおり、仏の願力を重視していたにもかかわらず、『十住毘婆沙論』に仏の願力について述べられていないことがいかなる意味を有するのでろうか。このことについて考えてみると、曇鸞はこの易行道の説示中において、

『十住毘婆沙論』を引用しその基本的な概念は受け継ぎつつも、曇鸞がそこに『十住毘婆沙論』の説示と並行して、『無量寿経』の四十八願文を介在させて考えていたものと推察することができる。

この難易二行の説示によって、曇鸞は易行道によるべきことを示している。そして、この説示が『論註』の冒頭で『往生論』の本文の解釈と関わりなく突如説示されることを勘案すれば、そこで示した易行道の実践こそが、『論註』において曇鸞が意図していた菩薩の実践行そのものであったと考えられる。

このように確認すると、巻下末に示される「三願的証」の内容も易行道の説示と対応するものであることがわかる。その内容について、少々長文となるが引用すると次のようになる。

凡是生二彼浄土一及彼菩薩人天所起諸行、皆縁二阿彌陀如來本願力一故。何以言レ之。若非二佛力一、四十八願便是徒設。今的取二三願一用證二義意一。

願言、設我得レ佛、十方衆生、至心信樂、欲レ生二我國一、乃至十念、若不レ得レ生者、不レ取二正覺一。唯除三五逆誹二謗正法一。縁二佛願力一故、十念念佛、便得二往生一。得二往生一故、即免二三界輪轉之事一。無二輪轉一故、所以得レ速。一證也。

願言、設我得レ佛、國中人天、不下住二正定聚一必至中滅度上者、不レ取二正覺一。縁二佛願力一故、住二正定聚一。住二正定聚一故、必至二滅度一。無二諸迴伏之難一。所以得レ速。二證也。

願言、設我得レ佛、他方佛土諸菩薩衆、來二生我國一、究竟必至二一生補處一。除下其本願自在所レ化、爲二衆生一故被二弘誓鎧一積二累徳本一、度二脱一切一、遊二諸佛國一、修二菩薩行一、供二養十方諸佛如來一、開二化恒沙無量衆生一、使上レ立二無上正眞之道一。超二出常倫諸地之行一、現前修二習普賢之徳一。若不レ爾者、不レ取二正覺一。縁二佛願力一故、超二出常倫諸地之行一、現前修二習普賢之徳一。以レ超二出常倫諸地行一故、所以得レ速。三證也。

以レ斯而推二他力一、爲二増上縁一。得レ不レ然乎。當三復引レ例示二自力他力相一。如下人畏二三塗一故、受二持禁戒一。受二持禁戒一故、能修二禪定一。以二禪定一故、修二習神通一。以二神通一故、能遊中四天下上。如レ是等名爲二自力一。又如下劣夫跨レ驢不レ上、從二轉輪王行一、便乘二虚空一、遊二四天下一、無レ所二障礙一。如レ是等名爲二他力一。愚哉後之學者、聞二他力可レ乘、當レ生二信心一。勿二自局分一也。(15)

ここではまず、第十八願を提示し、その願力によって十念の念仏の実践により浄土に往生することができるとしている。次に第十一願を提示し、浄土に往生したのち正定聚の悟りの境界を得て、また正定聚を得ることにより、穢土へ帰ることはなくなるとしている。さらに、第二十二願を提示し、浄土に往生した菩薩が、菩薩の階位を順次登ることを超えて、速やかに普賢菩薩の慈悲・利他の徳行を身につけることができるとしている。

曇鸞はここで、浄土に往生すること、および浄土に往生した菩薩が行う諸々の行、すなわち往生以前、往生以後のすべての行が阿弥陀仏の本願力によるものであるとし、四十八願のうち、十八願・十一願・二十二願の三願をその証拠として挙げているのである。

また、巻上冒頭の難易二道の説示中において、難行道が廃されるべき五種の理由のうち、難行道とは自力であり他力によっていないことを挙げて、他力に基づく易行道によるべきであるとしているが、この「三願的証」の説示において、自力と他力の様相について詳説し、そのうえで他力によるべきであるとしている。

ここで他力とは、劣った者が驢馬《ろば》に跨っても空中をゆくことはできないが、転輪聖王の行列に従ってゆけば、虚空をかけ登り四天下を遊行するのに障りがないようなものであるとしている。そしてその他力に乗ずるためには、信心を起こすべきであるとしている。ここで曇鸞は他力に乗ずる際はまず信心を起こすべきであるとしているが、何を信ずるかといえば、易行道の説示中に示される「信仏の因縁」、すなわち阿弥陀仏の仏願力を信ずることにほかならない。

以上の検討をもとに、易行道での説示、ならびにこの「三願的証」における説示を併せ考えると、次のように整理することができる。まず阿弥陀仏の浄土への往生を願う菩薩は、「信仏の因縁」、すなわち阿弥陀仏の仏願力を信ずることが求められる。そしてその阿弥陀仏の仏願力を信ずることにより、菩薩は十念の実践を行うことによって浄土に往生することができ（第十八願文）、往生ののち正定聚（阿毘跋致）を得て（第十一願文）、さらに菩薩の階位を順次に登ることを超えて、速やかに普賢菩薩の慈悲・利他の徳行を身につけることができる（第二十二願文）。その実践体系こそが易行道であり、そしてそれは阿弥陀仏の本願力によって確かなものとされるのである。

第五項　『往生論註』の構成と曇鸞の独自性

従来『論註』は、曇鸞が学んだ四論を代表する論者である龍樹の中観思想と、『往生論』の著者である世親の唯識思想を融合し、それら二つの思想を昇華させたものであるとの認識が多くなされてきた。もちろん、『論註』の解釈におけるそのような視座を否定しようとは考えないが、少なくとも曇鸞がいかなる浄土教思想を有していたかについて考える場合、それでは曇鸞が有していた独自性というものが浮き彫りにされることはないであろう。

本節では『論註』の構成を整理し、『往生論』に対する解釈に垣間みられる曇鸞独自の思想について検討を試みた。そしてそこから明らかとなった易行道の説示を中心にした曇鸞の説示は、決して龍樹の『十住毘婆沙論』のみによるものではなく、曇鸞自身によって導き出された浄土教思想といってよいものである。そしてそれのみにとどまらず、阿弥陀仏の本願力によって導き出されたその思想体系は、これまで論じられてきた五念門などの実践論、ならびに二種法身説など仏身仏土論に通底する論理となったものと思われる。その各論については後章において検討することとする。

第二節　『往生論註』における註解姿勢―曇鸞作成の願文を通じて―

第一項　問題の所在

本節で問題とする願文とは、『無量寿経』等にみられる阿弥陀仏の四十八願の願文ではない。『論註』巻上にみられる三種二十九句の各荘厳相の釈文に付される願文である。

中国浄土教史上において、曇鸞に先立つ浄土教者として廬山慧遠が著名である。しかし、阿弥陀仏の本願に注目し、またそれを自らの信仰のよりどころとしたのは曇鸞を以て嚆矢とすることに疑いはないであろう。したがって曇鸞作成の願文は、『論註』における阿弥陀仏の四十八願理解を知る際に重要な意味を有する。それは、前節にて検討したように、『論註』巻下において『無量寿経』の十八・十一・二十二願を以て往生の経証とするなど、その著作の各所に四十八願の願文の引用をみることができることからも確認される。

しかしここで問題とする三種二十九句の荘厳相の釈文に付される願文は、それらの『無量寿経』の願文とは異なった性格を有する。曇鸞は三種二十九句の荘厳相の一々について、経典には直接みられない願文を自ら作成し、付加しているのである。

いま問題とする願文について稲葉圓成氏は以下のように述べている。

二十九種建願の中、四十八願のいづれに屬すべきや容易に判斷することの出來ないものも多く、亦四十八願中には攝められないものもある。しかし攝められないものであつたからとて、それは如來の誓願以外ではない。既に大經には縁致レ満二足無量大願一とあり、四十八以外の無量の大願がありといひ、亦大悲無窮にましませば願無量なるべきである。既に願無量なりとせば、四十八以外の建願あるは、妙に經意を得させ給ふ論主註主が、三經所説の淨土莊嚴功徳の所成就より、能成就の誓願を施設せられたのである。「論」及び「註」の私に設けたものではない。却りて「註」に願我成佛、願我國土と經に擬して建願を叙べ給ふ(16)。

ここで稲葉氏は、『無量寿経』において四十八願文以外に無量の大願を建てたとある記述に基づいて、世親ならびに曇鸞が、三種二十九句の荘厳相を四十八願ならびにその他無量の大願の成就したものとしてとらえている。またその釈文に付される願文についても、四十八願に該当しないものは曇鸞が『無量寿経』の経意に基づいて設けたものであり、決して両者によって私設されたものではないとしている。

また願文について直接説示しないながらも、三種二十九句の荘厳相について『浄土宗大辞典』「往生論註」の項目では、

三種二九句の荘厳の一一について「仏もとなにが故ぞこの荘厳をおこされたる」と問いかけ、三界という現実世界にあるものをして現実世界の欠点をさとらしめ、三界をこえた清浄土にいたらしめんとする阿弥陀仏の本願の聖意の説得に努めている(17)。

としているように、『論註』などに解説される三種二十九句の荘厳相について、阿弥陀仏の誓願の成就に違わぬものであると理解されている。このような両者の見解に異なるものはこれまで管見のかぎりみられない。

しかし注意しなければならないのは、稲葉氏が先の引用と別所において、浄土の荘厳相について「論」の荘嚴

を説くのは、願生行者の立場からであり、「經」の六八願は如來の立場を明にするためである[18]」と指摘されるように、『往生論』の三種二十九句の荘厳相は世親という人師が浄土への往生を願う者の立場から記したものであって、阿弥陀仏（法蔵菩薩）の誓願により建てられた荘厳相とは基本的に性格を異にするという点である。

本節では、このような曇鸞の作成による願文の整理を通じて、『往生論』に対する曇鸞の註解姿勢について考察してゆきたい。

第二項　三種二十九句の荘厳相の釈文に付される願文について

初めに三種二十九句の荘厳相に付される願文を示せば以下のとおりである。

【荘厳清浄功徳成就】

欲丙置下衆生、於二不虚僞處一、於二不輪轉處一、於中不無窮處上、得乙畢竟安樂大清淨處甲[19]。

【荘厳量功徳成就】

願我國土、如二虚空一、廣大無際[20]。

【荘厳性功徳成就】

願我成佛、以二無上正見道一、起二清淨土一、出二于三界一[21]。

【荘厳形相功徳成就】

如三日月光輪滿二足自體一、彼安樂淨土、雖二復廣大無レ邊、清淨光明、無レ不二充塞一[22]。

【荘厳種々事功徳成就】

願我成佛、必使下珍寶具足嚴麗、自然相二忘於有レ餘、自得中於佛道上[23]。

【荘厳妙色功徳成就】

願我國土、光炎熾盛、第一無比[24]。

【荘厳触功徳成就】

願言、使下我國土人天、六情和二於水乳一、卒去中楚越之勞上[25]。

【荘厳水功徳成就】

願我成佛、所有流泉池沼與二宮殿一相稱、種種寶華布爲二水飾一、微風徐扇、映發有レ序、開レ神悅レ體、無二一不レ可[26]。

【荘厳地功徳成就】

願我國土、地平如レ掌、宮殿樓閣鏡納二十方一[27]。

【荘厳虚空功徳成就】

願我國土、寶網交絡、羅遍二虚空一、鈴鐸宮商、鳴宣二道法一[28]。

【荘厳雨功徳成就】

願我國土、常雨二此物一、滿二衆生意一[29]。

【荘厳光明功徳成就】

願言、使下我國土所有光明、能除二癡闇一、入二佛智慧一、不上レ爲二無記之事一[30]。

【荘厳妙声功徳成就】

願文なし。

【荘厳主功徳成就】

願我國土、常有二法王一、法王善力之所二住持一。(31)

【荘厳眷属功徳成就】

願言、使下我國土、悉於二如來淨華中生一、眷屬平等、與奪無上路。(32)

【荘厳受用功徳成就】

願我國土、以二佛法一、以二禪定一、以二三昧一、爲レ食。永絶二他食之勞一。(33)

【荘厳無諸難功徳成就】

願言、使二我國土、安樂相續、畢竟無レ間。(34)

【荘厳大義門功徳成就】

願言、使二我國土、皆是大乘一味、平等一味一、根敗種子、畢竟不レ生、女人殘缺名字亦斷。(35)

【荘厳一切所求満足功徳成就】

願言、使下我國土、各稱二所求一、滿中足情願上。(36)

【荘厳座功徳成就】

願言、我成佛時、使三無量大寶王、微妙淨華臺、以爲二佛座一。(37)

【荘厳身業功徳成就】

願文なし。

【荘厳口業功徳成就】

願言、使二我成佛、妙聲遐布、聞者悟レ忍。(38)

【莊嚴心業功德成就】

願言、使下我成佛、如三地荷負無二輕重之殊一、如三水潤長無二莦萿之異一、如三火成熟無二芳臭之別一、如三風起發無二眠悟之差一、如三空苞受無二開塞之念一、得二之于內一、物安二於外一、虚往實歸於レ是于息上[39]。

【莊嚴大衆功德成就】

願我成佛、所有天人、皆從二如來智慧清淨海一生[40]。

【莊嚴上首功德成就】

願言、我爲レ佛時、願一切大衆、無二能生レ心敢與レ我等一、唯一法王、更無二俗王一[41]。

【莊嚴主功德成就】

願言、使二我成佛、天人大衆恭敬無レ倦[42]。

【莊嚴不虛作功德成就】

願言、使下我成佛時、值二遇我一者、皆速疾滿中足無上大寶上[43]。

【菩薩莊嚴功德成就①】

願我國中、有二無量大菩薩衆一、不レ動二本處一、遍至二十方一、種種應化、如レ實修行、常作二佛事一[44]。

【菩薩莊嚴功德成就②】

願我佛土諸大菩薩、於二一念時頃一、遍至二十方一、作二種種佛事一[45]。

【菩薩莊嚴功德成就③】

願言、我成佛時、願我國土一切菩薩聲聞天人大衆、遍至二十方一切諸佛大會處所一、雨二天樂天華天衣天香一、以二巧妙辨辭一、供二養讚三歎諸佛功德[46]一。

【菩薩荘厳功徳成就④】

願我成佛時、我土菩薩、皆慈悲勇猛堅固志願、能捨二清淨土一、至下他方無二佛法僧一處上、住二持莊三嚴佛法僧寶一、示如レ有レ佛、使二佛種處處不レ斷(47)。

この三種二十九句の荘厳相のうち、三種功徳成就として水功徳成就、地功徳成就、虚空功徳成就が合して一つとされるため、『論註』では都合、三一種の荘厳功徳相が説示されている。この三一種のうち、妙声功徳成就、身業功徳成就については願文が明確に示されていないが、その他の各荘厳功徳相が、他の国土の有漏不浄な性質との対比のうえで、無漏清浄な境界であると示され、またそれに基づいて願文が付されていることを考えると、特に身業功徳成就などは阿弥陀仏の光明相を説くものであって、願文を付加し難かったことが想像される。しかしいずれにしても、この二つの功徳成就以外の各荘厳相には願文がすべて付されている。

ではここで「荘厳虚空功徳成就」を例として詳しくその内容をみてみたい。

無量寶交絡　羅網遍二虚空一　種種鈴發レ響　宣二吐妙法音一

此四句、名二莊嚴虚空功徳成就一。佛本何故起二此莊嚴一。見二有國土一、煙雲塵霧、蔽二障太虚一、震烈刧霍、從レ上而墮、不祥災霓、毎自レ空來。憂慮百端、爲レ之毛豎。菩薩見レ此興二大悲心一。願我國土、寶網交絡、羅遍二虚空一、鈴鐸宮商、鳴宣二道法一。視レ之無レ厭懷レ道見レ徳。是故言下無量寶交絡羅網遍二虚空一種種鈴發レ響宣中吐妙法音上(48)。

ここでは波線をつけた「無量の寶交絡して、羅網虚空に遍し。種種の鈴響を發して、妙法音を宣吐す」とある『往生論』の偈頌に対して、傍線をつけた「願わくは我が國土は寶網交絡して羅、虚空に遍じ、鈴鐸宮商鳴りて道法を宣べんと」と偈頌とほぼ同内容の願文を付し、『往生論』の偈頌に示される荘厳相は、その願文が成就したものであると曇鸞は理解をしている。また『論註』巻下においてこの偈頌と対応する長行の解釈を行う際、『無量寿経』

巻上の、

無量寶網、彌二覆佛土一。皆以二金縷眞珠百千雜寶奇妙珍異一、莊嚴絞飾。周二匝四面一垂以二寶鈴一。光色晃曜、盡極二嚴麗一。自然徳風徐起微動、其風調和不レ寒不レ暑、温涼柔軟不レ遅不レ疾、吹二諸羅網及衆寶樹一、演二發無量微妙法音一、流二布萬種温雅徳香一。其有二聞者一、塵勞垢習自然不レ起。風觸二其身一、皆得二快樂一。(49)

の一文を引用している。『論註』巻下におけるこの引用の意図するところは、荘厳相の不可思議である点を説示するところにあるが、ともかくここで『無量寿経』の引用をすることからも、曇鸞は荘厳虚空功徳成就に示される荘厳相が、経文に明示される阿弥陀仏国土の荘厳を述べたものであると認識していたことがわかる。

しかし注意すべきは、ここで願文が偈頌の内容をほぼ踏襲する形をとっており、『無量寿経』の四十八願など、経文にみられる願文に対応させようとの意識が皆無であるという点である。これは他の荘厳功徳相に付される願文についても、その異同の多少はあるが共通してみられる特徴である。また、その荘厳相の内容について、『論註』巻下において『無量寿経』の経文を引用して、荘厳虚空功徳成就の荘厳相が経説と同一のものであるとの認識を示しているように、その他の荘厳功徳相についても、『無量寿経』『観経』『阿弥陀経』、その他浄土経典を用い、同様の作業を行っている。しかしそのような解釈を以てしても、すべての荘厳相について必ずしも経説との合致をみることができず、また願文についても、先学によって経文と合わせる基礎作業が行われているが、そのすべてについて願文と経文の一致をみることはできない。

ここで曇鸞が阿弥陀仏の浄土の性格についてどのように認識していたかを確認すれば、荘厳清浄功徳成就の釈文中に

安樂是菩薩慈悲正觀之由生。如來神力本願之所レ建。(50)

とあるように、阿弥陀仏の本願力によって建てられたものであり、また同じく荘厳性功徳成就の釈文中に、

序法藏菩薩、於㆓世自在王佛所㆒、悟㆓無生法忍㆒。爾時位、名㆓聖種性㆒。於㆓是性中㆒、發㆓四十八大願㆒、修㆓起此土㆒。(51)

とあるように、それは『無量寿経』所説の四十八願によって建立された願力所成の存在であるとの認識を示している。

したがってこれに基づいて願文を付した理由を考えるならば、曇鸞は三種二十九句の荘厳相が阿弥陀仏の四十八願による願力所成の浄土と同一なものであると理解して、そのようにとらえたゆえに、当然、三種二十九句の荘厳相の各々についても誓願（願文）があるべきはずであると認識して、経文にはみられない『往生論』の偈頌の内容に基づいた独自の願文を付したものと考えられる。

それでは何故に、曇鸞は三種二十九句の荘厳相が、阿弥陀仏の四十八願の本願成就による浄土であるととらえることができたのであろうか。もちろん『往生論』の「長行」をみれば「〜功徳成就」として三種二十九句の荘厳相が成就されたものとされているが、先にも述べたとおり、この三種二十九句の荘厳相はあくまで世親という人師が『往生論』において述べたものであり、またそれは長行の説示についても同様のことがいえるのである。その人師の説いた三種二十九句の荘厳相を阿弥陀仏の本願成就の荘厳相ととらえ、また長行の「〜功徳成就」との記述について、曇鸞が何の疑いもなく摂取するに至ったのは何故であるのか。それを確認するためにも、曇鸞が各荘厳相に記される『往生論』の文をいかなる姿勢で受容したのか確認する必要がある。

第三項　曇鸞における「願生偈」の受容

曇鸞は『論註』巻上の冒頭において「無量寿経優婆提舎」の『往生論』の題号の解釈を行っている。

此無量壽經優婆提舍、蓋上衍之極致、不退之風航者也。無量壽是安樂淨土如來別號。釋迦牟尼佛、在㆓王舍城及舍衞國㆒、於㆓大衆之中㆒、説㆓無量壽佛莊嚴功德㆒、即以㆓佛名號㆒爲㆓經體㆒。後聖者婆藪槃頭菩薩、服㆓膺如來大悲之教㆒、傍㆑經作㆓願生偈㆒、復造㆓長行㆒重釋。梵言㆓優婆提舍㆒、此間無㆓正名相譯㆒。若擧㆓一隅㆒、可㆓名爲㆑論。所㆔以無㆓正名譯㆒者、以㆓此間本無㆑佛故。(52)

このなかで曇鸞は、世親が阿弥陀仏の大悲の教えを心にとどめて、経文によって願生偈を作り、また長行を造り重ねて解釈を行ったと述べて、まず『往生論』という典籍そのものに対する曇鸞の基本的理解を示している。続いて題号のうち「優婆提舍」をどのように解釈しているか確認したい。まず「優婆提舍」に関する今日の一般的な解釈についてみてみると、水野弘元氏は「論議（優波提舍）」について以下のように解説している。すなわちアビダルマにおいては「略説に対する広説を意味し、詳細な注釈的説法を指す」、それに対し「大乗仏教になると、例えば妙法蓮華経優波提舍とか無量寿経優波提舍とか転法輪経優波提舍とかいうものがあって、法華経・無量寿経・転法輪経などの経典を注釈したものを優波提舍といっている」としている。(53)「優婆提舍」についてその他辞書類を確認しても、経典に註釈を行ったもの、または論議をしたものとするのが、優婆提舍に対する今日の一般的な解釈である。

では曇鸞はこの優婆提舍をどのように解釈しているのだろうか。先の引用に引き続き曇鸞は以下のように述べている。

然佛所説十二部經中有㆓論議經㆒、名㆓優婆提舍㆒。若復佛諸弟子、解㆓佛經教㆒與㆓佛義㆒相應者、佛亦許名㆓優婆提舍㆒。以㆑入㆓佛法相㆒故。此間云㆑論直是論議而已。豈得㆔正譯㆓彼名㆒耶。(54)

ここでは優婆提舎が十二部経の一つであるとの一般的な理解とともに、仏弟子が経の教えを解釈し仏の義と相応するならば、仏法の相に適っているゆえに、仏はそれを優婆提舎と名付けるとの解釈を試みている。ではここでいう仏教と相応するという状態、ならびに仏法の相に適うとはいかなる状態をいうのであろうか。

まず「相応」について曇鸞の他の用例を確認すると、

第二行、論主自述下我依二佛經一造レ論、與二佛教一相應、所レ服有上レ宗。[55]

と述べるように、先の引用と同様の解釈を行っているが、これは以下に示す『往生論』の造論の意趣を述べる偈頌によって導き出されたものである。

我依二修多羅一　眞實功徳相一　説二願偈一總持　與二佛教一相應[56]

この偈頌に対して曇鸞は以下のように解説している。

此一行、云何成二優婆提舎名一、云何成二上三門一起二下二門一。偈言下我依二修多羅一與二佛教一相應上。修多羅是佛經名。我論二佛經義一與レ經相應、以レ入二佛法相一故、得レ名二優婆提舎一。名成竟。[57]

すなわちここで、経典の意味を論ずることによって経と相応し、仏法の相に適ったものであるから「優婆提舎」と名付けうるのであるとしている。この「相応」については曇鸞が自ら「相應者、譬如二函蓋相稱一也」[58]と解説するように、箱の身と蓋がしっかりと合うように合致する状態をいうが、その相応すべき経、すなわち先の『往生論』の偈頌に示される「修多羅眞實功徳相」のなかの真実功徳相について曇鸞は以下のように述べている。

眞實功徳相者、有二二種功徳一。

一者、從二有漏心一生不レ順二法性一。所謂、凡夫人天諸善、人天果報、若因、若果。皆是顚倒。皆是虚僞。是故、名二不實功徳一。

二者、従二菩薩智慧清淨業一起莊嚴佛事、依二法性一入二清淨相一。是法不二顚倒一不二虚僞一、名爲二眞實功德一。云何不二顚倒一。依二法性一順二二諦一故。云何不二虚僞一。攝二衆生一入二畢竟淨一故。[59]

ここで二つ目に示した真実の功徳の解説において、菩薩（ここでは法蔵菩薩を意図する）が智慧清浄の業によって起こした荘厳仏事は、法性に適い清浄となる。それは法性によって二諦に順ずるために道理に反することなく、また衆生を救い導くために偽りではないとしている。曇鸞はこのように経典に説かれる真実功徳相をとらえているが、このことを先の「相応」に関する説示に還元するならば、この経典の真実功徳相が、世親が『往生論』において議論している内容と合致（＝相応）するものと考えていたと読み取ることができる。このことは後述される、

總而言レ之、説下所二願生一偈上、總二持佛經一與二佛教一相應。[60]

の内容からも確認することができる。すなわち曇鸞は世親が行った優婆提舎について、そこに述べられる記述、すなわち『往生論』そのものが経典にみられる仏の意図と相応するものであり、また真実功徳相という仏の相に適った状態において著されたものであるととらえているのである。

以上のように考えると、曇鸞にとってこの『往生論』とは、先に示した一般的な註釈や論議といった優婆提舎の意におさまるものではなく、仏の意図と合致して、その記述の真偽について述べるまでもないものであったということができる。また当然、それは三種二十九句の荘厳相の説かれる願生偈についても同様のことがいえる。このように考えると経典と同格とまではいえないとしても、仏意と合致し、その真偽に異論をはさまないものであるとの認識から、曇鸞は仏説に準ずるものとして『往生論』をとらえていたことが明らかとなるのである。

第四項　まとめ

曇鸞は『往生論』に説かれる三種二十九句の荘厳相について、『往生論』にみられず、また経典にもみられない願文を付加するに至った。これまで先学によってその願文について四十八願などとの校合作業がなされてきたが、その四十八願には直接みられない願文についても、『無量寿経』に四十八願以外に無量の大願があるとの記述に基づいて、経典に矛盾するものでない、と指摘されるにとどまるものであった。それに対して本節では、曇鸞が阿弥陀仏の浄土を四十八願の本願成就であると認識していた点を確認したうえで、その四十八願の願力所成の浄土と、三種二十九句の荘厳相によって説明される浄土が同一のものであるととらえたからこそ、その荘厳相の一々についても願力所成たるべき願文の存在が不可欠となり、曇鸞独自の願文が設定されたことを明らかにした。

しかしそこでは三種二十九句の荘厳相と願力所成の浄土と同一とみること、すなわち世親という人師が示した三種二十九句の荘厳相と阿弥陀仏の建願による浄土と何故に同一のものととらえることが可能となったのかの確認が必要であった。そしてその検討の結果、世親の『無量寿経』に対する優婆提舎が、今日一般的にいわれるような経典の註釈や論議にとどまるものでなく、曇鸞にとって仏意に適うものであって、また真偽について述べるまでもない、いわば仏説に準ずるべき価値を有するものとの認識を有していたことを明らかにした。したがって先の三種二十九句の荘厳相についても、そのような『往生論』の受容があったがゆえに、四十八願の願力所成としての阿弥陀仏の浄土と違わぬものとして曇鸞は素直に受容しえたのであり、またそこから曇鸞の『往生論』に対する註解姿勢が、単なる論書に対する註釈にとどまらず、仏説に準ずる特殊な教説に対する註解姿勢を有していたことが明らかになるのである。

註

（1）大正蔵四〇、八二七頁上。

（2）『往生論』の書誌について、近年、佛教大学総合研究所「浄土教の総合的研究」研究班編『無量寿経論校異』（佛教大学総合研究所、一九九九年）が公刊された。それによると、「論註の中の往生論」と「大蔵経の中の往生論」はその流伝の系統が大きく異なるとされる。同書はいかなる形が原形であるかについては言及していないが、筆者は、今後その原形について検討を進めてゆく際に、『論註』の釈文の内容にも目を向ける必要があると考えている。『論註』巻下「浄入願心」冒頭の『往生論』の本文に「此三種成就願心荘嚴應レ知」とあるなか、末尾の「應知」が「大蔵経の中の往生論」の諸系統には存在しないことが、同書七九頁に指摘される。しかし曇鸞はその『往生論』の本文を解釈するなかで「應レ知者、應レ知下此三種荘嚴成就、由三本四十八願等清淨願心之所二荘嚴一、因淨故果淨、非中無レ因他因有上也」（大正蔵四〇、八四一頁中）と記し、「大蔵経の中の往生論」には存在しないはずの「應知」について解釈を加えているのである。もちろんそのことが曇鸞による添加を否定するものではないが、同時にこの部分を添加する必然性を感じ得ないのも事実である。いまはその点を指摘するにとどめ、今後の研究を俟ちたいと思う。なお本書では『往生論』の引用を、『論註』所引の『往生論』によって行うこととする。

（3）良忠は『往生論註記』巻第一において、義寂『無量寿経疏』に「此論是集義論、非三是專釋二一部經文一。」とあり、また宗暁『楽邦文類』に「此論、通二申淨土諸經一。」とあることを示し、智昇『開元録』、ならびに智光『無量寿経論』（散逸）に示される別申論を批判し、この通申論の立場を明確に示している（浄全一、二五七頁上）。また香月院深励も『註論講苑』において、上記の良忠の説示を受け、また同じく通申論の立場を示している（香月院深励『浄土論註講義』法藏館、一九七三年、四六—四九頁）。この両著に限らず末書を見渡すと、本邦における伝統的な解釈としては、この通申論が大勢を占めているようである。

なお、ここで注意したいのは、この『無量寿経』『観無量寿経』『阿弥陀経』を一体のものとする理解は、法然

『選択本願念仏集』に始まるということである。法然が、いわゆる「浄土三部経」と言及した思想的素地は中国浄土教にあったことは否定することはできないが、少なくとも中国浄土教、特に本書において問題とする曇鸞『往生論註』においてそのような三経を一体のものとしてみる視点は存在しない。すなわちこの通申論について考える場合、従来の見解が法然の思想的影響を受けている可能性についても注意しながらみてゆかなくてはならないであろう。三経通申論の背景については後日改めて検討を行いたい。

(4) 前註において示したように、智昇『開元録』では『無量寿経』について述べるなか、「天親菩薩依二經義一造二論一巻一」(大正蔵五五、五八六頁下)と記し、『無量寿経』に基づいて、世親が『往生論』を造論したとの理解を示している(大経別申論)。

また工藤成性氏は、日渓法霖『往生論偈遊刄記』の説示によりながら、『阿弥陀経』に基づいて世親が『往生論』を造論したとの理解を示している(小経別申論)(工藤成性『世親教学の体系的研究』永田文昌堂、一九五五年、二六九—二七三頁参照)。

(5) この点について、これを曇鸞による理解に限ってみるならば、通申論について若干の疑問が生じる。すなわち、『論註』を見渡すと『無量寿経』を「王舎城所説無量壽經」と記し、また『阿弥陀経』を「舎衛國所説無量壽經」と記し、この両経について曇鸞が同じ『無量寿経』という経名を有するとの認識を示していたことは確認されるが、『観無量寿経』(以下『観経』と略す)については逐一「観無量寿経」と必ず明記をしている点を注意したい。

曇鸞がこの『観経』について先の二経と同様に浄土経典として扱い、また『論註』各所において引用を行い、この経典を重用していたことは間違いない。また『論註』冒頭に、「釋迦牟尼佛、在二王舎城及舎衛國一、於二大衆之中一、説二無量壽佛莊嚴功徳一、即以二佛名號一爲二經體一」(大正蔵四〇、八二六頁中)と記されるが、これまで多くの場合、ここでの記述に代表されるように、『観経』が『無量寿経』と同じく王舎城を会処としていることを根拠として、この『観経』は『往生論』の題号にある「無量寿経」に組み入れられている。

『観経』の会処について、曇鸞が『無量寿経』と同じく王舎城であるとの認識を有していたことは、『観経』の冒頭に明記されることからも間違いないと思われる。しかし、曇鸞による明確な認識がみられないことからも、『往生論』の題号にある「無量寿経」について、『無量寿経』『阿弥陀経』と同時に『観経』を意図していたことについて合理的根拠を見いだすことはできない。したがって、曇鸞の理解に限ってみるならば、『往生論』の題号にある「無量寿経」は『無量寿経』『阿弥陀経』の二経を意図していたと考えられる。

(6) 水野弘元『仏教要語の基礎知識』春秋社、一九七二年、八五頁参照。
(7) 大正蔵四〇、八二六頁中。
(8) 大正蔵四〇、八二六頁中。
(9) 本書第二章第二節「『往生論註』における註解姿勢—曇鸞作成の願文を通じて—」を参照。
(10) 大正蔵四〇、八三〇頁下—八三一頁上。
(11) 大正蔵四〇、八二六頁上。
(12) 大正蔵四〇、八二六頁中。
(13) 大正蔵四〇、八二六頁中。
(14) 『十住毘婆沙論』「易行品」では易行道について以下のように説示される。

佛法有二無量門一。如二世間道有レ難、有レ易、陸道歩行則苦、水道乘船則樂一。菩薩道亦如レ是。或有二勤行精進一、或有下以二信方便一易行、疾至二阿惟越致一者上。如二偈說一。

東方善徳佛　南栴檀徳佛　西無量明佛　北方相徳佛
東南無憂徳　西南寶施佛　西北華徳佛　東北三行佛
下方明徳佛　上方廣衆徳　如レ是諸世尊　今現在二十方一
若人疾欲レ至二　不退轉地一者　應下以二恭敬心一　執持稱中名號上

若菩薩、欲下於二此身一得レ至二阿惟越致地一、成中就阿耨多羅三藐三菩提上者、應下當念二是十方諸佛一稱中其名號上。（大正蔵二六、四一頁中）

ここで易行道の内容をみれば十方の諸仏の名号を称えて阿惟越致地の境界に至り、阿耨多羅三藐三菩提を得るというもので、そこには先に示したとおり、仏の願力は介在せず、またその名号を称える対象も阿弥陀仏一仏ではなく、偈頌内に具体的に述べられるように十方の諸仏である。

(15) 大正蔵四〇、八四三頁下—八四四頁上。

(16) 稲葉圓成『往生論註講要』西村為法館、一九七六年、一〇〇―一〇一頁。
(17)『浄土宗大辞典』一、山喜房佛書林、一九七四年、一六五頁。
(18) 稲葉圓成『往生論註講要』西村為法館、一九七六年、一〇〇頁。
(19) 大正蔵四〇、八二八頁上。
(20) 大正蔵四〇、八二八頁中。
(21) 大正蔵四〇、八二八頁中。
(22) 大正蔵四〇、八二八頁下。
(23) 大正蔵四〇、八二九頁上。
(24) 大正蔵四〇、八二九頁上。
(25) 大正蔵四〇、八二九頁中。
(26) 大正蔵四〇、八二九頁中。
(27) 大正蔵四〇、八二九頁下。
(28) 大正蔵四〇、八二九頁下。
(29) 大正蔵四〇、八二九頁下。
(30) 大正蔵四〇、八三〇頁上。
(31) 大正蔵四〇、八三〇頁上。
(32) 大正蔵四〇、八三〇頁中。
(33) 大正蔵四〇、八三〇頁中。
(34) 大正蔵四〇、八三〇頁中―下。
(35) 大正蔵四〇、八三〇頁下。
(36) 大正蔵四〇、八三一頁中。
(37) 大正蔵四〇、八三一頁下。
(38) 大正蔵四〇、八三二頁中。

(39) 大正蔵四〇、八三二頁中。
(40) 大正蔵四〇、八三二頁中。
(41) 大正蔵四〇、八三二頁下。
(42) 大正蔵四〇、八三二頁下。
(43) 大正蔵四〇、八三二頁下。
(44) 大正蔵四〇、八三三頁上。
(45) 大正蔵四〇、八三三頁中。
(46) 大正蔵四〇、八三三頁中。
(47) 大正蔵四〇、八三三頁下。
(48) 大正蔵四〇、八二九頁下。
(49) 『無量寿経』（大正蔵一二、二七二頁上）、『論註』（大正蔵四〇、八三七頁下）。
(50) 大正蔵四〇、八二八頁上。
(51) 大正蔵四〇、八二八頁下。
(52) 大正蔵四〇、八二六頁中。
(53) 水野弘元『仏教要語の基礎知識』春秋社、一九七二年、八五頁。
(54) 大正蔵四〇、八二六頁中。
(55) 大正蔵四〇、八二六頁下。
(56) 大正蔵四〇、八二七頁上。
(57) 大正蔵四〇、八二七頁下。
(58) 大正蔵四〇、八二七頁下。
(59) 大正蔵四〇、八二七頁下。
(60) 大正蔵四〇、八二七頁下。

第三章　仏身論

第一節　二種法身説の思想背景

第一項　問題の所在

曇鸞の二種法身説の思想背景に関する研究は多くみられるが、それらを確認すると、「①羅什訳系統の仏身論を思想背景とする説[1]」をとるものが大勢を占める状況にある。[2]しかしそれに対して近年、曇鸞当時、菩提流支や勒那摩提などにより訳出が始まった唯識・如来蔵系の経論を曇鸞が修得し、それらをもとに自らの仏身論を体系化させたとする「②唯識経論に依拠した三身説を思想背景とする説」が提唱されている。

この両説が主張されてから、かなりの時間が経過しているが、特に後者の説に対する評価はこれまでなされていない状況にある。しかし、筆者としてはこの後者の説に対して、歴史的、思想的にみて疑問を感じる面が多い。そこでいま曇鸞の二種法身説の思想背景の再考を試みるにあたって、先学の研究を踏まえ、これら二説に対する筆者の立場表明を通じてその仏身論の思想背景について考察してみたい。

第二項　先行研究の整理

一、羅什訳系統の仏身論を思想背景とする研究について

初めに、「①羅什訳系統の仏身論を思想背景とする説」について、先行研究によりながら、各説の内容を確認してゆきたい。

神子上恵龍氏は、二種法身説の思想背景に関する先行研究を、

㈠　菩提流支の仏身論の影響
㈡　龍樹の二種身説の影響
㈢　羅什・僧肇の仏身論の影響
㈣　世親の仏身論の影響

の四つに分類し、このうち特に㈡㈢の説を整理したうえで、自説を論じている。(3)

㈡龍樹の二種身説の影響について神子上氏は、『大智度論』にみられる二身説では、法性身、真身と呼ばれるものは法身と報身の両者の性格を有するものであり、父母生身、生身と呼ばれるものは穢土の釈尊を指したものであって、『往生論註』(以下『論註』と略す)所説の二種法身説とは大きく性格を異にするとしている。

㈢羅什・僧肇の仏身論の影響について、神子上氏は以下のように論じている。羅什門下において法身を「有相無相」、「有色無色」とみる両説があり、道生は法身無相説、僧肇は法身有相説を提唱していた。僧肇は『注維摩詰経』に「佛身者即法身」の経文を解釈して、

肇曰。經云。法身者、虚空身也。無レ生、而無レ不レ生。無レ形、而無レ不レ形。超二三界之表一、絶二有心之境一。陰入所レ不レ攝、稱讃所レ不レ及。寒暑不レ能レ為二其患一。生死無三以化二其體一。故其爲レ物也、微妙無レ象、不レ可レ爲レ有。備應二萬形一、不レ可レ爲レ無。[4]

といい、さらに「佛身無爲、不レ墮二諸數一」の経文を解釈して、

肇曰。法身無爲、而無レ不レ爲。無レ不レ爲故、現二身有レ病。無爲故不レ墮二有數一。[5]

といい、「所以者何。菩提者、不レ可二以レ身得一、不レ可二以レ心得一」の経文を解釈して、

肇曰。自レ此下大明二菩提義一也。道之極者、稱曰二菩提一。秦無二言以譯レ之。菩提者、蓋是正覺無相之眞智乎。其道虚玄、妙絶二常境一。聽者無三以容二其聽一。智者無三以運二其智一。（中略）然則、無知而無レ不レ知、無爲而無レ不レ爲者、其唯菩提大覺之道乎。[6]

といい、法身無相のなかにも微妙なる有相性を有していることを主張している。

それに対して曇鸞は『論註』巻下「浄入願心」において、

無爲法身者、法性身也。法性寂滅故、法身無相也。無相故能無レ不レ相。是故相好荘嚴、即法身也。無知故能無レ不レ知。是故一切種智、即眞實智慧也。[7]

として法性身について解釈しているが、ここで、「無相の故に能く相ならずと云うことなし。是の故に相好荘厳即ち法身なり」と、法性無相の立場に立ちながらも三種荘厳相の有相性をも主張していることは先の僧肇と同じ論法であって、曇鸞の二種法身説においても無相の立場に立つものを法性法身とし、有相の立場によるものを方便法身としていることは明らかであるとして、その影響について認めている。

これらの考察を踏まえ、神子上氏は「二種法身の思想的背景としては羅什、僧肇の思想を受けたことは事実であ

る」として㈢羅什・僧肇の仏身論の影響について最も重要視しながらも、「然し彼らの佛身論は三身説中心となっているから、今二種身の形式を用いたのは、矢張り龍樹の『大論』の影響があったと思われる」として、㈡龍樹の二種身説の影響の可能性についても含みを残している。

神子上氏の研究成果を踏まえ、さらに具体的な思想背景について論究したのは三桐慈海氏である。[8] 三桐氏は先の僧肇の影響も参考にしつつ、『大智度論』から『大乗大義章』、そして『大乗大義章』から『論註』への思想展開について指摘している。

まず『大智度論』と『大乗大義章』の差異として、

(1)『大智度論』において異なった名目によって示されていた二種仏身の名が、『大乗大義章』ではすべて法身として名目が統一されている。

(2)法身とは法性生身のことであると規定されたことにより、報身の色彩がより明確になった。

という二点を挙げている。

『大乗大義章』における法身とは、「法身實相、無來無去」[9]、「眞佛身者、實法體相」[10]というように般若の立場から諸法実相である法身の性格を強調しながらも、その反面、

眞法身者、遍二滿十方虚空世界一、光明悉照二國土一、説法音聲、常周二十方無數之國一。（中略）佛法身者、出二於三界一、不レ依二身口心行一。無量無漏諸淨功徳本行所成、而能久住似二若泥洹一。[11]

といういわゆる報身的性格を有する微妙なる法身として、『大智度論』にも示されている法性生身を取り上げている。すなわち廬山慧遠が、

遠問曰、佛於二法身中一爲二菩薩一説レ經。法身菩薩乃能見レ之。如レ此則有二四大五根一。若然者、與二色身一復何差別、

而云二法身一耶。[12]

と、経典中に仏が法身の形で菩薩に教えを説いているが、法身の相とはどういうものか、との問いに、羅什は

又經言、法身者、或説二佛所化身一、或説二妙行法身性生身一。妙行法性生身者、眞爲二法身一也。[13]

とし、法身を所化身と法性生身の二種に分類しているのである。法性生身とはここにあるように真の法身として羅什はとらえており、所化身とは『大智度論』でいうところの、父母生身、神通変化身、化身、随世間身、随衆生優劣現化身などに該当する。そして法身と所化身の関係については、

真法身者、猶二如日現一。所化之身、同若二日光一。[14]

とあるように、日と日光の関係を以て譬えて、法身から方便化現したものを所化身としている。

これらを踏まえて、羅什は法性生身に仏法身と菩薩法身の二種があることを説明する。そして特に菩薩法身を強調しているのである。すなわち、

菩薩得二無生法忍一、捨二生死身一、即堕二無量無邊法中一。[15]

とあるように、菩薩が無生法忍を得て生死肉身を去った後に法性のなかに住する身であるとして、菩薩法身を同じ法性を体とするという点から仏法身と同じく法身としている。この仏法身と菩薩法身について羅什は、

佛法身菩薩法身、名同而實異。菩薩法身、雖三以微結如二先説一、佛法身即不レ然。但以二本願業行因縁一、自然施二作佛事一。[16]

といって、仏法身は本願行業の因縁を以て自然に仏事を施作すると、菩薩法身との差異を注意しているが、いずれにしてもこの仏法身と同じく菩薩法身を法身としている。

以上のような考察を踏まえて、三桐氏は羅什が『大智度論』に説かれる思想を基軸に『大乗大義章』において自

らの法身論を整理してはいるものの、そこに説かれるのは二種の仏身説であり法身説ではないことを明らかにし、『大乗大義章』における、仏法身とともに菩薩法身をも含めた法身説を通して、二種法身説を展開させたと指摘している。

二、唯識経論に依拠した三身説を思想背景とする研究について

次に、「②唯識経論に依拠した三身説を思想背景とする説」を整理してゆきたい。

武内紹晃氏は、『往生論』の訳者菩提流支と時代を同じくする勒那摩提の訳出による『宝性論』所説の三身説と、『論註』所説の二種法身説の思想的共通点を指摘し、曇鸞の二種法身説が形成される際の、『宝性論』の影響について指摘している。(17)

ここで武内氏の指摘する、『宝性論』にみられる三身説と『論註』にみられる二種法身説の共通点について確認しておきたい。

まず『宝性論』にみられる三身説に関する理解として、武内氏は、『宝性論』では、第一自性身は「習気を伴うた煩悩障・所知障より解脱するから、無障碍の法身を得る」と、自利の成就であると言う。第二・第三身は「世のあらん限り、無功用に、二身を以って示現と教示との二の自在によってはたらく」もので利他の成就であると言われる。

として、三身それぞれの自利的・利他的性格を有している点を指摘し、さらに、『宝性論』では、「勝義身は自利と利他とであり、世俗身なるものはこれに依止する」と言うように、三身説に立って論述しながら、恰かも二身説であるかの如き感を与えるものもある。この考え方は、「如来蔵品」に

「性は二種である。宝蔵と果としての樹との如しと知るべきである。」と、それは無始以来の本性住のものと、次は習所成のものとである。この二の性から三種の仏身が得られると言われる。第一から第一身（自性身）が得られ、これに対して、第二から後の二（受用身・変化身）が得られるというように、『宝性論』では、第一身と他の二身とを区別して、第一身に三身の中心的な意味を持たせていると言うことが出来る。[18]

として、二身説的性格を有しながら、その第一より自性身、第二より受用身・変化身を得るというような性格を有しているとしている。このことから武内氏は、浄影寺慧遠の『大乗義章』にみられる三身説理解、すなわち、「開真合応」と「開応合真」のうち、『宝性論』の三身説は「開応合真」にあたるとしている。

これに対し『論註』における二種法身説とは、まず巻下「浄入願心」における『往生論』の「略説入一法句」に対する曇鸞の説明を受けて、「三厳二十九種の荘厳相が広であり、入一法句が略であり、その広と略がそれぞれ方便法身と法性法身にほかならない」としたうえで、その一法句について山口益氏の研究を受けながら、

一法とは一如であり、真如法性である。句〈pada〉は依事・依処の義であって、一法句は黙・不動である一如が、出世間無分別智ではあるが、後得清浄世間智への展開をはらんだ態として、その依処である。一法句・無分別智が、清浄句・清浄世間智へと展開してこそ、一法句は一法句であり得るのである。また言うまでもなく、一法句から展開する世間智は執着の世間智ではない。その世間智は出世間智にうらづけられ、出世間智の等流であると共に常に出世間智へのひるがえりをもっている。これが展転相入と言われる。[19]

と述べている。つまり、一法句である無分別智と、清浄句である世間智が、相互に展開し、またそれが展開するがゆえに、それぞれがその存在理由となっているとしている。さらに武内氏は、『論註』において真実智慧無為法身が一法たる法性真如であると示されているとし、一法句・清浄句・真実智慧無為法身の展転相が、そのまま法性法

身と方便法身の相入関係にほかならないとする。そして「法性法身＝自性身、方便法身＝他の二身」であるとして、このことは先の「開真合応」「開応合真」のうち「開応合真」と合致し、『宝性論』「如来蔵品」の所説と一致するものであるとしている。以上のことから、武内氏は『論註』における二種法身説が形成される際、『宝性論』所説の三身説の影響を受けたとしている。

武内氏の研究成果を受け、三身説を背景とする説をさらに強調したのは相馬一意氏である。武内氏が『宝性論』の影響と同時に『大乗大義章』等の羅什からの影響も認めているのに対して、相馬氏は『大乗大義章』等の影響について強く否定し、菩提流支の訳業ならびに『論註』以前の唯識経論における仏身説等の影響などを挙げているが[20]、両氏の論理的な立場では同じと思われる。しかし先に武内氏が指摘した相違点のほか、例えば『宝性論』から『論註』への影響について、「仏身を二種で語ろうとすること」、および「その二種の仏身をともに「法身」とよぶこと」を相馬氏が指摘している点は注意しておきたい。

第三項　曇鸞と唯識経論の疎遠性—特に『宝性論』について—

以上の諸説を検討してゆくと、筆者はまず歴史的な側面から考えて、「②唯識経論に依拠した三身説を思想背景とする説」に疑問を感じる。すなわち、「①羅什訳系統の仏身論を思想背景とする説」に関しては諸伝に四論の学徒であったと伝えられるうえに[21]、現に『論註』において、その出典の明示の有無を問わず羅什訳系統の論書が用いられており、それゆえに曇鸞周辺に確実に存在し、また習学しえた状況が確認される。それに対し、「②唯識経論に依拠した三身説を思想背景とする説」の依拠したとされる菩提流支・勒那摩提訳の論書の多くは、曇鸞の中年期以降の訳出と推察され、実際に曇鸞の周囲にそれら経論が存在し、また習学しうる状況にあったかどうか疑問が残る。そこで、ここでは特に「②唯識経論に依拠した三身説を思想背景とする説」の思想的根拠となる『宝性論』と曇鸞の思想交渉の可能性について確認してゆきたい。

勒那摩提の訳出経論について『続高僧伝』には、

以正始五年、初届洛邑。譯十地寶積論等大部二十四巻。(22)

と記されるが、このうち『妙法蓮華経優波提舎』一巻、『宝性論』四巻のみ現存する。勒那摩提は正始五年（五〇八）に洛陽に入ったとされることから『宝性論』の訳出は、同じく『続高僧伝』「曇鸞伝」によれば曇鸞の三三歳以降にあたり、年代的には問題はない。しかし、経論の訳出と同時に、当時の仏教界において研究が開始されたとは限らない。仮にその研究が行われていたとしても曇鸞が思想的な影響を受けるに至るまで、当時一般的に『宝性論』の研究が行われていたと断言することはできないからである。

『続高僧伝』によって『宝性論』の研究状況をみるに、「曇延伝」に

聴華嚴大論十地地持佛性寶性等諸部。皆超略後導統津准的。(23)

と記されるのみである。またこの曇延（五一六―五八八）は、

所著、涅槃義疏十五巻、寶性・勝鬘・仁王等疏、各有差。(24)

とあるように、『宝性論』の註釈書を残しているようであるが、そのほか勒那摩提の学系にある地論宗南道派の諸師の伝記にも「宝性論」の名をみることはできない。このことは『宝性論』の研究が当時必ずしも盛んではなかったことを示すものといえよう。

さらに『論註』における菩提流支・勒那摩提などの訳経論の引用をたどると、以下の経論をみることができる。(25)

・『不増不減経』一巻、菩提流支訳、正光年間（五二〇—五二五）訳出。
・『妙法蓮華経優波提舎』二巻、菩提流支訳（ほかに勒那摩提訳一巻本、永平元年〈五〇八〉）以降訳出。
・『金剛般若経論』三巻、菩提流支訳、永平二年（五〇九）訳出。
・『十地経論』一二巻、菩提流支訳、永平元年（五〇八）—同四年（五一一）訳出。
・『勝思惟梵天所問経』四巻、菩提流支訳、神亀元年（五一八）訳出。
・『文殊師利問菩薩経論』二巻　菩提流支訳、天平二年（五三五）訳出。

このなか経名を明示しているのは『不増不減経』のみであり、その他、字句・文章・譬喩を一回ずつ引用しているとされる。また『妙法蓮華経優波提舎』に関しては両本の違いが最初の十四句偈の有無のみに過ぎないため、どちらの訳本によったかは知ることができない。しかし、いずれにしても『宝性論』の痕跡を『論註』の文中において表層的にはみることはできないのである。

以上のことから、歴史的側面から考えると「②唯識経論に依拠した三身説を思想背景とする説」について、その思想的根拠となる『宝性論』と曇鸞の関わりが疎遠である以上、積極的に支持することはできない。

第四項　二種法身説と三身説の思想的相違

次に思想的な側面について検討してゆきたい。ここでは「②唯識経論に依拠した三身説を思想背景とする説」に関する思想的な問題点について検討し、曇鸞の二種法身説が羅什訳系統の仏身論を思想背景としたことを指摘してゆきたい。

二種法身説は、『論註』巻下「浄入願心」に説示される。

略説二入一法句一故。

上國土莊嚴十七句、如來莊嚴八句、菩薩莊嚴四句、爲レ廣。入一法句、爲レ略。何故示二現廣略相入一。諸佛菩薩、有二二種法身一。一者、法性法身。二者、方便法身。由二法性法身一、生二方便法身一、由二方便法身一、出二法性法身一。此二法身、異而不レ可レ分、一而不レ可レ同。是故廣略相入、統以二法名一。菩薩若不レ知二廣略相入一、則不レ能二自利利他一。(26)

ここでは「広」と「略」について説明し、その両者の関係を示すため、法性法身と方便法身の二種の法身を挙げている。この点に関して先に確認したとおり、武内氏は「三厳二十九種の荘厳相が広であり、入一法句が略であって、その広と略がそれぞれ方便法身と法性法身にほかならない」と述べ、「広（国土荘厳十七句・如来の荘厳八句・菩薩の荘厳四句）＝方便法身」、「略（入一法句）＝法性法身」と理解している。これを図示すれば以下のようになる。

広（国土荘厳十七句、如来の荘厳八句、菩薩の荘厳四句）＝方便法身
⇔相入関係
略（入一法句）＝法性法身

しかし筆者が注意したいのは、この『論註』巻下「浄入願心」において曇鸞が二種法身を以て「広」と「略」を説明するのは、あくまで「広」と「略」が相入関係にあることの説示を目的としており、右図のような「広（国土荘厳十七句、如来の荘厳八句、菩薩の荘厳四句）＝方便法身」、「略（入一法句）＝法性法身」の同格の関係にあること

を示すために説かれたのではないということである。このことは『論註』の本文中において、一方の主格が三種二十九句の「広」と入一法句の「略」であるのに対し、二種法身の主格が「諸仏菩薩」であることからも両者が完全な同格ではないことがわかる。すなわち先の一文では、「広」と「略」の相入の関係を、「法性法身」と「方便法身」のいわゆる「由生由出」の関係であることの説明をその論旨とするのである。またそのことは同時に、曇鸞がその「由生由出」の関係を以て「相入」を理解していたことを示すものである。

これに対し、武内氏は「広＝方便法身」、「略＝法性法身」とみる見解に立ち、『論註』所引の『往生論』の、

一法句者、謂清淨句。清淨句者、謂眞實智慧無爲法身故[27]。

との本文に対して検討を加えている。そして武内氏は先にその論説を示したように、一法句である無分別智と、清浄句である世間智が相互に展開し、またそれが展開するがゆえに相互がその存在理由となっているとしている。さらに『論註』において真実智慧無為法身が一法たる法性真如であると示されているとし、一法句・清浄句・真実智慧無為法身の三句の展転相が、そのまま法性法身と方便法身の相入関係にほかならないとするのである。

しかし、仮に武内氏のいうそのような関係が『往生論』の思想内において認められたとしても、『論註』に対して同様の理解を試みることについては素直に認めることができない。一法句、清浄句、真実智慧無為法身の三者の関係を『論註』では「此三句展転相入（此の三句は展転して相入する）」としている。すなわち曇鸞はこの三句の関係が、「広」と「略」と同じく「相入」の関係にあると理解しているのである。したがって「相入」に関して曇鸞は先述のように「由生由出」の関係を以て理解しているとするならば、その三句の関係についても「由生由出」を以て理解していたと考えるべきであろう。

ここで二種法身説の思想背景の検討に返るならば、いま述べたように、武内氏などの理解は『論註』所引の『往

生論』においてのみ適用されるべきであることを注意しなくてはならない。仮に武内氏の「一法句・清浄句・真実智慧無為法身の展転相が、そのまま法性法身と方便法身の相入関係にほかならない」とするような理解に立ったとしても、曇鸞の二種法身説の思想背景を考える際に、それを曇鸞の「広略相入」に対する理解を超え、二種法身説の理解にまで展開させることは、先述のとおり「広」と「略」の相入関係が「諸仏菩薩二種法身」と完全な同格ではないことを考えると、論理的に無理が生ずる。したがって二種法身説の思想背景について、曇鸞が二種法身を理解する際に、その「相入」の関係を「由生由出」の論理によって理解していることを勘案すると、「①羅什訳系統の仏身論を思想背景とする説」が妥当である。

この立場に立つならば、三桐氏の指摘にもあるように、確かに『大乗大義章』の影響を考慮すべきであろう[28]。先にも指摘したとおり、曇鸞は二種法身の主格として「諸仏菩薩」を挙げている。これは『大智度論』等にはみられない思想であり、またそれは『大智度論』と『論註』の明確な相違点でもある。

菩薩を法身とみる見解は『大乗大義章』にみることができる。それを端的に示す箇所は以下の文である。

法身有㆓二種㆒。一者、法性常住如㆓虚空㆒、無㆓有爲無爲等戲論㆒。二者、菩薩得㆓六神通㆒、又未㆓作佛㆒、中間所有之形、名爲㆓復法身㆒[29]。

ここでは、有相性を断った一般的な理解としての法身と、六神通を得ても未だ成仏しない菩薩、すなわち、無生法忍を得て生死肉身を去ったのち、法性のなかに住する身である菩薩の二種が示されている。

このような法身中に仏と菩薩の両者をとらえる点で『論註』と『大乗大義章』は同思想であって、それが同じ羅什訳系の論書である『大智度論』にみることができないとするならば、曇鸞が『大乗大義章』の法身理解の影響を受け、自らの二種法身説を形成していったとする考え方は妥当であるともいえる。しかし一方で、曇鸞は二種法身を「法性法身」と「方便法身」とに分類するのに対して、『大乗大義章』では法身に「法性生身」の用語を用いているなど語句の異同がみられる。この「法性生身」が曇鸞のいう「方便法身」と同義として用いられているかどうかは検討を要するが、本節で問題とする曇鸞の二種法身の思想背景について考えるならば、この両者の相違は大きく、この『大乗大義章』のみによって二種法身説が形成されたということはできないのが現状である。

第五項　まとめ

以上の検討から、曇鸞の二種法身説の思想背景を「②唯識経論に依拠した三身説を思想背景とする説」とすることに疑問を提示し、「①羅什訳系統の仏身論を思想背景とする説」が妥当であると考える。仮に「②唯識経論に依拠した三身説を思想背景とする説」にみられるように唯識系経論によって曇鸞が仏身論を形成したとするならば、『論註』全体における他の問題との整合性についていかに考えるべきかが問題となる。『論註』全体において般若思想的理解がされていることは周知のことであるが、では何故にこの仏身論のみを唯識的に理解する必要があるのか疑問になるといえよう。したがって、思想的にみるならば先の「相入」の関係を「由生由出」によっていることからも、「①羅什訳系統の仏身論を思想背景とする説」の方が妥当であるといえる。

さらに、従来指摘されている『大乗大義章』をその思想背景とみる説についても、具体的に『大乗大義章』の書名を挙げてそのように推察することは、『論註』に近い思想がうかがえはするものの、あくまでも可能性の域を出ないものである。もちろん、『大智度論』が訳出されて、また、『大乗大義章』にみられる羅什と廬山慧遠との間で書簡が交わされてから、『論註』が成立するまで、約一世紀の隔たりがあり、その間の議論に曇鸞の二種法身説に影響を与えるものがあったのかもしれない。しかし現状においては、「①羅什訳系統の仏身論を思想背景とする説」における、直接の思想的影響を与えた具体的な典籍名の特定することはできない。むしろ二種法身説が曇鸞自らによって創出されたものと考えることが自然であろう。そこで次節において、その二種法身説の具体的な思想内容について検討することとする。

第二節　二種法身説の創出とその体系

前節では二種法身説の思想背景として、唯識経論に依拠した三身説をみる説への批判がその論旨の中心であり、二種法身説そのものについての検討は羅什・僧肇系の論書の思想を背景とするとの指摘にとどまるものであった。そこで本節では前節での検討を踏まえて、筆者の曇鸞研究に対する立場を表明したうえで、曇鸞の二種法身説をめぐって、『論註』における二種法身説の位置づけ、ならびにその構造について考察したい。

第一項　研究方法について

これまでの曇鸞に関する先行研究をみると、二種法身説に関する論考は非常に多い。特に本邦において親鸞によって二種法身説が教理的に重用されたことが、そのことに大きく影響しているように思われる。そのような状況下にあることを考慮し、本節における検討に先立ち筆者の立場と研究方法について明らかにしておきたい。

初めに親鸞の二種法身説の理解について確認しておきたい。香月院深励（以下深励と略す）の解説を参考に、そ

の理解を極めて概略的ではあるが整理すると以下のようになる。(30)

まず、親鸞は『唯心鈔文意』に、

佛性スナワチ　法性ナリ　法性スナワチ　法身ナリ　法身ハ　イロモナシカタチモ　マシマサス　シカレハコ、ロモ　オヨハレス　コトハモ　タヘタリ(31)

と説示されるように、法性法身とは、色もなく形もない周遍法界の理法身であり、真如なる存在として理解されている。(32)

また方便法身について、同じく『唯心鈔文意』に、

コノ一如ヨリ　カタチヲアラワシテ　方便法身ト　マフス　御スカタヲ　シメシテ　法藏比丘ト　ナリタマヒテ　不可思議ノ　大誓願ヲ　オコシテ　アラワレタマフ　御カタチオハ　世親菩薩ハ　盡十方无㝵光如來トナツケタテマツリタマヘリ　コノ如來ヲ報身ト　マフス　誓願ノ　業因ニ　ムクヒタマヘル　ユヘニ　報身如來ト　マフスナリ(33)

と説示している。ここで親鸞は、法蔵菩薩、ならびにその誓願を成就した阿弥陀如来について、共に報身であるとの理解を示している。(34)この『唯心鈔文意』における前後の文脈をみるに、『論註』における理解と同様、この方便法身の対概念として法性法身を理解していることは明らかである。このことから親鸞はこの二種法身説を以て阿弥陀仏の仏身論を説示していることがわかる。

先学の研究をみるに、その細かな見解の差異はともかくとして、親鸞の理解とほぼ同様に二種法身説に依拠して曇鸞教学における阿弥陀仏の仏身論が論じられている。もちろんこのような見解は必ずしも誤りではないが、それのみにより曇鸞の阿弥陀仏身論が論ぜられることは問題がある。筆者が研究方法について改めて述べるのも、ここ

に所以がある。

上記のような親鸞の二種法身説に関する理解は、阿弥陀仏の仏身論にとどまらず、また多岐にわたっており、その教理的な重要性は非常に高い。また、このような先師の立場に準じて曇鸞の二種法身説を論ずる場合、上記のような深励の理解は正しいであろう[35]。しかし反面、そのような視点は中国仏教思想史上における曇鸞の思想的位置づけを試みる場合には大きな障害となる。すなわち、親鸞が曇鸞以降に中国において用いられるようになる報身の概念を以て方便法身を理解した方法をはじめとして、後世の諸師の理解によるなど、現時点において用いうる理解や解釈によって我々が曇鸞の思想の理解を行う際は有効であろうが、同時にそのような方法や理解は曇鸞自身の思想から乖離してしまう可能性がある。

これまでそのような論者の立場を明確にせず、また、曇鸞自身の教説と後世における理解を区分しないで論述される傾向が、特に曇鸞研究においては顕著であったように思われる。本節ではそのような先学の研究を批判的に検討しつつ、曇鸞自身の意図に注意しながら、改めて『論註』における説示に基づいて、曇鸞の二種法身説の使用意図とその構造についてうかがってみたい[36]。

第二項　『往生論註』における二種法身説の位置づけ

以上の点を踏まえて、改めて『論註』巻下「浄入願心」における二種法身説の説示部分を確認し、『論註』全体における二種法身説の位置づけについて検討したい。

略説入一法句故

上國土莊嚴十七句、如來莊嚴八句、菩薩莊嚴四句、爲レ廣、入一法句、爲レ略。何故示二現廣略相入一。諸佛菩薩、有二二種法身一。一者、法性法身。二者、方便法身。由二法性法身一、生二方便法身一。由二方便法身一、出二法性法身一。此二法身、異而不レ可レ分、一而不レ可レ同、是故廣略相入統以二法名一。菩薩若不レ知二廣略相入一、則不レ能二自利利他一。[37]

曇鸞はここで『往生論』本文の「略説入一法句故」の解釈に際し、国土・如来・菩薩の三種二十九句の荘厳相を「広」、入一法句を「略」と規定し、何故に「広」と「略」が相入であることを示現したのかについて自問している。そして諸仏菩薩に法性法身と方便法身の二種の法身があるとして、その法性法身から方便法身が生じ、方便法身から法性法身が出ずるのであって、この二種の法身は異なるものであるが分かつべきではなく、また一であるとともに同じくするべきではない、といういわゆる「不一不異」の関係で二種の法身をとらえている。そしてそれを踏まえて、二種法身が不一不異であるゆえに、「広」と「略」も相入であり、『往生論』本文にあるように「法（一法句）」の名を以ておさまるのである、としている。『論註』ではこの「広」と「略」の関係を説示する際にのみ二種法身説が用いられ、他所にはみることができない[38]。

また、「広」と「略」の関係を説明するのに際し、法性法身と方便法身の二種法身説を提示して論じられているが、この法性法身と方便法身は、前節で述べたとおり、あくまで「広」と「略」が相入の関係にあることを示すために説示されたのであり、ここでの議論は「広（三種二十九句荘厳相）＝方便法身」「略（入一法句）＝法性法身」の同格の関係にあることを示す論旨ではない。すなわち、「広」と「略」の議論は『往生論』本文にみられる阿弥陀仏の浄土における国土・如来・菩薩を包摂する議論であるのに対し、二種法身説はあくまで諸仏菩薩に関わる議論である。もちろん曇鸞は「広」と「略」の両者が「不一不異」の関係にあることを示すために「広」を法性法身、

「略」を方便法身と位置づけて議論を進めているが、それはあくまで「広」と「略」の関係について理解することを主眼としたのであり、ことに、いま問題としている諸仏菩薩に関わる議論である二種法身説について考える場合、阿弥陀仏の浄土における国土・如来・菩薩を包摂する議論である「広」と「略」の広略相入の議論と分けてとらえる必要がある。

このように『論註』巻下「浄入願心」以外において二種法身説が用いられないこと、ならびに広略相入の議論と別出させて二種法身説について論ずるべきであることを考慮すれば、二種法身そのものについて考える場合、その理解に資する情報は非常に少ない。少なくとも、その論理の重要性は別として、『論註』において主たる議論として展開されることはない。

このような限られた情報のなか、注意すべきは、先にも述べた法性法身と方便法身の二種法身の主格となる語が「諸仏菩薩」となっている点であろう（本文傍線部分）。すなわち、それに素直に従うならば、二種法身説とは、諸仏のみならず菩薩も共通して有する、法性法身と方便法身という二面性について区別を試みることを意図した論旨といえる。

以上のような見解は、これまでの研究にみられるような、二種法身説を阿弥陀仏一仏に帰して論ずる見解と差異が生ずる。[39]また以上の筆者の見解に対して、「諸仏菩薩」の「諸仏」といわれるなかに阿弥陀仏も包摂されており、二種法身説を阿弥陀仏一仏に帰して論じることは妥当であるとの反論も予想される。しかし、曇鸞が仮にそのように意図したならば、二種法身の主格を「諸仏菩薩」とせず、「阿弥陀仏」に二種の法身があると明言したのではなかろうか。前節でも指摘したように、二種法身説の明確な思想背景が指摘されない状況にあり、むしろ曇鸞の創出による部分が多いということを考えれば、阿弥陀仏のみに二種の法身があると説示することは可能であったであろう。それにもかかわらず、曇鸞が諸仏菩薩に二種の法身があるとしたことを考えると、二種法身説を阿弥陀仏一仏に帰して論ずることに合理性はみられない。

では、曇鸞は「諸仏菩薩」について、具体的にはいかなるものを想定していたのであろうか。「諸仏菩薩」とは、あまりに広範な概念のように思われるが、幸いなことに、『論註』のこの「浄入願心」以外の箇所において、管見のかぎり、四箇所にその用例をみることができる(40)。そこで曇鸞がどのような意図のもとで「諸仏菩薩」を使用しているか確認しておきたい。

巻下「観行体相」には以下のようにある。

莊嚴一切所求滿足功徳成就者、偈言衆生所二願樂一一切能滿足故

此云何不思議。彼國人天、若欲下願往二他方世界無量佛刹一供中養諸佛菩薩上、及所須供養之具無レ不レ稱レ願。又欲下捨二彼壽命一向二餘國一生修短自在上、随レ願皆得。未レ階二自在之位一、而同二自在之用一。焉可二思議一(41)。

これは『往生論』の荘厳一切所求満足功徳成就、すなわち阿弥陀仏の浄土の特質として衆生が願うことはすべて適うとする相に対して解説を加える箇所である。ここで曇鸞は、阿弥陀仏の浄土にいる者は、もし他方仏土に向かい、諸仏や菩薩に対し供養をしようと願うならば、その願いが満たされる。また、阿弥陀仏の浄土における寿命を捨てて他の国土に生じようと願うならば、そこでの寿命の長短も自在に、願いに従って生まれることができる。このように阿弥陀仏の浄土は未だ自在の位にならずとも自在の働きを得ることができるのである、としている。

ここは、必ずしも「諸仏菩薩」の内容について具体的に述べる箇所ではなく、あくまで阿弥陀仏の浄土の特質について述べる際に使用されたに過ぎない。しかしながら、ここで曇鸞は、阿弥陀仏の浄土のみならず他方仏土という諸仏の国土を想定したうえで、「諸仏菩薩」について、その阿弥陀仏の浄土とは他所にある国土の諸々の仏や菩

薩の存在を意図して使用していることが確認される(42)。

このような仏国土に関わる理解は別段特異なものではない。『論註』においても、諸仏や菩薩が他方国土に存在するとの理解は、先の引用のみならず各所にみることができる。例えば巻上の菩薩荘厳功徳成就について、以下のように説示している。

無垢莊嚴光　一念及一時　普照二諸佛會一　利二益諸群生一

佛本何故起二此莊嚴一。見二有如來、眷屬一欲三供二養他方無量諸佛一、或欲三教二化無量衆生一。此沒彼出先レ南後レ北。不レ能下以二一念一時一放レ光普照、遍至二十方世界一、教中化衆生上。有二出沒前後相一故、是故興レ願。願我佛土諸大菩薩、於二一念時頃一、遍至二十方一、作二種種佛事一。是故言下無垢莊嚴光一念及一時普照二諸佛會一利中益諸群生上(43)。

ここで曇鸞は、ある如来の眷属（菩薩）が他方の無量の諸仏や衆生を供養しようと欲しても出没の前後があるために一念の間に至ることができない、それに対し、阿弥陀仏の浄土は諸大菩薩が一念の間に十方に至って供養を行うことができるようにと誓い、また現にその浄土はそのような特質を有しているとの理解を示している。

『論註』を見渡すと、曇鸞は三種二十九句荘厳相について解説を加えるなか、一貫して他の国土や如来と対比させる形で阿弥陀仏の荘厳相の優位性を論じている。具体的には、いま確認したように、阿弥陀仏の浄土と相対する国土として諸々の仏や菩薩の存在する無数の仏国土を想定し、そのような仏国土観のなか、阿弥陀仏の浄土の荘厳相を理解しているのである。

以上の点より考えると、曇鸞は「諸仏菩薩」について、このような仏国土に存在する諸々の仏や菩薩を想定し、それらに通底する論理として二種法身説をとらえていたものと思われる。また、二種法身説が阿弥陀仏一仏に帰する論理でないことは先に述べたとおりであるが、しかしそれは必ずしも阿弥陀仏への二種法身説の適用を妨げるものではない。三種二十九句の荘厳相の多くにおいて阿弥陀仏の三種の荘厳相を、諸仏菩薩の存在する国土と対比する形で曇鸞は理解している。その論旨はあくまで阿弥陀仏の荘厳相の優位性を説くものであったが、その両者の荘厳相に共通する論理が二種法身説であると、この「諸仏菩薩」との説示から読み取ることができる。

二種法身説を阿弥陀仏一仏論として理解することへの批判は、非常に微細な議論に思われるかもしれない。そこで次に二種法身説の構造について検討し、改めてこのことについて言及することとする。

第三項　二種法身説の思想構造

前節において指摘したように、二種法身説の思想背景について考えるならば、羅什や僧肇の系統に属する経論によっていることは否定することはできない。しかしいずれにしても『論註』に説かれる二種法身説とは合致しないのが現状である。ではそれらを思想背景として、曇鸞がいかなる思想構造を有する仏身説を創出したのか考えてみたい。その場合の方法として、初めに「法性法身」「方便法身」という際の「法性」「方便」「法身」の各々の用語について、『論註』における用例を整理し、その内容の確認を進めてゆくこととする。

一、「法性」について

まず、「法性」について整理したい。巻上に「真実功徳相」について解説するなか、以下のように述べている。

真實功徳相者、有㆓二種功徳㆒。一者、從㆓有漏心㆒生、不㆑順㆓法性㆒。所謂凡夫人天諸善、人天果報、若因若果、皆是顚倒、皆是虛僞、是故名㆓不實功徳㆒。二者、從㆓菩薩智慧清淨業㆒起、莊嚴佛事、依㆓法性㆒入㆓清淨相㆒。是法不㆓顚倒㆒、不㆓虚僞㆒、名爲㆓眞實功德㆒。云何不㆓顚倒㆒、依㆓法性㆒順㆓二諦㆒故。云何不㆓虚僞㆒、攝㆓衆生㆒入㆓畢竟淨㆒故。[44]

ここで曇鸞は「真実功徳相」に二種の功徳（果報）があるとしている。初めに、凡夫の諸々の善行や、その果報など、煩悩の心より生まれ、法性に随順していないもの、それを「不実の功徳」と名付けるとしている。それに対し、菩薩の智慧清浄の善行によって起こされた荘厳は、法性によっているために清浄の相となる。また、それは法性や二諦に従っているために顚倒とはならず、また衆生を清浄なる状態に入らしめるために虚偽ということがない。このような果報を「真実の功徳」と名付けている。

このように、曇鸞は、その対象が真実か不実かを峻別する際に、その果報である功徳相が法性に随順しているか否かをその根拠としている。

また同じく巻上に『往生論』の「正道大慈悲　出世善根生」を解説するなか、浄土の性格についていう五義の第一義として以下のように述べている。

性是本義。言此淨土隨㆓順法性㆒、不レ乖㆓法本㆒事、同㆓華嚴經寶王如來性起義㆒。（中略）安樂淨土諸往生者無レ不㆓淨色㆒、無レ不㆓淨心㆒、畢竟皆得㆓清淨平等無爲法身㆒。以㆓安樂國土清淨性成就㆒故。[45]

ここでも先と同様に、阿弥陀仏の浄土が法性に随順していることを根拠に、浄土に往生する者は清浄平等無為法身を得ることができるとしている。このように『論註』において、法性に随順するか否かは、その真実性を判断する際に、通底する論理となるものである。

では、曇鸞はこの「法性」を、どのような意味を含ませて用いているのであろうか。引き続き『論註』における用例によりながら確認したい。

巻下「入第一義諦」に以下のように述べている。

　云何起次。建章言下歸二命無礙光如來一願レ生中安樂國上。此中有レ疑。疑言、生爲二有本衆累之元一。棄レ生願レ生、生何可レ盡。爲レ釋二此疑一、是故觀二彼淨土莊嚴功徳成就一。明二彼淨土是阿彌陀如來清淨本願無生之生一。非レ如二三有虚妄生一也。何以言レ之。夫法性清淨畢竟無生。[46]

ここで『往生論』[47]の冒頭に「歸二命無礙光如來一願レ生二安樂國一」とあるなか、安楽国に生ずることについて、巻上に引き続き、重ねて解説を加えている。「生」ということは我々有情のもととなるものであり、多くの煩いのもととなる。そのような「生」を棄てたにもかかわらず安楽に「生」ずることを願うのであれば、どうして「生」を尽くすことができようか、と自問している。それに対し、阿弥陀仏の浄土は清浄なる本願によっていて、あくまでそれは阿弥陀仏の清浄な世界でいう「生」（無生の生）であり、三界でいう「生」の意ではないとする。そしてその根拠となるのは、阿弥陀仏の浄土が法性によっていて、清浄であり、また無生であるためとしている。

　このような浄土の特質として法性によっていると同時に無生であるとの理解は他所にもみることができる。同じく巻下「入第一義諦」において、このような無生であると知りうるのは上品生の者のみではなかろうか、との問いに答えるなかで以下のように述べている。

　彼下品人、雖レ不レ知二法性無生一、但以下稱二佛名一力上、作二往生意一、願レ生二彼土一、彼土是無生界、見生之火自然而滅。[48]

ここでの論旨は下品生の者も仏名を称えることにより無生を知ることができる、とする点であるが、先の引用と同様に、法性なる浄土の特質について、それが無生であるとの曇鸞の理解を知ることができる。

　また法性について、無生とする理解と同時に、巻下「利行満足」において「阿耨多羅三藐三菩提」を解釈するなかに以下のような理解を示している。

佛所得法、名爲二阿耨多羅三藐三菩提一。以レ得二此菩提一故、名爲レ佛。今言三速得二阿耨多羅三藐三菩提一。（中略）統而譯レ之、名爲二無上正遍道一。（中略）正者、聖智也。如二法相一而知故、稱爲二正智一。法性無相故、聖智無知也。[49]

ここで、「阿耨多羅三藐三菩提」を「無上正遍道」と解釈し、さらにその「正」について解釈するなかで、法性は無相であるために聖智は無知であるとしている。すなわちここで、法性が無相であるとの理解を示している。

以上、「法性」について、その用例をみてきたのであるが、その内容をまとめれば、まず、巻下「利行満足」における用例が示すように、法性とは無相の境界である。また同時に巻下「入第一義諦」における用例から明らかとなるように無生の境界であるという。このような法性に随順していることが「真実」であることの根拠になる。したがって「真実功徳相」である阿弥陀仏の荘厳相は、曇鸞の理解に従うならば、無相であり、また無生の境界であることが、その論理的規範になる。

二、「方便」について

しかしそれと同時に曇鸞は、法性のみによることを否定するのである。巻下「名義摂対」のなかで以下のように述べている。

應知者、謂應レ知下智慧方便是菩薩父母、若不レ依二智慧方便一、菩薩法則不中成就上。何以故。若無二智慧一爲二衆生一時、則墮二顚倒一、若無二方便一觀二法性一時、則證二實際一。是故應レ知。[50]

ここで、智慧と方便とは菩薩にとって父母のようなものであり、この両者によらなければ菩薩の法が成就することはないとしている。そしてその根拠として、もし智慧によらず、ただ衆生のためにのみ行ずるならば誤謬に陥り、また、もし方便なく法性を観ずる時は実際のみを証してしまう、とする。この実際を証するとは、真実であり究極的な境界をいうが、曇鸞はこの実際について、巻下「観行体相」に以下のように述べている。

菩薩於二七地中一得二大寂滅一。上不レ見二諸佛可レ求、下不レ見二衆生可レ度。欲下捨二佛道一證中於實際上。爾時若不レ得二十方諸佛神力加勸一、即便滅度與二二乘一無レ異。[51]

ここでは、いわゆる七地沈空の難について述べられている。このなかで、仏となることも求めず衆生のためにすることもせず、仏道を捨てて実際を悟ることを求める、そのような者は滅度しても二乗と異なることはない、としている。したがって、菩薩という修道者に限ってみれば、「実際」を悟るということは否定的にとらえられる。

このような認識を先の「名義摂対」の説示に還元するならば、法性のみを観察し方便によらない時に、このような実際を悟る状態となってしまう、とされる。このような曇鸞の理解によるならば、法性に随順しているか否かは前提となる問題であるが、同時に方便についても不可欠な要素であるとするのである。

この「方便」について、巻下「善巧摂化」に、以下のように述べている。

此中言二方便一者、謂作下願攝二取一切衆生一、共同生中彼安樂佛國上。彼佛國、即是畢竟成佛道路無上方便也。[52]

ここで、方便とは、一切の衆生を摂取して、共に阿弥陀仏の浄土に往生しようと願うことであり、その浄土とは成仏するための道路のようなもので、無上の方便であると述べている。先の「名義摂対」の議論はあくまで修道者の視点により論ぜられるものであったが、ここでの説示にみられるように、独善によらず利他の精神を以て方便を重視する曇鸞は、阿弥陀仏の浄土についても無上の方便であると規定するのである。

以上のように、『論註』では「法性」と「方便」について規定がされている。これまでの整理を通じて注意されるのは「法性」と「方便」の両概念が相対する概念であると考えられることである。すなわち「法性」についてはすでに明らかになったように、無相であり、無生の境界であることをいうが、一方、「方便」の整理によって明らかになったように、浄土を方便としてとらえている。『論註』では、その全体の論旨から推察するに浄土の荘厳相を以て方便としているように考えられるが、無相とは相対する概念である有相であると考えられる。

では、このように相対する「法性」と「方便」の概念を、何故に二種法身説において両者を不一不異の関係としてとらえることが可能となったのであろうか。曇鸞の「法身」の理解を通じて考えてみたい。

三、「法身」について

『論註』において「法身」の用語は多用されるにもかかわらず、残念ながら、それ独自でその語義について規定されることはない。この法身について『大智度論』巻五〇には、

法身者、不可得法空。(53)

とされ、法身は実体性のない法空としてとらえられるが、これは「法身」の一般的な理解である。

一方、『論註』巻下「浄入願心」においても、

無為法身者、法性身也。法性寂滅故、法身無相也。(54)

と述べられるが、『大智度論』の理解と同様に、実体性のないという意図のもと無相であると理解されている。

このことを踏まえ、二種法身説について考えるならば、「法性」と「法身」という用語は、上記のような一般的な法身についての理解に従うに、ほぼ同概念のものとして理解することが可能であろう。法性に随順して、無相であり、無生である境界を「法性法身」として並列に合することにもそれほど抵抗がない。それに対し、「法身」を上記のように規定するのであれば、「方便法身」の「方便」と「法身」とは相反する概念のようにも思われる。こ

の点について曇鸞は先の引用部分に引き続き、以下のように述べ、解決を試みている。

　無相故、能無レ不レ相。是故相好荘厳、即法身也。[55]

ここで、本来ならば方便とされるであろう「相好荘厳」について、それが法身であると規定している。その根拠として、無相であるからとはいえ、相がないというわけではないとの理解を示している。これは、僧肇『肇論』「宗本義」に、

　言二不レ有不一レ無者、不レ如二有見常見之有、邪見斷見之無一耳。若以レ有爲レ有、則以レ無爲レ無。夫不レ存レ無以觀レ法者、可レ謂レ識二法實相一矣。雖レ觀レ有、而無レ所レ取レ相。然則法相爲無相之相。聖人之心、爲レ住二無所住一矣。[56]

とあるのに基づくものである点はすでに先学によって指摘されるところである[57]。有でもなく無でもないという場合の、「有」であるとか、「無」である、というとらわれた考えを離れ、法をみることが法の実相を体得するということである。そのように体得しえた者には、たとえ「有」とみられたとしても、そこには相として執着されるものはない。したがって法相とは相として執着されるものはない境界における相なのである、と解釈される。

　曇鸞もこのような僧肇の理解に基づいて、一見して法身と相反する概念のようにも考えられる浄土の「相好荘厳」についても、『肇論』の理解にみられるように、それは実相を体得した者がみた、相として執着されることのない相としてとらえられるものであり、そのような理解に基づいて、「相好荘厳」についても、法身であるとの理解を示している。

第四項　まとめ

以上の検討から、曇鸞の二種法身説についてまとめてみたい。まず、その論理に通底するものとして、「真実功徳相」の解釈中にみられたように、いかなるものもそれが法性に随順するか否か、という点にその真実性を求めていることは重要な要素となる。それに対し『論註』においては本来、真実功徳相であり、また法性に準ずるべき種々の阿弥陀仏の国土・如来・菩薩の荘厳相が方便として説かれている。そこには相の有るもの、すなわち有相として浄土の各種荘厳相が説かれており、無相であり、無生の境界であるべき法性の概念と相対するもののようにも考えられる。このような一見すると相対関係にもみえる関係がこの二種法身説の論理の基本となる。

その両者について「法性法身」と「方便法身」のいずれにおいても「法身」の概念を以て理解しているように、共に「法身」として位置づけたことが、最終的にその両者の関係を決定付けている。「法性」と「法身」については、同概念として曇鸞は理解していると考えられる。その一方で「方便」については、僧肇により提示された、法相を相として執着されるものはない境界における相とみる理解に基づいて、「方便」である相好荘厳を「法身」として理解している。この「方便」の論理を用いなければ二種法身説の論理は成立しない。すなわち、「法身」の境界とは本来、「法性」と同様に、無相であり、また無生の境界である。それに対し荘厳相という有相について、法相という場合の「相」と同じように、相として執着されるものはない境界における相なのであると理解しえたからこそ、方便である荘厳相を法身として理解し、このような不一不異の関係にある、「法性法身」と「方便法身」の二種法身説を曇鸞は提示しえたのである。

本節では、まず二種法身説を阿弥陀仏一仏に限定することに対して批判を加えた。しかし、二種法身説の内容検討の際に、『論註』の論旨の都合上、阿弥陀仏の浄土に対する曇鸞の解説部分を用いたため、上記のように批判したにもかかわらず、阿弥陀仏一仏についての論理であるようかのような印象を与えたことも予想される。この点について最後に言及しておきたい。

二種法身説が阿弥陀仏一仏ではなく諸仏菩薩に通底する論理であるという以上、本来であれば、その諸仏菩薩がいる国土について曇鸞がいかに考えていたかを検討しなくてはならない。しかし、そのような点を考慮しつつも、「広」と「略」の議論は『往生論』の本文にみられる阿弥陀仏の浄土における国土・如来・菩薩を包摂する議論であるのに対し、その関係を示すための論理である二種法身説が、その論理の主格として「諸仏菩薩」と曇鸞自身が明言していることの意味は大きいといわざるをえない。

また本節では、二種法身説について内容を検討したところ、「法身」という概念のなかに包括される「法性」と「方便」の二側面についての論理であることが明らかとなった。それに対し、親鸞などにより二種法身説が阿弥陀仏一仏に限定されたことにより、法性法身から方便法身である法蔵菩薩となり、その法蔵が誓願を成就して阿弥陀仏となった、との二種法身説に基づく阿弥陀仏の成就の論理が提示された(58)。確かに法性法身から方便法身を生じ、方便法身から法性法身を生ずるとの曇鸞の解説はみられるが、ここでの「生」とは本節においても検討したように無生の生としてとらえられるべきであって、なおかつ、その論旨は両者の不一不異の関係を示すものにほかならない。少なくとも阿弥陀仏一仏に限定されたことにより成立しうる上記のような理解は、曇鸞の意図とは相違するものといわざるをえないであろう。

第三節　阿弥陀仏論—法蔵菩薩の成仏と浄土建立—

第一項　問題の所在

曇鸞以降、中国において、浄土教信仰が隆盛してゆくなかで阿弥陀仏の仏身に関する議論が盛んに行われることとなる。ここで隋代以降に展開する阿弥陀仏身論について概観すれば以下のとおりである(59)。

浄影寺慧遠（以下慧遠と略す）は、仏身を真身・応身の二身、または真身・応身・化身の三身に分類する。そのうえで阿弥陀仏を、有相であり、なおかつ寿命が有限であることを根拠に応身であるとして、また、来迎引接の相があることから応身もしくは化身であると規定している。

嘉祥寺吉蔵（以下吉蔵と略す）は、仏身を真身・応身の二身に分類する。そのうえで慧遠と同様に、阿弥陀仏が有相であることを根拠に応身と規定している。

道綽は、仏身を法身・報身・化身の三身に分類する。そして慧遠の所説を批判して、阿弥陀仏を、万行を修して果を感じた酬因感果の仏身であることを根拠に報身であると規定し、またそのことを前提に、衆生の救済を行う仏身として阿弥陀仏をとらえている。

善導は、道綽と同様、仏身を法身・報身・化身の三身に分類したうえで、阿弥陀仏を報身と規定している。その根拠として阿弥陀仏が第十八願を根底とした四十八願を成就した本願成就身であることを強調し、それゆえに阿弥陀仏を五乗ならびに未来世一切衆生の救済を行う仏としてとらえている。

このように、慧遠・吉蔵は阿弥陀仏応身説、道綽・善導は阿弥陀仏報身説を提示するが、これに対して、そのような諸師より時代を先とする曇鸞は阿弥陀仏に対していかなる理解を示しているのであろうか。

これまでの曇鸞の阿弥陀仏身論に関する研究を概観すると、主として二種法身説によって論じられる傾向がみられる。これは曇鸞が二種法身説のほかに、仏身に関して明確な議論を示さないことに起因するものと思われる。しかし、前節までの検討において明らかになったように、曇鸞の二種法身説とは、

㈠阿弥陀仏一仏に限るものではなく、諸仏菩薩に通底する論理である。

㈡阿弥陀仏が、法性法身ならびに方便法身のいずれか一方であることを提示した論旨ではなく、両者が「広略相入」によって説明される「相入」の関係にあり、いわば二面性を有する関係にあることを提示した論理である。

ということを勘案すると、少なくとも慧遠以降展開する阿弥陀仏身論とは異質なものであるといわねばならない。すなわち、慧遠以降に展開する阿弥陀仏身論とは、諸仏のなかにおける阿弥陀仏一仏の位置づけを意図した論旨であるのに対し、曇鸞の二種法身説は、阿弥陀仏を含めた諸仏菩薩の存在論的な解明を意図しているからである。それゆえに同じく仏身に関する議論でありながらも、曇鸞の二種法身説を、今日に至るまで主として論ぜられる慧遠以降の阿弥陀仏身論と同一の議論として扱うことは注意を要する。

本節では「阿弥陀仏論」と題して考察するが、上記のような阿弥陀仏身論とは別の視点から検討を進めてゆく。曇鸞が慧遠以降の阿弥陀仏身論と区別される議論を提示するなかで、いま一度、中国浄土教思想史上における曇鸞の阿弥陀仏に対する理解の特徴について考えた場合、注目されるのは、阿弥陀仏を「本願成就身」ととらえることであろう。このような仏身に対する理解は、先述の道綽や善導に思想的影響を及ぼすものであるが、曇鸞以前の廬山慧遠や造像銘などにみられる無量寿仏信仰にはうかがえない特徴といえる。

しかし、阿弥陀仏の本願成就という事実を、その法蔵菩薩の本願について説示される『無量寿経』のみによって思想形成したということはできない。法蔵菩薩は本願成就によって阿弥陀仏身を有し、なおかつその浄土を治める。曇鸞もこのような理解に基づいて、阿弥陀仏の極楽を「浄土」と明確に認識し、その「浄土」の語句を『論註』において多用する。それに対し、曇鸞以前の浄土経典において、その「浄土」の用語は意外なまでにその使用例は少ないのである。したがって、この阿弥陀仏の本願成就と不可分である「浄土」の概念を、曇鸞がいかに形成したかを確認することにより、曇鸞の最も特徴的な本願成就身という阿弥陀仏論が形成された過程を明らかにしうるように思われる。

以下、このような視点から、「浄土」の用語の検討を通じて、曇鸞が阿弥陀仏の因位の存在である法蔵菩薩をいかなる存在としてとらえていたかを探り、その本願成就身としての阿弥陀仏観を形成するに至った背景をうかがいたい。

第二項　中国における阿弥陀仏の極楽の「浄土」化

一、先行研究の整理

今日、当たり前のように、阿弥陀仏の極楽は「浄土」として理解される。しかし、すでに先学により指摘されるように、中国において阿弥陀仏の極楽を「浄土」として明確に認識したのは曇鸞が初出である。

藤田宏達氏は、この「浄土」の原語について考察し、「浄土」と漢語によって表される思想の起源がインドの初期大乗思想に求められることを認めつつも、漢訳経典で「浄土」が用いられる場合、その原語は決して一定したものではなく、時には訳者が附加したものと見なされるのであって、これは、「浄土」がシナにおいて成語化され、術語化された言葉であることを物語っているのである。(60)

と述べ、浄土教の根幹ともいえる「浄土」の語句が中国において成立したことを示唆している。

平川彰氏は、藤田氏の所論を受け、支婁迦讖・支謙・竺法護・羅什など、初期中国訳出経論における「浄土」の用例について整理している。(61)そして、羅什以外の訳経論にその訳語はみられず、なおかつ羅什においても、釈迦の浄土や諸仏の浄土を意図した用例に限られるものであり、

羅什の時代には、「浄土」を阿弥陀仏の浄土に取りきった「浄土教」は成立していなかったと見てよい。(62)

と述べ、羅什の時代に、未だ阿弥陀仏の極楽を「浄土」とみる認識は確立していないことを示唆している。そして、その認識の確立について、

羅什以後、曇鸞までに浄土教の教理がどのように発展したか不明であるが、しかし曇鸞自身の『浄土論註』が、浄土教の教理の確立に大きな役割を果したことは多言を要しない。そして「極楽」を「浄土」と呼ぶことにも、『浄土論註』が大きな役割を果した。ただしここにこの問題を詳説することはできないので、極楽を浄土と呼ぶことに、曇鸞が意識的に注意を払った点を指摘するにとどめたい。(63)

と述べ、曇鸞に至って、阿弥陀仏の極楽を「浄土」として明確に認識されたことを指摘している。平川氏はここで曇鸞がこのような認識をうるに至った背景については言及を保留しているが、

曇鸞が「極楽」を「浄土」と同じと見た根底には、彼が四論宗の学者で『大智度論』や『般若経』に造詣が深く、六波羅蜜の実践による「浄仏国土」の思想を強く持っていたことと無関係ではないと考える。すなわち極

楽を浄土と見る根底には、六波羅蜜の行のあることを考えるべきであり、この点を欠けば、極楽の浄土化は不可能になるのではないかと考える。[64]

とも述べ、その背景として六波羅蜜の実践による浄仏国土の思想の存在を推定している。ただし、ここでも具体的な典籍の指摘はなされていない。

以上の両氏の指摘は、中国浄土教、ならびに曇鸞浄土教の成立を考える場合、非常に示唆に富むものである。確かに、曇鸞以前の浄土教関連の訳経論を確認すると、「浄土」の語句が用いられるものは、『無量寿経』に四例、『往生論』に一例のみであって、いわゆる浄土三部経の『観無量寿経』『阿弥陀経』を筆頭に、他の経論においては、「極楽国土」「阿弥陀仏国」「無量清浄仏国」「仏国清浄」等の訳語が使用され、「浄土」の語句は一例もみることはできない。これに対して、曇鸞は『論註』において「安楽浄土」と用いる場合も含め、四八回にもわたり「浄土」の語を用いている。

もちろん、『無量寿経』ならびに『往生論』において「浄土」の訳語がみられる以上、それらによって「浄土」の訳語を採用したものとも考えられる。しかし、『無量寿経』の用例を確認すると、

唯願、世尊廣爲敷㆓演諸佛如來淨土之行㆒。[65]

とあるように、ここではいわゆる浄仏国土の行を言及することを意図して「浄土」の語句が用いられている。また他の三例[66]も「厳浄土」と用いられて、「荘厳で清浄な国土」の意味で使用されており、必ずしも「浄土」という固定化された術語として用いられたものとはいえない。『無量寿経』ではこのほかに「極楽」「安楽国」「無量寿仏国」等と多様な名称を以て浄土が表現され、むしろこれらの用例の方が多い傾向にある。

また、『往生論』における唯一の用例をみると、

浄土果報、離㆓種譏嫌過㆒。[67]

とあり、ここでは阿弥陀仏の「極楽」を「浄土」として理解している。しかしその他の用例を確認すると、「安楽国」「安楽世界」「阿弥陀仏国」「安楽仏国」「清浄仏国土」等とあるように、『無量寿経』と同様に多様な名称を以て浄土が表現されており、「浄土」の用例はそのような多様な用例の一例であって、なおかつその使用回数は一回のみである。このように両者には、阿弥陀仏の極楽について多様な名称が用いられるなか「浄土」の用例はその一例に過ぎず、しかもその数はわずかに数例という状況にある。

これに対し曇鸞は、例えば『往生論』に、

略説㆓彼阿彌陀佛國土十七種莊嚴功徳成就㆒、示㆓現如來自身利益大功徳力成就、利益他功徳成就㆒故。[68]

言㆑略者、彰㆔彼淨土功徳無量、非㆓唯十七種㆒也。[69]

と「阿弥陀仏国」と用いられる内容を解釈する際に、

と述べ、『往生論』で「阿弥陀仏国」と訳されるのに対し、それを「浄土」として明確に認識している。これは『論註』全体において認められる傾向であり、なおかつその用例は先述のとおり四八回にも及ぶのである。このように考えると、「浄土」または「安楽浄土」の用例を多用する曇鸞が、『無量寿経』や『往生論』にわずかにみられる用例のみによって「極楽」を「浄土」として認識したと考えることはいささか無理があるように思われる。むしろそれとは別に「浄土」という概念に対して理解を有し、それを援用して阿弥陀仏の極楽を「浄土」として認識したと考える方が自然であろう。

二、曇鸞以前の「浄土」の用例

そこで次に、曇鸞以前の「浄土」の用例について整理をしてみたい。先述のとおり、すでに一部の経論については平川氏によってその検討がなされているが、改めて筆者の管見の及ぶかぎりにおいて整理を行えば以下のとおりである。なお、ここでは訳者の年代順に経論名を列記し、併せて「浄土」の語句の使用回数についても記しておくこととする。

【竺仏念訳】
・『大雲無想経』(一回)
・『菩薩瓔珞本業経』(二回)

【羅什訳】
・『仁王般若波羅蜜経』(五回)
・『妙法蓮華経』(三回)
・『自在王菩薩経』(一回)
・『維摩詰所説経』(三〇回)
・『思益梵天所問経』(一回)
・『梵網経』(一回)
・『十住毘婆沙論』(五回)

【仏駄跋陀羅訳】
・『華厳経』(六回)

【聖堅訳】
・『仏説羅摩伽経』（三回）
【曇摩蜜多訳】
・『虚空藏菩薩神呪経』（一回）
【曇無讖訳】
・『悲華経』（一四回）
・『大般涅槃経』（一回）
・『大方等無想経』（三回）
・『大方等大集経』（八回）
・『金光明経』（一回）
【曇無竭訳】
・『観世音菩薩授記経』（一回）
【功徳直訳】
・『菩薩念仏三昧経』（一回）
【菩提流支訳】
・『大薩遮尼乾子所説経』（一五回）
・『勝思惟梵天所問経』（一回）
・『入楞伽経』（一回）

・『金剛般若波羅蜜経論』（一回）
・『金剛仙論』（八八回）
・『妙法蓮華経憂波提舎』（二回）
・『十地経論』（一回）

【勒那摩提訳】

・『妙法蓮華経憂波提舎』（二回）

【中国撰述】

・『大般涅槃経集解』（八回）
・『注維摩詰経』（六五回）

以上の整理から、竺仏念や羅什など、四世紀後半から五世紀初め以降、中国において「浄土」の訳語が用いられていることがわかる。ただし、上記のいずれの経論も浄土教関係の典籍でないことはいうまでもない。

このうち曇鸞が『論註』に引用する経論は、『妙法蓮華経』『維摩詰所説経』、ならびにその註釈書の『注維摩詰経』『十住毘婆沙論』『華厳経』『大般涅槃経』等である。また伝記によるかぎり『大方等大集経』等も身近な経典であったものと思われる。しかし、いずれの用例も、浄仏国土の行を意図して用いられたものであり、また釈迦や諸仏など阿弥陀仏以外の仏国土を意図して用いられたものである。

そのようななか、ここで注目したいのは『十住毘婆沙論』における用例である。五回の用例は「釈願品」と「易行品」に限られるが、このうち「釈願品」において浄土について詳細な解説がなされる。この点について岩本裕氏は次のように述べている。

「釈願品」の記事を見ると、まず本文に「佛土を浄めんと願うが故に諸々の雑悪を滅除す」と述べ、解説では倫理的罪悪・心理的欠陥・天変地異による災害・邪悪な思想の流行・生活必需品の不足などの社会的不安を列挙し、これらの雑悪を菩薩行によって浄めることが「浄土」であると説く。したがって、ここに説かれる「浄土」とは「国土を清浄にする」という宗教的な実践を意味する。ところが、『十住毘婆沙論』の解説は、ここで一転して、浄土の相として浄土が具える特色を十項目に分けて説明する。いま、その解説をたどってみると、「無量の寿命」とか「変成男子」とか『無量寿経』などに説かれる宗教思想が述べられ、さらに『無量寿経』などにおける極楽の記事ほどに華麗ではないが、極楽の描写にパラレルな楽園の描写も見られる。ここに説かれる浄土はなお阿弥陀佛の佛国土ではないが、「国土を清浄にする」という宗教的実践の説明の中に突如として「楽園としての浄土」に関する描写の見られることは、楽園としての浄土が五世紀のはじめに『十住毘婆沙論』が訳されたときに、中国には知られていたことを示すものといわねばならぬ(70)。

岩本氏がここで述べるように、「楽園としての浄土」という概念が『十住毘婆沙論』訳出以前に中国において確立していたかについては、根拠となる史料を提示できないと思われるので断定的なことはいえない。しかし、中国ではそれまで浄仏国土という宗教的実践を意図して用いられていた「浄土」の概念が、『十住毘婆沙論』「釈願品」に至り「楽園としての浄土」として認識され、なおかつそこには『無量寿経』所説と同様の荘厳相が示されるとの指摘は注目される。

これまで曇鸞と『十住毘婆沙論』の関わりは、『論註』冒頭の難易二道の説示に導かれ、「易行品」との関連のみ注意された傾向がある。これは曇鸞が難易二道を説示する以外に積極的に『十住毘婆沙論』の所説を用いなかったことに起因すると思われる。しかし、先述のとおり、曇鸞に至って阿弥陀仏の極楽を「浄土」として認識されたことを勘案すると、『無量寿経』所説の荘厳相と近似性を有する浄土という概念が、すでに『十住毘婆沙論』に説示されることは注目すべきであろう。そこで次に、「釈願品」所説の「浄土」について検討してゆきたい。

第三項　『十住毘婆沙論』「釈願品」所説の「浄土」と仏の本願

この『十住毘婆沙論』の著者は龍樹とされるが、それに対して疑問も呈されており、学界において未確定の部分も多い(71)。また、以下、『十住毘婆沙論』の浄土の説示を整理したうえで、『無量寿経』との近似性について指摘してゆくが、この両書間のみにおいて比較を行う場合、諸『無量寿経』群のいずれと同一であるか検討をする必要があると思われる。そのようななか、ここでは曇鸞が両書の関係をいかに考えていたかについて推察してみたい。したがってここでは、『十住毘婆沙論』との関連を（伝）康僧鎧訳『無量寿経』に限ってみてゆくこととする。

一、「釈願品」所説の「浄土の十相」

「釈願品」は、初地に安住する菩薩が修すべき十大願について解説されている。このうち第七願の偈頌に、

願ㇾ浄二佛土一故　滅二除諸雑悪一(72)

とあり、浄仏国土を行うために諸々の雑悪を滅すべきであるとし、この後「釈願品」はその滅すべき「不浄」の具体的内容について詳説される。そして重ねて次のように解説する。

不淨略説有二二種一。一以二衆生因縁一。二以二行業因縁一。衆生因縁者、衆生過悪故。行業因縁者、諸行過悪故。此二事、上已説。轉二此二事一、則有二衆生功徳、行業功徳一。此二功徳、名爲二淨土一。是淨國土、當ㇾ知、隨二諸菩薩

本願因縁。諸菩薩、能行二種種大精進一故、所願無量不レ可二説盡一。是故今、但略説開二示事端一。其餘諸事、應二如レ是知一。[73]

ここで示されるように、「不浄」には「衆生の因縁」と「行業の因縁」の二種が関わる。つまり、浄仏国土を行う菩薩の妨げとは、まず菩薩自身が「過悪」であり、なおかつ菩薩の行業そのものも「過悪」の状態にあることである。そしてこの「過悪」なる菩薩とその行業を転じて改善することによって、正しい浄仏国土の行を行うことができるのであり、それをここでは「浄土」と名付けている。ここでは浄仏国土の行を意図して「浄土」が用いられている。

この「浄土」の行とは、諸々の菩薩の本願の因縁に従うものであり、またその本願も菩薩が種々の修行を行うために数が多く、説示し尽くせないものである。そのようななか、『十住毘婆沙論』は、上記の引用に続き、略説する形で浄土の相について一〇種を挙げて説明している。その内容を整理すれば以下のとおりである。

○浄土の十相

①菩薩善得阿耨多羅三藐三菩提（菩薩は善く阿耨多羅三藐三菩提を得る）

　離諸苦行（諸もろの苦行を離る）

　無厭劣心（厭劣の心無し）

　速疾得（速疾に得る）

　無求外道師（外道の師を求めること無し）

　菩薩具足（菩薩を具足する）

　無有魔怨（魔怨有ること無し）

無諸留難（諸もろの留難無し）
諸天大会（諸天大会する）
希有事具足（希有の事を具足する）
時具足（時を具足する）
②仏功徳力（仏の功徳力）
③法具足（法を具足する）
④声聞具足（声聞を具足する）
⑤菩提樹具足（菩提樹を具足する）
⑥世界荘厳（世界を荘厳する）
⑦衆生善利（衆生を善く利する）
⑧可度者多（度すべき者は多く）
⑨大衆集会（大衆は集会する）
⑩仏力具足（仏力を具足する）

『十住毘婆沙論』は以上の一〇種に分類して浄土の荘厳相を説明し、さらに「①菩薩善得阿耨多羅三藐三菩提」は一〇種の荘厳について細釈を行っている。

このうち「②仏功徳力」は、特に『無量寿経』所説の法蔵菩薩の本願との近似性が指摘される部分であるが、次に『無量寿経』の経文と対応させながら『十住毘婆沙論』の意図する浄土の仏の功徳相について確認してゆきたい。

二、「釈願品」所説の仏の功徳力と『無量寿経』の近似性

まず「②仏功徳力」の冒頭に以下のように述べる。

佛功徳力者、一切去・來・今佛威力。功徳智慧無量深法等無二差別一、但隨二諸佛本願因縁一。[74]

ここで、仏功徳力が一切の過去・未来・現在の諸仏の力を意図していることを述べ、それらの功徳と智慧の無量の法は等しくまた差別のないものであるが、いずれも諸仏各々の本願の因縁によるとしている。当然、ここには阿弥陀仏一仏を意図する説明はない。ただし、以下に具体相を説明するなかで、阿弥陀仏との関連を想起させる内容が説示されてくる。

ここで、六種に分類されるその具体相と、『十住毘婆沙論』の本文と対応する『無量寿経』の本願文を列記しながら、その内容を確認したい。

1、或有二壽命無量一（中略）

無量壽命者、壽命無量劫、過二諸算數一。一劫・百劫・千劫・萬劫・億劫・百千萬億那由他阿僧祇劫、如レ是久住爲二利益一、憐二愍衆生一故。一切諸佛、雖二力能無量一、壽以二本願一故、有二久住レ世者一、有下不二久住一者上。[75]

『無量寿経』第十三願（寿命無量願）

設我得レ佛、壽命有二能限量一、下至二百千億那由他劫一者、不レ取二正覺一。[76]（第十三願文）

（第十三願成就文）

佛語阿難、無量壽佛、壽命長久、不レ可二稱計一。汝寧知乎。假使十方世界無量衆生、皆得二人身一、悉令レ成二就聲聞縁覺一、都共集會、禪思一心竭二其智力一、於二百千萬劫一、悉共推算、計二其壽命長遠劫數一、不レ能二窮盡知二其限極一。[77]

浄土の諸仏は、衆生を利益し、慈しむために、その寿命が無量であるとしている。またその諸仏は本願を以てその寿命の長短を自在に得ることができるのである。この寿命が無量との説示は、『無量寿経』第十三願または成就文の内容と対応するものである。

2、或有二見者一、即得二必定一（中略）

見時得レ入二必定一者、有二衆生見レ佛、即住二阿耨多羅三藐三菩提阿惟越致地一。何以故、是諸衆生、見二佛身一者、心大歡喜、清淨悦樂。其心即攝二得如レ是菩薩三昧一。以二是三昧力一、通二達諸法實相一、能直入二阿耨多羅三藐三菩提必定地一。是諸衆生長夜、深心種二見佛入必定善根一、以二大悲心一爲レ首。善妙清淨、爲レ通二達一切佛法一故、爲レ度二一切衆生一故、是善根成就時至。是故得レ値二此佛一。又以二諸佛本願因縁二事和合一故、此事得レ成。[78]

『無量寿経』第四十五願（住定見仏願）

設我得レ佛、他方國土諸菩薩衆、聞二我名字一、皆悉逮二得普等三昧一。住二是三昧一、至二于成佛一、常見二無量不可思議一切如來一。若不レ爾者、不レ取二正覺一。[79]

浄土の衆生は、見仏により心が歓喜して、悦び楽しむことにより、菩薩の三昧の境地を得て、その三昧の力により諸法実相を体得し、菩提の境地に入る。またその衆生は、その見仏による善根に加え、大悲の心を以て一切の衆生を悟りへと導くために、その善根が成就するのである。これらはいずれも仏の本願により成就する。この浄土での見仏により悟りを得るとの説示は、『無量寿経』第四十五願の内容と対応するものである。

3、聞レ名者、亦得二必定一。（中略）

聞二佛名一入二必定一者、佛有二本願一、若聞二我名一者、即入二必定一。如レ見レ佛、聞亦如レ是。[80]

『無量寿経』第三十四願（聞名得忍願）

設我得レ佛、十方無量不可思議諸佛世界衆生之類、聞二我名字一、不レ得二菩薩無生法忍諸深總持一者、不レ取二正覺一。[81]

先の浄土における見仏と同様に、その名を聞くことにおいても悟りを得るとされる。これは『無量寿経』第三十四願の内容と対応するものである。

4、女人見者、即成二男子身一、若聞レ名者、亦轉二女身一。（中略）

女人見得レ轉二女形一者、若有下一心求上レ轉二女形一、深自厭患、有二信解力一誓二願男身一。如レ是女人、得レ見レ佛者、即轉二女形一。若女人無レ有二如レ是業因縁一、又女身業未レ盡、不レ得レ値二如レ是佛一。

女人聞二佛名一轉二女形一者、此事因縁如二見佛中説一。[82]

『無量寿経』第三十五願（女人往生願）

設我得レ佛、十方無量不可思議諸佛世界、其有二女人一、聞二我名字一、歡喜信樂、發二菩提心一、厭二惡女身一、壽終之後、復爲二女像一者、不レ取二正覺一。[83]

女人が浄土において見仏することにより男子の身となり、聞名においても同様に女人の身を転ずることができるとしている。これは『無量寿経』第三十五願の内容と対応するものである。

5、或有レ聞レ名者、即得二往生一。（中略）

聞二佛名一得二往生一者、若人、信解力多、諸善根成就、業障礙已盡、如レ是之人得レ聞二佛名一、又是諸佛本願因縁便得二往生一。[84]

『無量寿経』第十八願（念仏往生願）

設我得レ佛、十方衆生、至心信樂、欲レ生二我國一、乃至十念、若不レ生者、不レ取二正覺一。唯除三五逆誹二謗正法一。[85]

（第十八願成就文）

諸有衆生、聞二其名號一、信心歡喜、乃至一念、至心廻向、願レ生二彼國一、即得二往生一、住二不退轉一。唯除三五逆誹二謗正法一。[86]

衆生が、教理を確信して、了解するところ多く、諸々の善根を成就して、業の障りが尽きたならば、このような人は仏の名を聞くことにより、諸仏の本願によって往生を得るとされる。ここで仏の名を聞くことにより往生を得るとの説示は、『無量寿経』第十八願または成就文と対応するものである。

6、或有二無量光明一、衆生遇者離二諸障蓋一。或以二光明一即入二必定一、或以二光明一滅二一切苦惱一。（中略）

無量光明者、一切佛光明所レ炤、隨レ意遠近、此説二無量一者是其常光。常光明不レ可三由旬・里數以爲二限量一。遍滿二東方若干百千萬億由旬一、不レ可レ得レ量。南西北方、四維、上下、亦復如レ是。但知二其無量一、而莫レ知二邊際一。

遇二光明一得レ除二諸蓋一者、是諸佛本願力所レ致、貪欲、瞋恚、睡眠、調悔、疑、除二此障蓋一。衆生遇レ光、即能念レ佛。念レ佛因縁故、念レ法。念レ法故、諸蓋得レ除。

光明觸レ身苦惱皆滅者、若衆生墮二地獄・畜生・餓鬼・非人之中一、多二諸苦惱一、以二佛本願神通之力一、光觸二其身一、即得レ離レ苦。[87]

『無量寿経』第十二願（光明無量願）

設我得レ佛、光明有二能限量一、下至レ不レ照二百千億那由他諸佛國一者、不レ取二正覺一。[88]

（第十二願成就文）

無量壽佛威神光明最尊第一。諸佛光明所レ不レ能レ及。

諸仏の光明は、距離や方位の限量を問わず、なおかつ仏の本願力によりその光明は、貪欲、瞋恚、睡眠、調悔、疑といった障りを取り除き、さらにその光明は本願の神通力により衆生の一切の苦悩をも取り除くとされる。これは、『無量寿経』第十二願または成就文と対応するものである。

三、「釈願品」所説の「浄土」「仏功徳力」の特徴

以上の整理からも明らかなように、その仏の功徳力は『十住毘婆沙論』は一切諸仏の功徳力であることを明確に指示しながらも、その内容はことごとく阿弥陀仏の本願または成就文との近似性を示している。したがって、『十住毘婆沙論』は、この浄仏国土の行を行い、その行の成就した仏の功徳力について説示する際に、その具体名は明示しないながらも、多分に法蔵菩薩ならびにその成就として阿弥陀仏を想定していたものと考えられる。

また、この仏の功徳力について説示する際に、その功徳相のいずれもが仏の本願に依拠していることを強調している。すなわち、浄仏国土の行を行う菩薩が本願を有し、その本願成就として諸仏がその功徳相を有するのである。これら仏身を本願成就身とする理解は、先述した浄土の十相のなか「②仏功徳力」に限るものではなく、続く「③法具足」には、

法具足者、一切諸佛法、悉皆具足、無㆑有㆓具足・不具足者㆒。諸佛説法同故法俱具足。但以㆓本願因縁㆒故、差別不㆑同。或有㆓久住不久住㆒耳。何謂㆓法具足㆒[89]。

とあり、ここでは「法具足」が本願の因縁によることを主旨としてはいないながらも、その本願成就を前提に法の「久住」と「不久住」があることが述べられている。また続く、「④声聞具足」にも、

聲聞具足者、一切諸佛、悉皆具㆓足聲聞僧㆒。但諸佛本願因縁故、有㆓少多差別㆒。何謂㆓具足㆒[90]。

とあり、先の「③法具足」と同様に、諸仏の本願成就を前提に、浄土における声聞の多少について述べられている。ちなみにこの「④声聞具足」についても、『無量寿経』第十四願（声聞無数願）に、

設我得レ佛、國中聲聞、有二能計量一、乃至下三千大千世界衆生縁覺、於二百千劫一、悉共計挍、知中其數上者、不レ取二正覺一。[91]

とあるように、阿弥陀仏の浄土に無量の声聞を有するとの特質に共通するものといえる。

このように、中国仏教史上、初めて仏国土に対して「浄土」と規定される『十住毘婆沙論』において、その「浄土」ならびに仏が本願成就によって成立するとの思想が提示され、なおかつそれは阿弥陀仏の仏土と関連して解説がなされたものとみることができる。

第四項　阿弥陀仏と本願成就

以上の検討によって、中国仏教史上における『十住毘婆沙論』の「浄土」に関する理解の特異性と特徴について指摘しえたように思う。では、その浄土観と曇鸞の関わりについてどのように指摘することができるであろうか。

曇鸞以前の浄土教関係の経論に、「浄土」という概念が未だ確立していない状況下において、曇鸞は阿弥陀仏の極楽を明確に「浄土」として認識している。その点について本節の検討を踏まえて考えるならば、『十住毘婆沙論』に説示される仏の本願成就によって成立するという「浄土」思想に基づいて、曇鸞は阿弥陀仏の本願成就としての極楽を「浄土」と認識することができたといえる。それは「釈願品」に説示される仏土の荘厳が阿弥陀仏の仏土の荘厳と近似性を有していたことも、その浄土観の形成に至る遠因になったのであろう。

また、曇鸞は『十住毘婆沙論』「易行品」説示の難易二道に基づいて、往生浄土の行を「易行」と規定し、自らの実践体系の構築を行っている。すなわち、曇鸞にとってその往生浄土の行とは、『十住毘婆沙論』に説示される大乗菩薩道そのものとして認識されていたのである。[92] それに対し、曇鸞が同じく『十住毘婆沙論』に基づいて、その「浄土」観を確立したと考えるならば、阿弥陀仏の因位の存在である法蔵菩薩も、まさに『十住毘婆沙論』に説示される大乗菩薩道の実践者として、曇鸞はその存在を認識していたのであろう。すなわち法蔵菩薩が大乗菩薩道の一環として浄仏国土の行を行い、その本願成就として自らの仏身ならびに浄土を成就したものと考えていたのである。

もちろん、曇鸞が易行によることを選択したのは、「易行品」冒頭に、

問曰、是阿惟越致菩薩初事如二先説一。至二阿惟越致地一者、行二諸難行一、久乃可レ得、或堕二聲聞・辟支佛地一。若爾者是大衰患。（中略）是故、若諸佛所説有下易行道疾得レ至二阿惟越致地一方便上者、願爲説レ之。[93]

とあるように、諸々の難行を長く行ずれば阿惟越致地の悟りの境界をうることができるが、そのようななかで声聞や辟支仏となってしまう状況において、それを避けるために易しく、しかも速やかに阿惟越致地をうることができないか、との問いに応じて易行道が提示されたことに起因する。したがって、もしこのなかに法蔵菩薩の存在を当てはめるならば、この引用の冒頭に、諸々の難行を長く行じ阿惟越致地の悟りの境界をうると記載された阿惟越致菩薩に相当するものといえ、易行道を実践する菩薩と法蔵菩薩はその行体としては異なるものともいえる。しかし、『十住毘婆沙論』の所説によるかぎり、その両菩薩の存在はいずれも大乗菩薩道を実践する菩薩そのものに変わりはないのである。

曇鸞は自らの浄土教思想を形成してゆくなかで、『無量寿経』所説の法蔵菩薩の存在を、『十住毘婆沙論』の思想

的影響下において、法蔵菩薩を大乗菩薩道の実践者としてとらえ、なおかつ阿弥陀仏の存在をその菩薩の本願成就として認識しえたのである。その、曇鸞と『十住毘婆沙論』の関連をうかがわせるその根拠を、先述のとおり『論註』に多用される「浄土」の語句の使用に求めることができるのである。

註

（1）「①羅什訳系統の仏身論を思想背景とする説」とは、羅什の漢訳による三論・四論と呼ばれる論書をはじめ、それら経論の影響下において成立した論書を思想的な背景としてみる説について用いるものである。

（2）『大智度論』所説の二種法身説に関する指摘は、すでに良忠『往生論註記』にみることができる（浄全一、三三四頁上―下）。

（3）神子上恵龍『弥陀身土思想の展開』永田文昌堂、一九六八年、七〇―八〇頁。なお神子上氏は、㈠菩提流支の仏身論の影響については、『金剛仙論』により検討を行っている。すなわち『同』巻八に、

　經中答意、明㆔佛有㆓二種㆒。一法身佛。古今湛然、體性圓滿、非㆓修得法㆒。此即性淨涅槃。二者報佛。藉㆓十地方便修行因緣㆒、本有之性、顯㆑用之時、名爲㆓報佛㆒。即方便涅槃（大正蔵二五、八五八頁下）。

とあり、ここで法身については、過去も現在も変わらずに湛然としていて、その本性は円満であって、修行をして得るような法ではないとし、それを「性浄涅槃」としている。また、報身に関しては、十地の修行を行うことによって本来有している姿を現した仏であるとし、それを「方便涅槃」としている。『金剛仙論』には、このような法報二身説が説かれ、この二身を、性浄と方便の二種に分類する点で『論註』の二種法身説と共通点が見いだされるというのが、㈠についての従来の説である。これに対して神子上氏は、『金剛仙論』自体が菩提流支の真撰である可能性が低く、仮にそれを認めたとしても、そこに説かれる仏身説自体が『法華経論』『十地経論』と同一の思想であって、『論註』の有する二種法身説と相容れないものであるとしている。㈣世親の仏身論の影響については、『論註』が世親『往生論』の註釈である以上、その影響があることは当然のこととしている。

（4）大正蔵三八、三四三頁上。
（5）大正蔵三八、三六〇頁上。
（6）大正蔵三八、三六二頁下。
（7）大正蔵四〇、八四一頁中。
（8）三桐慈海「浄土論註法身説の背景」（『大谷学報』四一－四、一九六二年）六〇―六九頁。
（9）木村英一編『慧遠研究』遺文篇（以下『遺文』と略す）、創文社、一九六〇年、六頁。
（10）『遺文』一五頁。
（11）『遺文』六頁。
（12）『遺文』五頁。
（13）『遺文』六頁。
（14）『遺文』六頁。
（15）『遺文』九頁。
（16）『遺文』一三頁。
（17）武内紹晃「二種法身についての一試論」（石田充之博士古希記念論文集刊行会編『浄土教の研究』永田文昌堂、一九八二年、一三九―一五一頁、以下「武内論文」と略す）。なお『宝性論』は如来蔵思想を代表する論書といわれるが、『宝性論』に説かれる三身説は『大乗荘厳経論』『摂大乗論』に説かれる三身説を受けていると武内氏自身が指摘している。これを踏まえ、武内・相馬両氏の説を「②唯識経論に依拠した三身説を思想背景とする説」としてここでは用いることとする。
（18）前掲武内論文、一四三頁。
（19）前掲武内論文、一四七頁。
（20）相馬一意「往生論註の唯識学的源泉」（『印仏研』四二－一、一九九三年）、同「論註以前の唯識典籍における仏身説」（『行信学報』九、一九九六年）、同「菩提流支訳経論における仏身説」（『印仏研』四五－一、一九九七年）、同「往生論註に見られる仏身説」（渡邊隆生還暦記念『佛教思想文化史論叢』永田文昌堂、一九九七年）等。

(21)「②唯識経論に依拠した三身説を思想背景とする説」を掲げる相馬一意氏は、四論宗について、「高僧伝等における四論の研究者」(『行信学報』一三、二〇〇〇年)、「高僧伝等における四論の研究者(2)」(『行信学報』一四、二〇〇一年)などの論文において『続高僧伝』等の記述を整理し、「四論宗」の実在について否定的な立場を示している。確かに筆者も、当時、「四論宗」と自称する集団がいたとは考えていない。しかし当時北地において道長が『智度論』を講ずるなど(『続高僧伝』)、いわゆる「四論」を学ぶ集団は存在したのではないかと考える。

(22) 大正蔵五〇、四二九頁上。

(23) 大正蔵五〇、四八八頁上。

(24) 大正蔵五〇、四八九頁下。

(25) 幡谷明『曇鸞教学の研究—親鸞教学の思想的基盤—』同朋舎出版、一九八九年、五四—五九頁。

(26) 大正蔵四〇、八四一頁中。

(27) 大正蔵四〇、八四一頁中。

(28) 牧田諦亮氏の研究によれば「羅什・慧遠の大乗深義についての、十八科の問答が『大乗義章』または『大乗大義章』の名で呼ばれるのは、おそらくは奈良朝以降、何人かによってわが国に将来されて以後のことであろう」とされる。すなわち曇鸞は『大乗義章』、または『大乗大義章』の名を有する羅什と慧遠の問答の書はみることがなかったのである。しかし、開皇一七年(五九七)に選集された『歴代三宝紀』には「問大乗中深義十八科　合三巻幷羅什答」の名で、一部三巻の現行の体裁に調えられており、またすでに劉宋の明帝(四六五—四七二位)の命によって陸澄(四二五—四九四)が選集した『法論』には、のちの『大乗大義章』を構成すると思われる羅什と慧遠の書簡が収められている。このような状況のなか、『大乗大義章』が慧遠の問いに羅什が答えるという構成で、むしろ羅什の著作であるといっても過言でない状況を考えると、曇鸞がこの書に触れたという可能性も否定はできない(牧田諦亮『中国仏教史研究』一、大東出版社、一九八一年「慧遠著作の流伝」参照)。

(29)『遺文』一五頁。

(30) 香月院深励『浄土論註講義』法藏館、一九七三年、四一頁参照。

(31)『浄土真宗聖典』原典版、八〇三頁。

（32）以上の解釈は、あくまで香月院深励『註論講苑』（『浄土論註講義』）に基づくものである。

（33）『浄土真宗聖典』原典版、八〇三頁。

（34）また『一念多念文意』にも、以下のようにある。

コノ一如寶海ヨリ　カタチヲ　アラワシテ　法蔵菩薩ト　ナノリ　タマヒテ　无碍ノ　チカヒヲ　オコシタマフヲ　タネトシテ　阿彌陀佛ト　ナリタマフカ　ユエニ　報身如來ト　マフスナリ　コレヲ盡十方无碍光仏トナツケタテマツレルナリ　コノ如來ヲ　南无不可思議光仏トモ　マフスナリ　コノ如来ヲ方便法身トハ　マフスナリ　方便ト　マフスハ　カタチヲ　アラワシ　御ナヲ　シメシテ　衆生ニ　シラシメタマフヲ　マフスナリ　スナワチ　阿彌陀佛ナリ　コノ如來ハ　光明ナリ　光明ハ　智慧ナリ　智　慧ハ　ヒカリノカタチナリ

（『浄土真宗聖典』原典版、七八九頁）

ここでも『唯心鈔文意』における理解と同様に、方便法身を「報身如来」として理解している。なお「一如宝海」は法性法身を意図したものとされるが、この「一如宝海」から方便法身であり、また報身である法蔵菩薩が現れ、またその法蔵菩薩が成就して阿弥陀仏になるとされる。ここで親鸞が二種法身説を一如から法蔵菩薩・阿弥陀仏への生成の論理として用いていることを注意したい。

（35）香月院深励は、『論註』の解釈の際に、基本的には逐文解釈の形式をとる『註論講苑』において、その冒頭に「辨本論註論大意」として別出して二種法身について論じ、以下のように述べている。

この二法身二身のとりやうがわるければ論註一部のあらゆる法門のとりまわしがちがひ、安心までが相違するなり。よりてこれ又一部の大義にかゝることゆへ今文前に粗々辨じおくなり。（『浄土論註講義』四〇頁）

このように述べた後、先に提示したような親鸞の説示に基づいて二種法身について解釈を行っている。これも深励が親鸞の理解に基づいて『論註』の解釈に努めたものであるならば至極当然の見解であり、深励の護教的な立場を察すれば正しい理解であるといえよう。

（36）なお藤堂恭俊氏の理解をもとに、真宗学における広略相入ならびに二種法身説の理解の整理を行い、それらに対する批判的な考察をした稿に、曽根宣雄「『往生論註』に説かれる広略相入について—藤堂恭俊博士の解釈をめぐって—」（『佛教文化学会紀要』一〇、二〇〇一年）がある。本節は必ずしも浄土学と真宗学の宗学的な理解の相違を扱うものではないが、曽根氏が論文の註(15)に、真宗学における二種法身説の理解について「親鸞の解釈を前提にせず、純粋に『往生論註』を解釈してもこのようになるのだろうか」と述べる点は、筆者と視点を一とするところである。

(37) 大正蔵四〇、八四一頁中。

(38) 二種法身と実相身・為物身を同一と見るか否かは古来議論となるところである。この点については、拙稿「『往生論註』における実相身・為物身について」(『佛教文化研究』五三、二〇〇九年)参照。

(39) 「諸仏菩薩」の解釈について香月院深励は以下のように述べている。

初に諸佛菩薩と宣ひたは言惣意別と云ふもので、この二法身のことは諸佛菩薩へも通ずることがあるゆへ、言は惣じて諸佛菩薩と宣ふけれども、意は詮ずる所彌陀一佛を明かし給ふなり。(『浄土論註講義』四〇頁)

このように「諸仏菩薩」について阿弥陀仏一仏に帰し、二種法身説を阿弥陀仏の仏身論として扱っている。また、『真宗百論題』を参考とするに、同じく「諸仏菩薩」の解釈について、得法院寛寧が、

諸佛とは果上の彌陀なり、菩薩とは因位の法藏なり(『真宗叢書』二、五四六頁)

と述べ、また専精院鮮明が、

諸佛即彌陀菩薩是れ法藏なるべし(同五五七頁)

と述べているように、菩薩を法蔵菩薩として理解しているが、いずれも「諸仏菩薩」について阿弥陀仏一仏としてとらえることに異論はないようである。

(40) すでに引用を行った「浄入願心」のほかに、巻上「八番問答」第五問答中(大正四〇、八三四頁中)、巻下「起観生信」礼拝門中(同、八三五頁下)、同「観行体相」一切所求満足功徳成就中(同、八三八頁中)、同「観行体相」口・心業功徳成就中(同、八三九頁中)に用例がみられる。

(41) 大正蔵四〇、八三八頁中—下。

(42) このような阿弥陀仏の浄土の存在を、此土と彼土の二世界観から単に彼土ととらえるのではなく、阿弥陀仏の浄土のほかに諸仏の浄土の存在を認識したことは、『大智度論』の仏国土観に影響を受けたものと思われる。本書第六章第一節「曇鸞の往生思想の背景とその形成」を参照。

(43)大正蔵四〇、八三三頁中。
(44)大正蔵四〇、八二七頁下。
(45)大正蔵四〇、八二八頁中―下。
(46)大正蔵四〇、八三八頁下。
(47)大正蔵四〇、八二七頁中―下参照。
(48)大正蔵四〇、八三九頁中。
(49)大正蔵四〇、八四三頁下。
(50)大正蔵四〇、八四二頁下。
(51)大正蔵四〇、八四〇頁中。
(52)大正蔵四〇、八四二頁中。
(53)大正蔵二五、四一八頁中。
(54)大正蔵四〇、八四一頁中。
(55)大正蔵四〇、八四一頁中。
(56)大正蔵四五、一五〇頁下。
(57)香月院深励『浄土論註講義』六二九―六三〇頁等。
(58)本節冒頭の『唯心鈔文意』、ならびに前掲註(35)所引の『一念多念文意』を参照。
(59)近年、隋代以降の阿弥陀仏身論について論じた稿に、柴田泰山『善導教学の研究』(山喜房佛書林、二〇〇六年、第九章「阿弥陀仏論」)、曽和義宏「阿弥陀仏の仏身規定をめぐって」(『浄土宗学研究』二六、二〇〇〇年)等がある。以下、これら研究を参考とした。
(60)藤田宏達『原始浄土思想の研究』岩波書店、一九七〇年、五〇八頁。
(61)平川彰「浄土教の成立の問題」(平川彰著作集七『浄土思想と大乗戒』春秋社、一九九〇年)。なお、同巻所収の別論文においても同様の検討が行われている。
(62)同論文、一一〇頁。

(63) 同論文、一一一頁。
(64) 同論文、一一二―一一三頁。
(65) 大正蔵一二、二六七頁中。
(66) このうち一例は、宋・元・明の三版、ならびに流布本においては「厳浄国」と記されている。
(67) 大正蔵二六、二三二頁上。
(68) 大正蔵四〇、八三八頁下。
(69) 大正蔵四〇、八三八頁下。
(70) 岩本裕『日本佛教語辞典』平凡社、一九八八年、四四〇頁。
(71) 瓜生津隆真訳『十住毘婆沙論Ⅰ』(新国訳大蔵経一四)大蔵出版、一九九四年、「解題」参照。
(72) 大正蔵二六、三一頁中。
(73) 大正蔵二六、三二頁上。
(74) 大正蔵二六、三二頁下。
(75) 大正蔵二六、三二頁下。
(76) 大正蔵一二、二六八頁上。
(77) 大正蔵一二、二七〇頁中。
(78) 大正蔵二六、三二頁下。
(79) 大正蔵一二、二六九頁上。
(80) 大正蔵二六、三二頁下。
(81) 大正蔵一二、二六八頁下。
(82) 大正蔵二六、三二頁下―三三頁上。
(83) 大正蔵一二、二六八頁下。
(84) 大正蔵二六、三三頁上。
(85) 大正蔵一二、二六八頁上。

(86) 大正蔵一二、二七二頁中。
(87) 大正蔵二六、三三頁上。
(88) 大正蔵一二、二六八頁上。
(89) 大正蔵二六、三三頁上。
(90) 大正蔵二六、三三頁中。
(91) 大正蔵一二、二六八頁上。
(92) 本書第五章第一節「難易二道と他力」を参照。
(93) 大正蔵二六、四一頁上。

第四章　菩薩道と願生者

第一節　平等法身の菩薩と未証浄心の菩薩

第一項　問題の所在

『往生論註』（以下『論註』と略す）巻下「観行体相」に、世親『往生論』に説示される「平等法身」と「未証浄心」の二種の菩薩について註釈される。この二種の菩薩について曇鸞の解説を確認すれば、「平等法身」の菩薩とは、

平等法身者、八地已上法性生身菩薩也。(1)

とあるように「八地以上の法性生身の菩薩」であり、「未証浄心」の菩薩とは、

未證浄心菩薩者、初地已上七地已還諸菩薩也。(2)

とあるように「初地以上七地以前の諸菩薩」である。

この「平等法身」と「未証浄心」の二種の菩薩に関する研究として、以下のものを挙げることができる。

山口益氏は、『法法性分別論』に説かれる「第二地等の未浄の六地と第八地等の浄の三地」を典拠に、その第二地から第七地までは未浄であり、第八地から第十地までは浄であるとする理解は、『論註』と同じくするものであると指摘している(3)。

また、舟橋一哉氏は、「未証浄心」の読みを一般的な「未だ浄を証ぜざる心」と読むのではなく、「証浄」と読むべきであると指摘して、その原語が『阿含経』の「不壊浄」と合致することを指摘している。そしてそれを踏まえ、仏・法・僧の三宝に対する浄信と、第四として聖戒成就を合して「四不壊浄」とする『阿含経』の説示、すなわち、アビダルマ・小乗仏教時代に至ると「四証浄」と称される説示と関連させて、その理解を試みている(4)。

これらの研究はいずれも示唆に富むものといえるが、曇鸞における理解を離れ、世親『往生論』における理解という面が強いように思われる。また、あくまで「未証浄心」の語句に対する原義の解釈が中心であって、必ずしも曇鸞におけるこの二種の菩薩の関係に関するものではない。

そこで本節では、この二種の菩薩に対して、『往生論』には説示されない「十地」の階位の規定を行った曇鸞の特徴的な解釈の意図、ならびにその二菩薩と往生行との関わりについて検討してみたい。

第二項　菩薩の階位の進趣について

曇鸞は「未証浄心」の菩薩について、先述のとおり「初地以上七地以前の諸菩薩」であるとしている。そしてこの菩薩について、

此菩薩、亦能現㆑身、若百、若千、若万、若億、若百千万億無佛國土施㆓作佛事㆒、要須㆓作心㆒入㆓三昧㆒、乃能非

レ不二作心一。以二作心一故、名為二未得淨心一。(5)

と述べ、「未証浄心」の菩薩の修する行業について示している。ここで述べられる「作心」の行業については後で検討を行うこととし、次に「未証浄心」の菩薩から八地以上の「平等法身」の菩薩への進趣に関して曇鸞は、

此菩薩、願レ生二安樂淨土一、即見二阿彌陀佛一。見二阿彌陀佛一時、與二上地諸菩薩一畢竟身等法等。龍樹菩薩、婆藪槃頭菩薩輩、願レ生レ彼者當レ為レ此耳。(6)

と述べて、この菩薩が安楽浄土に生じたのち、阿弥陀仏を見ること（見仏）によって、上地の菩薩と身も法も等しくなるとし、龍樹菩薩や世親（婆藪槃頭）菩薩が浄土に往生したいと願うのもこの点にあるとしている。曇鸞はここで、未証浄心の菩薩が見仏によって上地の諸菩薩、すなわち、「平等法身」の菩薩と等しくなるとしている。

この「平等法身」の菩薩とは、先述のとおり、「八地以上の法性生身の菩薩」である。この菩薩について曇鸞は、

此菩薩得二報生三昧一、以二三昧神力一、能一處一念一時遍二十方世界一、種種供二養一切諸佛及諸佛大會衆海一、能於下無量世界無二佛法僧一處上、種種示現、種種教化、度二脱一切衆生一常作二佛事一。初無二往來想・供養想・度脱想一。(7)

と述べ、浄土への往生の後「報生三昧」を得て、その三昧力によって、「往来」「供養」「度脱」といった仏事を成就しようとする想いもなく、自然に行ってしまう境地に入るとしている。したがって、先の「未証浄心」の菩薩が入る三昧の境地とは、この「報生三昧」というの境地であることが確認される。

以上のように曇鸞はこの二種の菩薩について述べ、『往生論』の本文に、

即見二彼佛一、未證淨心菩薩畢竟得レ證二平等法身一。與二淨心菩薩一、與二上地諸菩薩一、畢竟同得二寂滅平等一故。(8)

とのみあるところを、『往生論』には説示されていない「十地」の階位によってその規定を行っている。

しかし、そのような「十地」の規定を行ったにもかかわらず、

問曰。案二十地經一、菩薩進趣階級漸有二無量功勲一。径逕二多劫數一然後乃得レ此。云何見二阿彌陀佛一時、畢竟與二上地諸菩薩一身等法等耶。(9)

と述べ、『華厳経』「十地品」などにみられるように、菩薩階位の進趣は、多劫をかけて次第に得てゆくものにもかかわらず、何故に阿弥陀仏を見ることによって畢竟じて上地の菩薩と等しくなってしまうのか、という問いを設け、それに対して、後に述べられる、

言二十地階次一者、是釋迦如來、於二閻浮提一、一應化道耳。他方淨土、何必如レ此。(10)

との言葉に端的に表されているように、「十地」の階位とは、あくまでも娑婆における化道であって、他方浄土に往く場合は必ずしもそうではないとしている。したがって、この二種の菩薩に対して「十地」の階位の規定を行ったにもかかわらず、そこにはあまり意味を見いだしていないのである。では、何故に曇鸞は『往生論』に説示されていない「十地」の規定をしなくてはならなかったのであろうか。

第三項　十地の規定の意図

「十地」に関する一般的な理解は、『華厳経』「十地品」に、

菩薩、從二初地一乃至二第七地一、成二就智功用分一。以二此力一故、從二第八地一乃至二第十地一、無功用行、皆悉成就。(11)

と説かれるように、七地以前においては無想観を修することができず、身口意の動作を用いて行じてしまう状態を「功用」とし、八地以上の身口意の動作を用いることなく自然のままに行ずる状態を「無功用」とするのが代表的な理解である。

また「七地沈空の難」のように、上に菩提を求めるべくもなく、下に救うべき衆生もない、深く空に達してしまい空から脱することのできない七地の菩薩が、十方の諸仏の勧めによって八地へと進趣するという場合も、その第七地から第八地への進趣の特異性を示すものといえる。もちろん、曇鸞が、直接、このような諸説によって二種の菩薩を分別したとは考えられないが、それがこのような菩薩の階位に関する議論のうえに立っていることは間違いない。

では、曇鸞が先述のような二種の菩薩に対して十地の規定を行う際に、いかなる経論によったのであろうか。その典拠特定の一助として曇鸞の「平等法身」の菩薩の説示中にみられる「報生三昧」の語句の存在を指摘することができる。この「報生三昧」は、すでに先学によって『摩訶般若波羅蜜経』(以下『大品般若』と略す)ならびにその釈文にあたる『大智度論』がその典拠として指摘されている。[12]『大品般若』『大智度論』には三種の十地説が説かれ、

㈠発趣品に説く無名の十地。

㈡序数による十地、すなわち初地または第十地。(『大智度論』によれば「但菩薩地」)

㈢乾慧地等の十地。(『大智度論』によれば「共地」)

と類別されるが、[13]このうち㈠の「発趣品に説く無名の十地」の八地の説示中にこの「報生三昧」が言及される。この『大品般若』「発趣品」において、第八地に住す菩薩が具足すべき五法としてさらに二種を挙げている。そのうちの後者において、⑴知上下諸根、⑵浄仏世界、⑶入如幻三昧、⑷常入三昧、⑸随衆生所応善根受身、の五種を挙げるが、そのなか、⑷の「常に三昧に入る」状態を『大品般若』では「報生三昧」としている。この常入三昧について『大智度論』の釈文を確認すると、

常入三昧者、菩薩得二如幻等三昧一、所役心能有二所作一、今轉レ身得二報生三昧一。如三人見レ色、不レ用二心力一、住二是三昧中一、度二衆生一安隱、勝レ於二如幻三昧一、自然成レ事、無レ所二役用一。[14]

とあり、如幻三昧、すなわち幻人が一所において世界に遍満するように、十方世界に変化して、布施等を行じ、法を説いて教化して、一切の利益を成就させてしまう状態を菩薩が得たのち、さらに、報生三昧を得て、如幻三昧よりも安らかに衆生を救い、また、自然に事を成就して現に動くことのない状態となるという。

この「報生三昧」の境地とは、「八地以上の身口意の動作を用いることなく自然のままの状態」である先の「無功用」と同じ状態ともいえるが、ここで注意したいのは、いずれの状態にあったとしても、それを『大品般若』『大智度論』にみられる「報生三昧」の語句を用いて説示をしていることであり、また、管見の及ぶかぎり、この「報生三昧」の語句が『大品般若』『大智度論』のほかにみられず、曇鸞が「十地」の説示をする際に、これら経論を典拠としたことが推察される点である。

このように「報生三昧」の典拠と考えられる『大品般若』『大智度論』であるが、一方、『大品般若』「発趣品」の冒頭において、

汝問、云何菩薩摩訶薩大乘發趣。若菩薩摩訶薩、行二六波羅蜜一時、從二一地一至二一地一、是名二菩薩摩訶薩大乘發趣一。[15]

と説いて、菩薩は修行を行う時、一地から一地へと進んでゆくことが大乗における発趣であるとし、また、『大智度論』においても同様に、

問曰。應レ答二發二趣大乘一、何以説レ發二趣地一。

答曰。大乘即是地。地有二十分一。從二初地一至二二地一。是名二發趣一。[16]

と問答を設け、十地の階位を順に進んでゆくことが大乗の発趣であるとしている。したがって、『大品般若』『大智度論』のいずれにおいても、「発趣品」に説かれる「十地」とは、漸次階位を進むものであるとの一般的な理解がなされており、その階位の進趣は、見仏により畢竟じて八地以上の菩薩である「平等法身」の菩薩と等しくなるという、曇鸞の特異な理解と相容れるものではない。

ここで、曇鸞が二種の菩薩に対して『往生論』に説示されない「十地」の規定を行い、また、『大品般若』『大智度論』を典拠として、平等法身の菩薩を「報生三昧」の境地とした意味について考えてみると、曇鸞が「十地」の階位を娑婆における化道であるとしてその価値を重視しない立場であることを考慮すれば、平等法身の菩薩を「十地」のなか八地の境地である「報生三昧」とすることを意図して「十地」の規定を行ったものと推察される。このことは、同じく『論註』巻下「観行体相」のなか「観菩薩」の功徳の第一に、

八地已上菩薩常在㆓三昧㆒、以㆓三昧力㆒身不㆑動㆓本處㆒、而能遍至㆓十方㆒供㆓養諸佛㆒教㆓化衆生㆒。(17)

と述べるように、八地以上の菩薩を指して「報生三昧」の語こそ用いてはいないが、「報生三昧」と同様の内容を説示していることからも了解される。すなわち、曇鸞はその「十地」の階位の規定について意義を見いだしたのではなく、その階位の菩薩が得る境地の内容に着目して「十地」の規定を行い、「平等法身」の菩薩の境地がいかに高い境地であるかを意図して、「十地」中の八地に説示される「報生三昧」の表現を用いたものとするのが妥当である。

第四項　往生行における二菩薩の位置づけ

以上のようなことを意図して「十地」の規定を行ったものと考えられるが、仮にそれが認められるとすれば、ここで、ただ曇鸞が『往生論』の原義の解釈を行い、平等法身が高い境地であることを示したのみとは考えにくい。つまり、そこにはそれなりの意図があったと考える方が妥当であろう。以下、そのような点を意識しつつ、再度、未証浄心の菩薩から平等法身の菩薩への進趣について整理を行いたい。

未証浄心の菩薩の行うべき行業は、先にも指摘したように「作心」である。この「作心」について、香月院深励は「造作分別の心」という、諸仏の世界に至って衆生を化益したいという心であるとしており(18)、また早島鏡正・大谷光真両氏が「意を注ぎ精励」することと現代語訳を行っている(19)。確かに前後の文脈から推察するにそのような解釈は適当であると思われる。しかし、この「作心」の実践を、再度、『論註』全体における実践体系のなかに還元して考えると、具体的には五念門のなか「観察門」の毘婆舎那の実践を意図したものと考えられる。

『論註』巻下「起観生信」のなか、曇鸞は毘婆舎那について二義を挙げている。第一義は、

一者、在レ此作レ想、観二彼三種荘嚴功徳一。此功徳如實故、修行者亦得二如實功徳一。如實功徳者、決定得レ生二彼土一。(20)

とあるように、此土にあるものが三種の荘厳相を観察すれば、その功徳によって彼の土に往生することができるとするものであり、第二義は、

二者、亦得レ生二彼淨土一、即見二阿彌陀佛一。未證淨心菩薩、畢竟得レ證二平等法身一。與二淨心菩薩一、與二上地菩薩一、畢竟同得二寂滅平等一。(21)

とあるように、彼土に往生を得て、阿弥陀仏を見れば未証浄心の菩薩が平等法身の菩薩となり寂滅平等を得る、とするものである。曇鸞における「奢摩他」「毘婆舎那」の実践が「往生以前」「往生以後」におよび、その行が往生

を前後して連続することは後章に詳説するが[22]、未証浄心の菩薩から平等法身の菩薩への進趣を、ここで「毘婆舎那」の実践によって得られる状態として挙げていることを考慮すると、先の「観行体相」における「作心」の実践においても、具体的には「毘婆舎那」の実践を意味するものと考えられる。

このように未証浄心の菩薩は「作心」、具体的には「毘婆舎那」の実践によって三昧に入るとするが、未証浄心の菩薩から平等法身の菩薩への進趣において、「奢摩他」「毘婆舎那」の場合のように行の連続性という側面こそみることはできないものの、そこに「往生以前」ならびに「往生以後」との面は適用される[23]。

曇鸞は、未証浄心の菩薩の解釈中に、

此菩薩願㆑生㆓安樂淨土㆒、即見㆓阿彌陀佛㆒。見㆓阿彌陀佛㆒時、與㆓上地諸菩薩㆒畢竟身等法等[24]。

と述べている。ここでは、菩薩は往生ののち、阿弥陀仏を見て（見仏）、未証浄心の菩薩は上地の菩薩と、身も法も等しくなるとしている[25]。この上地の菩薩については、具体的にいかなる階位にあるか古来異論のあるところであるが、いずれにしても七地以上とみることには変わりなく、ここに未証浄心の菩薩が、「往生以後」に「八地以上の法性生身の菩薩」である平等法身の菩薩となるとみることができるのである。

以上のことから、未証浄心の菩薩から平等法身の菩薩への進趣において、「作心（＝毘婆舎那）」の実践において三昧に入るという『論註』の実践体系における菩薩の様相をみることができ、また、「往生以後」の菩薩を平等法身の菩薩、「往生以前」の菩薩を未証浄心の菩薩として意識して、この二種の菩薩の解釈を行ったものと推察されるのである。

第五項　菩薩の階位と往生行

従来、『論註』全体の説示から乖離した形で議論された傾向のあるこの二種の菩薩であったが、曇鸞においては、それぞれが「往生以前」ならびに「往生以後」という『論註』の実践体系における菩薩の様相を表すものであるといえる。また、その未証浄心の菩薩の行うべき行業である「作心」が、五念門中の「毘婆舎那」の実践と共通するものであるが、この点に関しても、その実践があくまで往生を目的とした実践の一端であることを、この二種の菩薩間の進趣からみることができよう。

また、未証浄心の菩薩が平等法身の菩薩となった際の境地である「報生三昧」から、その典拠が『大品般若』『大智度論』に求められ、それを典拠に平等法身の菩薩が「報生三昧」の境地にあることを示そうとするために、『往生論』にはない「十地」に関する説示を行ったものと推察した。しかし、このことは先に明らかになったようにこの一段が菩薩の往生の姿を表すものであって、またその往生によって得られる境地を『大品般若』『大智度論』のみにしか説かれない「報生三昧」の語を用いて表していることを考慮すると、曇鸞にとって阿弥陀仏の浄土への往生とは八地の「無功用」の状態を得ることを意味し、なおかつその往生行自体を菩薩行として認識していたことを示すものであろう。また、『大品般若』『大智度論』に説示される「報生三昧」を以て菩薩の往生以後の状態と理解していたことは、曇鸞が自らの往生思想を体系化する際、多分にそれら経論を意識していたことを示すものといえよう。この曇鸞の往生思想と『大品般若』『大智度論』に代表される羅什訳系経論の関わりについては後章において検討することとする(26)。

第二節　『往生論註』における修道体系——願生者の分類を中心に——

第一項　問題の所在

曇鸞の『論註』には弥陀浄土への往生を願う者（以下「願生者」と呼ぶ）について多く言及されるが、その願生者に対する規定は必ずしも一様でない。

浄土経典を見渡すと、願生者についてその機根や実践内容によって分類が行われ、『無量寿経』には「三輩」、また『観無量寿経』（以下『観経』と略す）には「九品」が提示される。曇鸞はこのうち、三輩についてはわずか一箇所に言及するのみで、『論註』全体の説示を見渡すと願生者の分類については主として九品説により、さらにこのうち上品生と下品下生の二種に願生者を大別し、論旨を展開している。

本節では、この二種の願生者各々の具体相とその実践内容について整理し、上品生と下品下生の二種の分類に関する曇鸞の意図とその意味について考察してゆきたい。また、往相と還相の二種回向に代表されるように、曇鸞の修道の体系は、此土のみにとどまらず彼土においても連続することを前提に構築される[27]。このような一連の往生行のなか、「往生以前」であるこの二種の願生者がいかなる存在として位置づけされるのか、併せて検討を行ってゆきたい[28]。

第二項　下品下生の願生者とその説示意図

一、下品下生の願生者と凡夫

曇鸞は下品下生の願生者についていかなる理解を示しているのであろうか。ここではまず『論註』巻上「八番問答」の第一問答を通じて検討してみたい。

この第一問答は、以下に示す、曇鸞によって回向門と規定された『往生論』の「願生偈」の最終行の記述によって導き出されたものである。

我作レ論説レ偈　願見二彌陀佛一　普共二諸衆生一　往二生安樂國一(29)

ここで世親は「願生偈」の締めくくりにあたって、自らが、阿弥陀仏にまみえ、すべての衆生とともにその浄土へ往生したいとの願いを表している。第一問答は、この記述のなかにみられる「衆生」とはいかなる者を指すのかについて自問するものである。その問答を示せば以下のとおりである。

問曰。天親菩薩迴向章中、言下普共二諸衆生一往中生安樂國上、此指レ共二何等衆生一耶。

答曰。案二王舍城所説無量壽經一、佛告二阿難一、十方恒河沙諸佛如來、皆共稱二嘆無量壽佛威神功徳不可思議一、諸有衆生聞二其名號一、信心歡喜、乃至一念、至心迴向、願レ生二彼國一、即得二往生一、住二不退轉一。唯除二五逆誹謗正法一。

案レ此而言、一切外凡夫人、皆得二往生一。

又、如二観無量壽經一、有二九品往生一。下下品生者、或有二衆生一、作二不善業五逆十悪一具二諸不善一、如レ此愚人、以二

悪業一故、應下墮二悪道一、經二歴多劫一、受レ苦無レ窮。如レ此愚人、臨二命終時一、遇下善知識種種安慰爲説二妙法一、教
令中念佛上。此人苦逼不レ遑二念佛一。善友告言、汝若不レ能レ念者、應レ稱二無量壽佛一。如レ是至レ心令二聲不レ絶、具二
足十念一、稱二南無無量壽佛一。稱二佛名一故、於二念念中一、除二八十億劫生死之罪一、命終之後見二金蓮華一。猶如二日輪一
住二其人前一、如二一念頃一、即得三往二生極樂世界一。於二蓮華中一、滿二十二大劫一、蓮華方開。觀世音・大勢至、以二大
悲音聲一、爲レ其廣説下諸法實相除二滅罪一法上。聞已歡喜、應レ時則發二菩提之心一。是名二下品下生者一。
以二此經一證、明知。下品凡夫、但令下不三誹二謗正法一、信佛因縁皆得中往生上。[30]

ここで「願生偈」が示す衆生について明らかにするに際して、『無量寿経』と『観経』を経証として挙げ、前者によれば「一切の外凡夫人」、後者によれば誹謗正法の者を除く下品下生者に至るまで、すべての者が往生することができる（得生）と説示している。

『論註』内における下品下生の具体相の説示は、ここで『観経』の経文をほぼ異同なく引用したなかに示される、五逆と十悪の不善の業を犯した者として規定されるのみである。また『論註』全体を見渡しても先に引用した箇所以外にその具体相を示すものはなく、曇鸞の理解はその引用内容を以て察するほかない。ただし、ここで注目すべきは傍線を記したとおり、曇鸞が経文の引用の後に、この下品下生の者をして凡夫と規定していることであろう。すなわち、この凡夫に対する説示を通じて、曇鸞の意図した下品下生の願生者の具体相についてみてゆくことができると考えられる。

そこで次に、その凡夫に対する曇鸞の理解について、『論註』巻上の次の問答を通じて確認してゆきたい。

問曰。大乘經論中、處處説三衆生畢竟無生如二虚空一。云何天親菩薩言二願生一耶。
答曰。説三衆生無生如二虚空一、有二二種一。

一者、如二凡夫所レ謂實衆生一。如二凡夫所レ見實生死一。此所見事、畢竟無二所有一如二龜毛一如二虚空一。
二者、謂諸法因縁生故、即是不生。無二所有一、如二虚空一。天親菩薩所レ願生者、是因縁義。因縁義故、假名生。非レ如二凡夫謂レ有二實衆生實生死一也。(31)

ここで曇鸞は、「願生偈」において世親が浄土への往生の願意を述べるのに対し、大乗の経論においては「生」を否定する「無生」が説かれており、往生そのものが、それら経論の説示に逸脱するのではないか、との問いを設けている。そしてそれに対し、往生を意図する際の「生」とは、「仮名の生」と名付けられるように、その「生」は諸法が因縁生起する際の「生」と同義であると答えている。この論説のなか、「仮名の生」と相反する存在として凡夫が説かれており、傍線を付したとおり、衆生を実体のあるものと理解し、なおかつ実体あるその衆生の生死と同じ実体的な「生」と理解する者として凡夫が規定されている。

四論と呼称される般若系の思想を学んだ曇鸞は、『論註』内においてこのような実体として存在する事物や事象を一貫して否定しており、その対象が真実か否かについて判断を加える際も、寂滅である涅槃の境地に通ずる法性に適うものか否かをその基準としている。(32)

曇鸞は、他の所においてそのような論説を行うとともに、凡夫については以下のようにも述べている。

眞實功徳相者、有二二種功徳一。
一者、從二有漏心一生不レ順二法性一。所謂、凡夫人天諸善、人天果報、若因、若果。皆是顚倒。皆是虚僞。是故、名二不實功徳一。
二者、從二菩薩智慧清淨業一起莊嚴佛事、依二法性一入二清淨相一。是法不二顚倒一不二虚僞一、名爲二眞實功徳一。云何不二顚倒一。依二法性一順二二諦一故。云何不二虚僞一。攝二衆生一入二畢竟淨一故。(33)

ここで、真実の功徳とは法性に適ったものであり、二諦にも随順しているため、顚倒することはなく、なおかつ衆生を救いとって、最後には清浄ならしめるため、虚偽となることはない。この真実の功徳に対し不実の功徳とは、煩悩ある心より生じ、なおかつ法性に随順していないものをいう。したがって凡夫や人天の諸々の善行等は、顚倒しており、虚偽なるものであるとしている。

ここに説かれる真実の功徳とは、具体的には阿弥陀仏とその浄土の清浄功徳相を意図したものであるが、それに対し、煩悩ある心より生じ、なおかつ法性に随順していない凡夫の善行はそれと対極にあるものとみることができよう[34]。

二、下品下生の願生者の実践行

では、その下品下生である凡夫に求められる実践行として、曇鸞はいかなるものを求めているのであろうか。先の第一問答から始まる「八番問答」の内容を大別すると、第一問答から第五問答までは下品下生を含めたすべての者が往生することについて述べられ、さらにそれに付随した問題として逆謗除取に関連する問答がなされている。それに続く、第六問答から第八問答にかけて、この下品下生者の十念による往生と、その十念の内容に関連する問答が示されている。このうち第六問答には以下のように述べている。

問曰。業道經言、業道如レ秤、重者先牽。如二観無量壽經言一、有レ人造二五逆十惡一、具二諸不善一應下墮二惡道一、經二歴多劫一受中無量苦上。臨二命終時一、遇二善知識教一稱二南無無量壽佛一。如レ是至レ心令二聲不レ絶、具二足十念一、便得三往二生安樂淨土一。即入二大乘正定之聚一畢竟不レ退、與二三塗諸苦一永隔。先牽之義於レ理如何。又、曠劫已來、備造二諸行一。有漏之法、繋二屬三界一。但以三十念、念二阿彌陀佛一、便出二三界繋業一之義復欲二云何一。

答曰。汝謂二五逆十悪繋業等一爲レ重、以二下下品人十念一爲レ輕。應下爲レ罪所レ牽、先墮二地獄一繋中在三界上者。今當下以レ義校中量輕重之義上。在レ心、在レ縁、在二決定一。不レ在二時節久近多少一也。(35)

ここで、第一問答に示される『観経』「下品下生」の経文内容をうけて、五逆と十悪を犯した下品下生の者も十念の実践により、「大乗正定の聚」に入ることができるとしながらも、はたしてそのような造罪の者が十念によって三界を出ずることができるのか、との問いを設け、それに対する答えとして、この引用の後に示される、在心、在縁、在決定のいわゆる「三在釈」によってその実効性を強調している。

その十念の内容とは、「在縁」について述べるなかに、

此十念者、依二止無上信心一、依二阿彌陀如來方便莊嚴眞實清淨無量功德名號一生。(36)

とあるように、「無上の信心」を心にとどめて、阿弥陀仏の清浄功徳を有する名号によって往生することをいう。(37)

また、第七問答に一念はいかなる時間を意味するか問うなかで、

但言、憶二念阿彌陀佛若總相若別相一、隨二所觀縁一、心無二他想一、十念相續、名爲二十念一。但稱二名號一、亦復如レ是。(38)

と述べるように、阿弥陀仏の総相と別相を、他想することなく専一に憶念することが十念であるとし、その時間の長短については第六問答の問中に示されるように、称名の場合も同様であるとしている。(39)

三、下品下生の願生者と凡夫の位置づけ―他力との関わり―

以上の整理から導き出される下品下生の願生者と凡夫とは、諸々の善行を修してもそれらがみな顛倒し、虚偽となってしまうにもかかわらず、十念の実践によって得生する者となる。では、『論註』の註釈作業からみられる曇

鸞の意図した願生者について考える場合、そのような、下品下生の願生者や凡夫の存在とはどのように位置づけられるのであろうか。

この点については、曇鸞は諸々の善行を修してもそれらがみな顚倒の業となってしまうような凡夫も、得生からはかけ離れた存在ではなく、むしろ主として下品下生の凡夫の得生を意図していたものと考えられる。それは以下のような点から説明することができる。

『論註』冒頭、難易二道の説示中、易行道について以下のように述べている。

易行道者、謂但以二信佛因縁一、願レ生二浄土一、乘二佛願力一、便得レ往二生彼清浄土一、佛力住持即入二大乘正定之聚一。正定即是阿毘跋致。譬如二水路乘船則樂一。(40)

この易行道の説示は、『往生論』に対する逐文解釈の形式をとる『論註』において、『往生論』の本文と関連なく述べられ、また、著作の冒頭に記されていることからも『論註』全体における実践行の指針となるものである。そしてその易行道に先立つ難行道の説示中において、阿毘跋致を求めるのに五種の難があるとして、その最後に他力によっていないことを強調しているが、それと対応するように、この易行道の説示のなかには「仏の願力に乗じて」もしくは「仏力住持して」とみられるように、他力によることを強調している。(41)

曇鸞はこのように他力を強調しながら、必ずしもその語を多用しないが、わずかにみられる用例を示すと以下のとおりである。

當三復引レ例示二自力他力相一。如下人畏二三塗一故、受二持禁戒一。受二持禁戒一故、能修二禪定一。以二禪定一故、修二習神通一。以二神通一故、能遊中四天下上。如レ是等、名爲二自力一。又如下劣夫跨レ驢不レ上、從二轉輪王行一、便乘二虚空一、遊二四天下一、無レ所二障礙一。如レ是等名爲二他力一。(42)

ここで自力について、持戒・禅定・神通を修することにより四天下をめぐる様子に譬えるのに対し、他力については、劣夫が驢馬《ろば》に跨っても上がることはないが、転輪聖王の行列に従えば虚空に乗じて四天下をめぐることができる様子に譬えている。この他力の譬えに示される「劣夫」とは凡夫を意図したものと考えられるが(43)、ここで他力を説示するにあたりその主格を凡夫（＝劣夫）としていることが注意される。

それは後述するように、阿弥陀仏の本願力、および威神力である他力によることは、必ずしも下品下生の凡夫に限られるのではなく、曇鸞にとってはすべての願生者に共通する必須事項と考えられるのである。それにもかかわらず、他力を論説するうえで、劣った者であるがゆえに転輪聖王の力によるとの説示をみると、曇鸞は他力によることを意図した願生者として、多分に下品下生の凡夫を意識していたと考えられるのである。

以上を整理すると、下品下生の願生者とは、凡夫に関する理解を通じて示されるように、三界に繫属し、なおかつ「仮名の生」について理解することができない存在となる。しかし、そのような下品下生の凡夫も十念の実践によって得生が可能となるのであり、同時に曇鸞自身もこの『論註』内において下品下生の凡夫の存在を主たる願生者として想定していたと考えられるのである。

第三項　上品生の願生者とその説示意図

一、上品生の願生者とその実践行

下品下生の凡夫が曇鸞の想定する主たる願生者であり、なおかつ、その願生者は十念の実践によって往生できることが明らかになったが、ここで一つの疑念が生ずるように思う。すなわち、曇鸞の想定する主たる願生者が下品下生の凡夫であり、また、その実践が十念に限られるとするならば、『論註』における下品下生の凡夫に関連しない言及はどのような意図を有するのかという点である。

『論註』全体を見渡すと、下品下生の凡夫、ならびに十念に関する言及は極めてわずかである。それと相反するように『論註』には、『往生論』の論説に導かれて主として五念門の実践が提示されており、上下両巻にわたりその大半を占める三種二十九句の荘厳相自体も、その五念門中の作願門・観察門（奢摩他・毘婆舎那）の観察対象として説示されている。それゆえ、『論註』全体の構成をみると、五念門を中心にした実践行を体系化したものとも考えられるのである。そこでその疑問解決の手がかりとして、まず上品生の願生者に関する説示について確認してゆきたい。

上品生の願生者とは、『論註』巻下「入第一義諦」に、

上言レ知二生無生一、當二是上品生者一。[44]

と示されるように、「無生」を体得しうる者である。このなか「上に生は無生なるを知ると言う」とは、同じく「入第一義諦」の以下の文を示したものである。

云何起レ次。建章言下歸二命無礙光如來一願レ生中安樂國上。此中有レ疑。疑言、生爲二有本衆累之元一。棄レ生願レ生、生何可レ盡。爲レ釋二此疑一、是故觀二彼淨土莊嚴功德成就一。明二彼淨土是阿彌陀如來清淨本願無生之生一。非レ如二三有虛妄生一也。何以言レ之。夫法性清淨畢竟無生。言レ生者、是得生者之情耳。生苟無生。生何所レ盡。盡二夫生一者、上失二無爲能爲之身一、下湎二三空不空之痼一。根敗永亡、號振二三千一、無反無復於レ斯招レ恥。體二夫生理一。謂二之淨土一。淨土之宅、所謂十七句是也。（中略）復次此十七句非二但釋レ疑。觀二此十七種莊嚴成就一。能生二眞實淨信一必定得レ生二彼安樂佛土一。[45]

ここでは、願生といいながら「有」の根本である「生」を滅すことができるのかとの疑義に対し、その解決のために浄土の荘厳相を観察するのであると答えている。阿弥陀仏の浄土とは、仏の清浄なる本願によって建立されたものであって、また「無生」であり、凡夫が抱くような「虚妄の生」ではない。またその浄土が、さらに法性に適っていることを根拠として「無生」であることを重ねて説いている。それゆえにその「無生」の道理を悟るために十七種の仏土荘厳相を観察するのであり、それにより、浄信を生じて必ず浄土に往生することができるのであるとしている。

上品生の願生者とは、以上のような無生の道理を体得しうる者をいう。また、その上品生の者は無生の道理を悟るために観察をしなくてはならないが、これは奢摩他・毘婆舎那を行う作願門・観察門を意図したものであることに疑いはない。すなわち、上品生においては五念門の実践が求められるのである。

二、上品生の願生者と下品下生の願生者の関係

上記の引用文に限らず、これまでにみてきた『論註』の本文にも散説されるように、論理として、「無生」であり、なおかつ法性に随順していることは曇鸞の教理理解において重要な要素といえる。特にそのような姿勢は、先述のとおり、般若系の思想を学んだことに起因すると思われるが、曇鸞は、往生の問題も、仏身仏土の問題も、存在や事象が実体を有することを一貫して否定するのであり、もしそれに反することがあれば先の引用に、

大乗經論中、處處説三衆生畢竟無生如二虚空一。(46)

とあるように、無生や虚空が各所に説かれる大乗経論の教説にも相反してしまうことを意味する。

そのようなことを意図して、上品生と相反する下品下生者の得生の問題について、以下のような問答を設けてい

る。

問曰。上言レ知二生無生一、當二是上品生者一。若下下品人、乘二十念一往生、豈非レ取二實生一耶。但取二實生一、即墮二二執一。一、恐レ不二得往生一。二、恐更生二生惑一。

答、譬如下淨摩尼珠、置二之濁水一、水即清淨上。若人雖レ有二無量生死之罪濁一、聞二彼阿彌陀如來至極無生清淨寶珠名號一、投二之濁心一、念念之中罪滅、心淨即得二往生一。

又、是摩尼珠、以二玄黄幣一裹投二之於レ水。水即玄黄、一如二物色一。彼清淨佛土、有二阿彌陀如來無上寶珠一。以二無量莊嚴功德成就帛一裹、投下之於所二往生一者心水上、豈不レ能下轉二生見一、爲中無生智上乎。

又、如二氷上燃レ火、火猛則氷解、氷解則火滅。(47) 彼下品人、雖レ不レ知二法性無生一、但以下稱二佛名一力上、作二往生意一、願レ生二彼土一、彼土是無生界、見生之火自然而滅。

ここでまず、無生を知る上品生の願生者に対して下品下生の願生者は十念によって往生することができる。しかしそれは実際には実体としての「生」によってしまい、往生することはできず、なおかつ得生に迷いを生じてしまうのではないかと問うている。これに対して、浄摩尼珠を濁った水に投ずれば清らかな水となるように、阿弥陀仏の無生であり清浄なる名号、ならびに荘厳相が願生者の心中に入ることによって、造罪の心や、「生」を実体的なものとみる意識作用そのものが滅するのであり、下品下生者は「無生」を知らずとも、称名を実践して、願生の心をおこすことによって、それまでの実体としての「生」とみていたことが滅するのであると答えている。

　もちろん、ここに指される阿弥陀仏の力用は『論註』巻下に散説される三種の荘厳相の不可思議力を根拠として言及されたものであるが、ここで明らかとなるのは、下品下生の願生者においても、阿弥陀仏の力用を根拠として上品生と同様、「無生の智」を得ることが得生の条件となるということである。すなわち、曇鸞は往生の論理として、上品生の往生を基軸と考えながらも、それと並列する形で、十念の実践に基づく阿弥陀仏の不可思議力（本願力）を根拠として下品下生の得生が可能になると考えていたのではないかということである。したがって、上品生の願生者における往生の論理を無視して、下品生の願生者の往生について論理構築をすることは不可能である。

　またさらにここで確認しておきたいのは、上品生と他力の関係である。易行道の内容はすでに確認したとおりであるが、もし易行道の説示が『論註』における実践行の指針となるものであるならば、当然、上品生も他力によるものであると推察される。このことを示すものとして、以下の問答をみることができる。

問曰。有二何因縁一、言四速得三成二就阿耨多羅三藐三菩提一。

答曰。論言、修二五門行一以二自利利他成就一故。

然覈求二其本一、阿彌陀如來爲二增上縁一。他利之與二利他一談有二左右一。若自レ佛而言、宜レ言二利他一。自二衆生一而言、宜レ言二他利一。今、將レ談二佛力一。是故以二利他一言レ之。當レ知、此意也。

凡是生二彼淨土一及彼菩薩人天所起諸行、皆縁二阿彌陀如來本願力一故。何以言レ之。若非二佛力一、四十八願便是徒設。今的取二三願一用證二義意一。[48]（以下省略）

この問答は、何故に速やかに成仏を得ることができるのかを問題としたものである。そしてそれに対して答えるなか、上品生の実践行である五念門を修して自利利他を成就するからであるとして、その根拠として増上縁となる阿弥陀仏の本願力を求め、上記引用に続いて、その具体相として第十八、十一、二十二願の三願を提示している。ここでの説示からも明らかなように、上品生の往生も他力によるものであるといえよう。

　以上を整理するならば、上品生も下品下生者と同様、阿弥陀仏の本願力により得生するのであり、五念門実践によりその本願力を増上縁として成仏するとの説示からも、曇鸞は下品下生者に限らず、上品生の願生者の存在も、当然意識していたであろうことがわかる。それのみにとどまらず、本節冒頭に下品下生の願生者とその実践行である十念に関連しない言及に対する意図について問題としたが、むしろ曇鸞は論理的には、この上品生の往生を基軸として下品下生者の往生を考えていたということができる。

第四項　菩薩としての二種の願生者

一、此土における分類としての二種の願生者

以上の検討により、曇鸞が願生者を上品生と下品下生の二種に分類した、その意図が明らかとなった。そこで次に、この「往生以前」の二種の願生者に対する、此土から彼土に至る一連の往生行の過程における位置づけについて考察してゆきたい。

曇鸞は『論註』各所において自利とともに利他の実践を強調しているが、そのうち最も特殊な事例として、五念門のなか、回向門に説かれる還相の回向を指摘することができる。

そこに説かれる願生者は、「往生以前」においては往相の回向として自らの功徳を施して、衆生とともに弥陀浄土へ往生することが求められ、また、「往生以後」も再び娑婆世界へと入って、すべての衆生を教化して共に仏道へと向かうことが求められている[49]。

もちろん、これは五念門の説示中にみられるものであり、これまでの整理を踏まえて考えれば、上品生の願生者に求められていることであるということもできる。しかし、曇鸞によって上品生と下品下生の二種に大別されたこの九品の分類は、あくまで娑婆世界である此土に限られたものであることは注意しなくてはならない。すなわち、

『論註』巻下「起観生信」に、

而願二往生一者、本則三三之品。今、無二一二之殊一。(50)

と述べられるように、得生ののち、浄土においてはその差別は存在しないのである。したがって、先に示した還相の回向のように、下品下生の者も往生ののちは上品生と差別はないため、還相の回向を実践することが必須となるのである。

そこで次に、これまでの整理とは別に願生者に対して求められる実践行について、自利と利他という側面からうかがい、この二種の願生者についての位置づけについてさらに検討を重ねてゆきたい。

二、願生者による自利行としての菩提心

まず、曇鸞がこの願生者に求める自利行として、菩提心の必要性を強調している点に注目してみたい。この菩提心について特に集中して言及されるのは、巻下「善巧摂化」の以下の箇所である。

案二王舎城所説無量壽經一、三輩生中、雖三行有二優劣一、莫レ不三皆發二無上菩提之心一。此無上菩提心、即是願作佛心。願作佛心、即是度衆生心。度衆生心、即攝二取衆生一生二有佛國土一心。是故、願レ生二彼安樂淨土一者、要發二無上菩提心一也。若人不レ發二無上菩提心一、但聞二彼國土受樂無レ間、爲レ樂故願レ生、亦當レ不レ得二往生一也。是故、言下不レ求二自身住持之樂一、欲レ拔二一切衆生苦一故上。(51)

ここでまず『無量寿経』所説の「三輩」について取り上げ、その各々について行の差別はあるものの、そのいずれにおいても「無上菩提心」をおこさない者はいないとし、願生者がまず菩提心をおこすべきことを強調している。

ここに示される「三輩」が九品の階位といかなる対応を示すかについて、『論註』によるかぎり、曇鸞の理解を

明確に知ることはできない[52]。しかし、ここでの論説をみるかぎり、上品生と下品下生の願生者も共に、その「三輩」の範疇にあることは間違いないであろう。

この『無量寿経』にいう「菩提心」は、諸経に説かれるところの、悟りを求める心という意味とは別に、浄土への往生後の得果を根拠として、むしろその往生浄土を求める心に比重が置かれた語句であることが知られる[53]。ここで曇鸞もそのような経説に導かれて同様の理解を示しているが、それと同時に「願作仏心」という仏になろうとする心、すなわち諸経と同様に悟りを求める心を、この此土における実践においても求めているのである。

これは、例えば曇鸞の引用する『観経』「下品下生」の末尾に、

於二蓮華中一、満二十二大劫一、蓮華方開。観世音大勢至、以二大悲音聲一、爲レ其廣説下諸法實相除二滅罪一法上。聞已歡喜、應レ時則發二菩提之心一。是名二下品下生者一[54]。

とあり、また、『論註』巻下「荘厳触功徳成就」に、

經言、染レ之者、或生二天上一、或發二菩提心一[55]。

とあるように、阿弥陀仏の浄土への得生ののち、仏の力用を根拠として必ず菩提心を成ずるにもかかわらず、それに甘んずることなく、此土においてもその実践の必要性を強調することを意味している。

三、願生者による利他（他利）行としての慈悲心

先の巻下「善巧摂化」の引用中において、「無上菩提心」がそのまま「願作仏心」となると述べられるが、さらにその「願作仏心」はそのまま「度衆生心」であるとしている。「度衆生心」とは曇鸞の解説によれば、他の衆生と共に往生しようとする心である。すなわちここで、自らが菩提心を得て仏になろうという自利の側面のみならず、

利他（他利）行としての慈悲心の必要性についても強調される。

このような考え方は、曇鸞が往相・還相の二種の回向について述べるなか、還相とは「往生以後」において再び娑婆世界へと入り、すべての衆生を教化して共に仏道へと向かうことをいうが、それに対する往相において、すべての衆生と共に往生しようとする願生者の願いと共通するものといえる。

そして、利他行としての慈悲心を求める姿勢は、『論註』巻上冒頭の「難行道」説示中に、その五種の難を挙げるなか、

二者、聲聞自利、障二大慈悲一。(56)

と述べるように、小乗である声聞が自利のみを求めるのに対し、それと対応関係にある易行道によるべき者は、慈悲心をもつことを想定していたであろうことを考えるに、曇鸞は願生者が持すべき大きな命題として利他（他利）行としての慈悲心を考えていたと思われる。

巻下「順菩提門」に、「楽清浄心」に関わる『往生論』の本文を解説するなかに、以下のように述べている。

菩提是畢竟常樂處。若不レ令三一切衆生得二畢竟常樂一、則違二菩提一。此畢竟常樂、依レ何而得。依二大乘門一。大乘門者、謂彼安樂佛國土是也。是故又言、以下攝二取衆生一、生中彼國土上故。(57)

同じ「順菩提門」の「無染清浄心」「安清浄心」に対する解説と同様に、菩提とは常楽の場所であるが、すべての衆生にそのような常楽を得させなければ菩提とたがうこととなるとして、先の「度衆生心」と同様に願生者に対して利他（他利）の必要性を重視している。そして、そのような常楽な場所を得るには何によるべきかといえば、それは大乗門であり、その大乗門とは、阿弥陀仏の浄土、すなわちその浄土への往生行そのものであるとしている。(58)

曇鸞は、このような願生者が持すべき、「無上菩提心」「願作仏心」「度衆生心」が、いわゆる相即の状態にある

と考えている。いまここで整理の都合上、自利と利他という側面に分類したうえで、菩提心と慈悲心について検討したが、願生者は自利行として菩提心をもちながらも、そこではすべての衆生を摂取するという利他（他利）行としての慈悲心なしには成立することはない。すなわち、元来、その両者は不可分なものなのである。そして曇鸞は、阿弥陀仏の浄土の功徳と同様に[59]、願生者においてもこの自利と利他（他利）の相即した菩提心と慈悲心を実践してゆくことこそ、大乗門そのものであると考えているのである。

四、大乗の菩薩としての願生者

このような大乗門としての願生者の往生行についてみてゆくなかで、曇鸞は、その願生者の存在を、彼の学んだ般若系の経論に説かれる大乗の菩薩と同様の菩薩としてとらえていたのではないかということが想起される。もちろん、それら経論においては、阿弥陀仏の浄土への往生について述べられることはないが、その反面、曇鸞の周辺にある浄土経典において、「往生以前」における願生者に対して、すでに検討した菩提心は別として、一切衆生に対する利他（他利）の必要性について強調されることはない。

先に、曇鸞は阿弥陀仏の浄土への往生行が大乗門であると認識していたことを確認したが、そこでの言説のみならず『論註』においては自らの論説を、大乗の立場から論じたものであるという強い認識を示しながら進めている。そしてその論拠として、『大智度論』を中心とした般若系の経論によっている。

『大智度論』巻四は「菩薩釈論」と題し、菩薩に関して詳細な解釈がなされているが、そのなか、以下のようにある[60]。

復次、稱㆓讃好法㆒、名爲㆑薩、好法體相、名爲㆑埵。菩薩心自利利他故、度㆓一切衆生㆒故、知㆓一切法實性㆒故、行二阿耨多羅三藐三菩提道一故、爲三一切賢聖之所二稱讃一故、是名二菩提薩埵一。所以者何。一切諸法中、佛法第一。是人欲レ取二是法一故、爲三賢聖所二讃歎一[61]。

ここでの解説のなか、菩薩の姿を表すものとして、曇鸞の理解と同様に、自利と利他を行い、すべての衆生を悟りへと導き、菩薩の道を行ずることが説かれている。

また同じく『大智度論』巻九一には以下のようにある。

汝等、當レ發二阿耨多羅三藐三菩提心一。既自得度、復當レ度二脱衆生一。度二脱衆生一者、菩薩自乘二大乘一得レ度、以二三乘一隨二衆生所一レ應レ度而度レ之、既自利益、復利二益他人一。利二益他一者、既自作レ佛、而以二三乘一度二脱衆生一。若菩薩、能如レ是行二般若波羅蜜一者、從二初發心一終不レ墮二三惡道一[62]。

ここでも曇鸞の理解と同様に、菩提心をおこすのと同時に衆生を悟りへと導くべきことが強調され、さらに自らの作仏ののち、衆生を悟りへと導いて、利益を与えるべきであるとしている。このような菩薩観は般若系の経論などにみえる特徴的なものといえる。

「往生以前」の願生者についてではないが、浄土の菩薩について曇鸞が述べるなかには以下のようにある。

巧方便者、謂菩薩願以二己智慧火一、焼二一切衆生煩悩草木一、若有三一衆生不二成佛一、我不レ作レ佛。而衆生未二盡成佛一、菩薩已自成佛。譬如乙火㯃欲下摘二一切草木一、焼令中使盡上。草木未レ盡、火㯃已盡甲。以下後二其身一而身先上故、名二巧方便一[63]。

ここでは、菩薩が一切の衆生を導くまえに、すでに浄土において作仏していることについて、この世のすべての草木を焼こうと思っても焼き尽くすことができないことに譬え、会通を試みているが、ここにみられる衆生が一人でも成仏しなければ、自らは作仏しないという菩薩観は、先の『大智度論』巻九一にみられる菩薩観と共通するものである。

後章において検討するように、曇鸞は、「往生以後」の菩薩の境地を『大智度論』に基づいて「報生三昧」にあると認識して、また、その往生観についても『大智度論』等における往生思想との相関性を有する[64]ことを勘案しながら、般若系経論と曇鸞の両者の菩薩観の近似性を考えると、曇鸞は般若系経論に説かれる菩薩行と同等のものとして往生行をとらえ、なおかつ願生者に対しても菩薩行を実践する大乗の菩薩としてとらえていたものと考えられる[65]。

第五項　願生者の分類と往生行

以上の検討を踏まえ、本節のまとめを行いたい。

これまで、曇鸞が願生者を上品生と下品下生の二種に分類して論旨を展開した意味とその意図について検討し、また、此土から彼土へと至る一連の往生行のなか、「往生以前」のその二種の願生者についていかなる存在として位置づけされているのかについても併せて検討を進めてきた。

まず前者についてまとめれば、曇鸞はすべての者が往生できるとの視点から、主たる願生者として下品下生の凡夫を想定し、なおかつその実践行として十念が必要とされた。それに対し、上品生の願生者は「無生」を体得しうる者であり、その実践行として五念門が必要となる。そこでは、願生者を機根や実践内容の違いから二種に分類すると同時に、主たる願生者として下品下生を想定しながらも、上品生についても、その存在は否定されるものではなくて、むしろ下品下生を含めたすべての者が往生することが可能となる論理的基軸ともなるものであり、その論証を意図して、この二種の願生者の両者について詳細な論説が行われたものと考えられる。

次に後者については、まず願生者の二種の分類はあくまで此土におけるものであることを確認したうえで、「往生以前」の願生者に共通する実践行として、上記の十念と五念門と別の側面から、自利・利他の実践としての菩提心と慈悲心に焦点をあてて、その整理を行った。その整理から垣間みられる願生者の存在とは、浄土経典によってのみ導き出されるものではなく、曇鸞が思想的影響を強く受けた、『大智度論』を中心とする般若系の経論にみられる菩薩観と共通するものであった。すなわち、曇鸞は阿弥陀仏の浄土への往生を意図しながらもその実践こそが大乗門であるととらえ、その「往生以前」の願生者についても菩薩行を実践する大乗の菩薩としてとらえていたであろうと考察した。

以上のまとめを踏まえ、曇鸞が阿弥陀仏の浄土への往生の論理を開顕する際の、被註釈書である『往生論』の存在意義について指摘しておきたい。

曇鸞による下品下生の願生者の往生が可能であるという説示は、「願生偈」の最終行の偈に世親が「すべての衆生と共に阿弥陀仏の浄土に往生したい」と述べたことに起因し、『論註』巻上「八番問答」の第一問答において提示されたものである。曇鸞は願生者を上品生と下品下生の二種に分類し阿弥陀仏の浄土への往生の論理を構築したが、この『往生論』の説示との出会いがなければ、本節において検討した上品生の往生の論理に近いもののみしか開顕しえなかったであろう。

また、曇鸞は自利と利他について強調したことは本節における検討でも明らかであるが、『論註』の「利行満足」に相当する、五念門の功徳相である『往生論』の五功徳門には、前の四門を自利行とし、第五門を利他行として、その後に、

菩薩、如レ是修二五念門行一、自利利他、速得レ成二就阿耨多羅三藐三菩提一故。(66)

と述べ、五念門を修することによって、自利と利他が円満して、速やかに菩提を得るとしている。ここで往生行である五念門を修することによって、曇鸞が浄土教の信仰を有する以前に修学した『大智度論』と同様に、菩薩の自利と利他の行が円満し、なおかつ速やかに菩提を得ることができるとされる。この両書が思想的な近似性、ならびに速やかに菩提を得るという思想的な優位性を有していたことが、曇鸞がこの『往生論』を註釈するに至った理由の一つとなるのではないかと推察する次第である。

以上の指摘は、少なくとも、浄土教理史上における『往生論』の存在意義を、この『論註』に対する検討を通じて確認する一助となるのではないかと考える。

註

(1) 大正蔵四〇、八四〇頁上。
(2) 大正蔵四〇、八四〇頁上―中。
(3) 山口益『世親の浄土論』法藏館、一九六六年、一三〇頁。
(4) 舟橋一哉『仏教としての浄土教』法藏館、一九七三年、七二頁。
(5) 大正蔵四〇、八四〇頁中。
(6) 大正蔵四〇、八四〇頁中。
(7) 大正蔵四〇、八四〇頁上。
(8) 大正蔵四〇、八四〇頁上。
(9) 大正蔵四〇、八四〇頁中。
(10) 大正蔵四〇、八四〇頁中。

(11) 大正蔵一〇、一九六頁下。

(12) 香月院深励『浄土論註講義』法藏館、一九七三年、五八二頁。

(13) 小澤憲珠「『大品般若経』の十地に関する二、三の問題」（『佛教論叢』三〇、一九八六年）参照。

(14) 大正蔵二五、四一八頁中。

(15) 大正蔵八、二五六頁下。

(16) 大正蔵二五、四一一頁上。

(17) 大正蔵四〇、八四一頁上。

(18) 香月院深励『浄土論註講義』法藏館、一九七三年、五八五頁。

(19) 早島鏡正・大谷光真『浄土論註』（佛典講座二三）大蔵出版、一九八七年、三四四頁。

(20) 大正蔵四〇、八三六頁上。

(21) 大正蔵四〇、八三六頁上。

(22) 本書第五章第三節「奢摩他・毘婆舎那の実践体系」を参照。

(23) 本書第五章第三節「奢摩他・毘婆舎那の実践体系」を参照。

(24) 大正蔵四〇、八四〇頁中。

(25) この部分を本願寺本（親鸞加点本）は、「此の菩薩、安樂浄土に生ぜむと願て、即ち阿弥陀佛を見まつる。阿弥陀佛を見つる時、上地の諸の菩薩と畢竟じて、身等しく法等し」（赤松俊秀他編『増補　親鸞聖人真蹟集成』七、法藏館、二〇〇六年、三五二頁）と読むが、これは現生不退を説く浄土真宗の教義によるものであると思われる。後章において整理するが（本書第五章第三節）、それら実践行が「往生以前」と「往生以後」に、行の連続性をみることができ、そこでいう「往生」が、例えば、『論註』巻下の「観察門」の説示中、毘婆舎那の第二義において「亦得㆑生㆓彼浄土㆒即見㆓阿彌陀佛㆒」との表現にみられるように、曇鸞においては、あくまでも此土から彼土への移動を以て往生をとらえているものと考えられる。

(26) 本書第六章第一節「曇鸞の往生思想の背景とその形成」、ならびに第六章第二節「往相と還相」を参照。

(27) 本書第六章第二節「往相と還相」を参照。

(28) 本節と共通した問題を扱った稿に、矢田了章「論註における願生者について」(『印仏研』一六―二、一九六八年)がある。矢田氏は、『往生論』から『論註』へと至る願生者に対する理解の展開について主として検討を加えられ、『論註』の二種の願生者については、その両者の具体相について明らかにしたうえで、特に、それらが共に阿弥陀仏の本願力によっていることについて論究している。本節ではそのような矢田氏の研究を受けながら、本文中にも述べたとおり、さらに、その二種の願生者に分類した意味と意図、ならびに此土から彼土へと至る一連の往生行のなかにおけるそれら願生者の位置づけについて検討を加えたものである。

(29) 大正蔵四〇、八三三頁下。

(30) 大正蔵四〇、八三三頁下―八三四頁上。

(31) 大正蔵四〇、八二七頁中。

(32) 本書第三章第二節「二種法身説の創出とその体系」を参照。

(33) 大正蔵四〇、八二七頁下。

(34) さらに曇鸞は、この凡夫について以下のような理解も示している。

凡夫衆生、以二身口意三業一造レ罪、輪二転三界一無レ有二窮已一。(大正蔵四〇、八三九頁中)

ここで凡夫は、身口意の三業によって罪を造り、三界における輪廻が止むことない者とされるが、ここでも第一問答に引用された『観経』に示される下品下生の者と同様の存在として凡夫が理解されている。

(35) 大正蔵四〇、八三四頁中。

(36) 大正蔵四〇、八三四頁下。

(37) 易行道の説示中にもその実践のなかで「信仏の因縁」が強調されるように、曇鸞教学において「信」の重要性は非常に高い。この「信」について『論註』内に集中して説かれるのが巻下「起観生信」中の讃歎門内である(大正蔵四〇、八三五頁中―下)。曇鸞はそこで称名憶念したにもかかわらず、その願いが満たされないのはいかなる意味かと問うなかで、名と義が相応していないことと併せ、信心に関わる三種の「不相応」があると指摘し、信心を淳くし、信心を一とし、信心を相続すべきことを強調している。ここで在縁釈中にみられる称名を意図した解釈中に「無上の信心」をとどめておくことが強調されているのと同様に、この三種の信心について称名を指向する讃歎門中に説示されていることに注意しておきたい。

(38)　大正蔵四〇、八三四頁下。

(39)　本書第五章第四節「十念と称名について」を参照。

(40)　大正蔵四〇、八二六頁中。

(41)　本書第五章第一節「難易二道と他力」を参照。

(42)　大正蔵四〇、八四四頁上。

(43)　良忠『往生論註記』巻五（浄全一、三四二頁上）、香月院深励『註論講苑』巻一二（『浄土論註講義』七一六頁上）等にも「劣夫」を「凡夫」と同一とみる理解が示されている。

(44)　大正蔵四〇、八三九頁上。

(45)　大正蔵四〇、八三八頁下—八三九頁上。

(46)　大正蔵四〇、八二七頁中。

(47)　大正蔵四〇、八三九頁上—中。

(48)　大正蔵四〇、八四三頁下—八四四頁上。

(49)　本書第六章第二節「往相と還相」を参照。

(50)　大正蔵四〇、八三八頁中。

(51)　大正蔵四〇、八四二頁上。

(52)　ここで曇鸞が「三輩」の各々について、「行の優劣」として分類していることに注意しておきたい。何故に曇鸞が願生者の分類をする際に、同じくその分類を行っている「三輩」によらずして「九品」を採用したかについては明らかではない。ただし、その両者に示される願生者の具体相についてみた場合、『無量寿経』「下輩」において「其下輩者、十方世界諸天人民、其有二至心欲レ生二彼國一、假使不レ能レ作二諸功德。一」（大正蔵一二、二七二頁下）という言及にとどまるのに対し、『観経』「下品下生」の説示中に「下品下生者、或有二衆生一、作二不善業五逆十悪一、具二諸不善一」（大正蔵一二、三四六頁上）等とあるように、「九品」の説示が、より明確にその具体相を示していることもその理由の一つであろう。また併せて『観経』においては、そのような造罪の者も十念の実践によって往生することが述べられるが、その経説と、「難行道」中にみられる「謂於二五濁之世一、於二無佛時一、求二阿毘跋致一爲レ難」（大正蔵四〇、八二六頁中）との説示に代表される曇鸞の時機観を根拠とした、曇鸞の希求とが相応したことも、曇鸞が「九品」によった理由の一つでないかと推察する。

(53) 田上太秀『菩提心の研究』東京書籍、一九九〇年、三二一―三二八頁参照。

(54) 大正蔵四〇、八三四頁上。

(55) 大正蔵四〇、八三七頁上。

(56) 大正蔵四〇、八二六頁中。

(57) 大正蔵四〇、八四二頁下。

(58) このような阿弥陀仏の浄土への往生行を大乗門としてとらえる理解は、巻上「荘厳大義門功徳成就」（大正蔵四〇、八三〇頁下）にも示される。

(59) 『論註』巻下「示現自利利他」（大正蔵四〇、八三八頁下）参照。

(60) 『大智度論』における菩薩について論じた稿に、三枝充悳「大智度論に説かれた菩薩について」（『増補新版　龍樹・親鸞ノート』法藏館、一九九七年）、田上太秀『菩提心の研究』（東京書籍、一九九〇年、二七八―二九三頁）がある。

(61) 大正蔵二五、八六頁上。

(62) 大正蔵二五、七〇四頁中―下。

(63) 大正蔵四〇、八四二頁上―中。

(64) 本書第六章第一節「曇鸞の往生思想の背景とその形成」を参照。

(65) なお、「八番問答」の第一問答において、『無量寿経』の根拠に、曇鸞は一切の「外凡夫」が往生することができると述べている。この「外凡夫」とは『論註』各所に示される凡夫と同義であり、なおかつ同意図のもとに使用されたものであるが、この用語は『成実論』等にみることができる。『成実論』では、凡夫位を「外凡夫」と「内凡夫」に区分する説にみられ、その「外凡夫」とは、初発心から十信位までの者、「内凡夫」はそれに続く十住・十行・十回向にある者をいう。曇鸞がこの『成実論』の所説に基づいて「八番問答」において、「外凡夫」の語句を用いたかどうかについては、ここでは確定的なことはいえない。しかし、曇鸞のその語句の使用意図が定かでないなか、『大智度論』と同様に羅什訳であり曇鸞が所覧可能であったであろう『成実論』に「外凡夫」の用例がみられることは興味深い（船山徹「聖者観の二系統―六朝隋唐佛教史鳥瞰の一試論―」『三教交渉論叢』京都大学人文科学研究所、二〇〇五年、三八九頁参照）。

(66)　大正蔵四〇、八四三頁下。

第五章　実践論

第一節　難易二道と他力

第一項　問題の所在

曇鸞は『往生論註』（以下『論註』と略す）冒頭にいわゆる難易二道を提示して、自力である難行道によらず、他力である易行道によるべきであるとし、それを同書の指針としている。ここに示される「他力」の語は、中国・日本における浄土教の性格を示すものとして多用され、また、これに関連する論考も非常に多い。そのようななか、本節はひとまず上記のような後世の理解を離れ、曇鸞の意図した自力と他力について考察することとする。

この他力とは、阿弥陀仏の本願力、ならびにその本願の成就に基づく威神力を意味している。中国浄土教思想史上において、先行する諸師と比較すると、曇鸞浄土教の思想的な意義は阿弥陀仏の本願の開顕にあると考えられるが、その開顕への道程を他力の整理を通してうかがってみたい。そこで本節では、曇鸞に先行する他力の用語を整理し、そのうえで曇鸞の自力と他力が説示される難易二道を探り、曇鸞が他力によるべきであるとした意図について明らかにしてゆくこととする。

第二項　曇鸞以前の他力の用例

曇鸞以前の自力・他力の用例に基づいて、曇鸞がその両語を使用したとの指摘は種々みることができる。藤堂恭俊氏は、『往生論』と同じく菩提流支の訳業に係る『十地経論』巻一の用例を指摘しており(1)、また、香月院深励（以下「深励」と略す）は併せて菩提流支訳『薩遮尼乾子経』巻四、同訳『大宝積経論』巻一における用例を指摘している(2)。これらの経論は、いずれも菩提流支訳出であり、なおかつその訳出年代からみるかぎり、曇鸞は参照可能であったと思われる(3)。

まず『十地経論』の用例を示すと、以下のようにある。

此十句中、辯才者、隨所得法義、憶持不忘説故。（中略）依根本辯才有二種辯才。一者、他力辯才、二者、自力辯才。
他力辯才者、承佛神力故。云何承佛神力。如來智力、不闇加故。如經承諸佛神力、如來智明加故。
自力辯才者、有四種。一者、有作善法淨辯才、如經自善根清淨故。二者、無作法淨辯才、如經法界淨故。
三者、化衆生淨辯才、如經饒益衆生界故。四者、身淨辯才、是身淨中顯三種盡。一者、菩薩盡有二種利益。二者、聲聞・辟支佛不同盡。三者、佛盡(4)。

ここでの説示は、経に一切の菩薩（『十地経論』によれば信行地の菩薩）が不可思議である諸仏の法を説く根拠について述べるのに対する解説中にみられる。そして『十地経論』によれば、仏法の義に随い、それを憶持して忘れずに法を説くその才能を弁才というが、その弁才に二種があるとして他力弁才と自力弁才が説かれる。他力弁才とは、諸仏の神力を受けてその弁才に如来の智明を加することをいう。また自力弁才とは、『十地経論』に「有作善法浄弁才」「無作法浄弁才」「化衆生浄弁才」「身浄弁才」の四種を挙げるが、そのいずれにおいても自らの善根や善行を根拠とする弁才をいっている。

確かにここにみられるように、『十地経論』において自力と他力の語は用いられる。そこでは自力は菩薩自らの力によることとされて、他力とは仏の神力によることを意味しており、両者が相対する関係にあることは『論註』所説の自力と他力に共通している。

このほかの出典として、深励は、『薩遮尼乾子経』巻四に、

何等二法。一者、依自力。二者、依外力。(5)

とあり、また同じく深励は『大宝積経論』巻一に、

何等四力。一者、自力。二者、他力。三者、因力。四者、修行力。(6)

とあることを指摘するが、これらは必ずしも他力を以て仏の神力によることを意味せず、また、自力と他力の二者は相対する関係にはない。そのような意味では先学により指摘された先の経論のなかでは、『十地経論』の用例が最も『論註』に近いものといえよう。

ただし、ここで曇鸞が『十地経論』から示唆を受け自力と他力の用語を用いたとの見解に対し否定する材料はないが、のちに検討を行うように曇鸞が他力を重用したことの真価は、単に仏の力によることではなく唯一阿弥陀仏の本願力によることにある。『十地経論』においては阿弥陀仏ではなく諸仏による加被を意図したことはすでに指摘したとおりである。また、自力と他力の用語のみについてみれば、前掲の経論にとどまらず多くその用例をみる

ことができる。このように考えると自力と他力について検討する場合、その用語の用例という表層的な問題にとどまらず、その内相についてみてゆく必要がある。そしてその際に有効な方法は、難易二道が説示される『十住毘婆沙論』の内容の検討であろう。

第三項　曇鸞の難易二道の説示と自力・他力

『十住毘婆沙論』の内容の検討に入るまえに、曇鸞が自力・他力に言及する難易二道について内容を確認しておきたい。周知のとおり、逐文解釈の形式を採用するにもかかわらず、『論註』の冒頭において、その『往生論』の本文とは無関係に難易二道が説示されている。

菩薩求二阿毘跋致一、有二二種道一。一者、難行道。二者、易行道。

難行道者、謂於二五濁之世一於二無佛時一、求二阿毘跋致一爲レ難。此難乃有二多途一。粗言二五三一以示二義意一。

一者、外道相善、亂二菩薩法一。

二者、聲聞自利、障二大慈悲一。

三者、無顧悪人、破二他勝徳一。

四者、顚倒善果、能壞二梵行一。

五者、唯是自力無二他力持一。

如レ斯等事、觸レ目皆是。譬如二陸路歩行則苦一。

易行道者、謂但以二信佛因縁一、願レ生二淨土一、乘二佛願力一便得レ往二生彼清淨土一、佛力住持即入二大乘正定之聚一。正定即是阿毘跋致。譬如㆓水路乗船則樂㆒。[7]

ここで、菩薩が阿毘跋致を求める二種の方法として、難行道と易行道を提示している。そしてその難行道によるならば、五濁の世であり、また無仏の時においては阿毘跋致を求めることは難しいとして、易行道を提示するのである。その易行道とは、阿弥陀仏を信ずるという因縁を以てその浄土への往生を願うことにより、仏の本願力によって浄土に往生し、なおかつその往生ののち、阿弥陀仏の仏力によって阿毘跋致を得るというものである。いまここでいう仏の願力、ならびに正定を得る際に働く阿弥陀仏の本願力（威神力）こそが他力をいうにほかならない。その菩薩の往生の過程について、『論註』巻下の末尾部分に『無量寿経』所説の十八、十一、二十二願の三願を挙げてその経証とし、その真実なることを顕示しているが[8]、そのような本願力によって、浄土へ往生し（第十八願）、また往生ののちに浄土において正定（阿毘跋致）を得る（第十一願）という行道として、曇鸞は易行道を提示するのである。

なお、藤堂恭俊氏はこの難易二道について、曇鸞が他力という仏と行者との「行縁」の立場から難易を分別したのに対し、『十住毘婆沙論』の著者である龍樹[9]は行そのもの、すなわち「行体」について指摘しており、ここに曇鸞の難易二道に対する価値的な転換を見いだすとしている[10]。すなわち、曇鸞は教理的側面からこのような他力によることを重視しており、それを具現するものがこの易行道の説示にほかならない。

このような整理は『論註』を浄土教典籍としてとらえる場合、至極当然のことと思われる。しかし、いまここで、難易二道、ならびに自力と他力について考える場合、曇鸞が『十住毘婆沙論』所説の易行道を『無量寿経』の教説に基づいて理解し、そこで阿弥陀仏一仏に対する信心の強調と、その力用への帰依を行っていることが確認されたことは、続く『十住毘婆沙論』の内容の検討へと移り重要となる。

第四項　『十住毘婆沙論』の難易二道の説示

周知のとおり、難易二道は『十住毘婆沙論』「易行品」に説示される。この「易行品」は章名が示すように、易行道を勧めることを意図しているが、その易行道の内容についてみるまえに、易行道が説示される意図について確認をしておきたい(11)。

『十住毘婆沙論』に説かれる菩薩は、『十住毘婆沙論』「序品」より、この「易行品」に至るまでに説示されるように、種々の願行を以て阿惟越致（阿毘跋致）を求めることを目的としている。しかしそのような菩薩も、

至二阿惟越致地一者、行二諸難行一、久乃可レ得、或墮二聲聞・辟支佛地一。若爾者是大衰患(12)。

とあるように、諸々の難行を修することは、その行を久しく行う間に、声聞や辟支仏となる可能性を有してしまうのである。このような声聞や辟支仏になるということは、続く偈頌に、

若墮二聲聞地　及辟支佛地一
是名二菩薩死一　則失二一切利一
若墮二於地獄一　不レ生二如レ是畏一
若墮二二乘地一　則爲二大怖畏一(13)

とあるように、仮に地獄へ堕ちたとしてものちに阿惟越致を得る可能性を有しているにもかかわらず、この声聞と辟支仏の二乗地へと堕することは一切の利益を失い、菩薩としての死をも意味するのである。もちろん、

若人發願欲レ求二阿耨多羅三藐三菩提一、未レ得二阿惟越致一、於二其中間一、應下不レ惜二身命一、晝夜精進、如上レ救二頭燃一(14)。

とも述べるように、その難行による阿惟越致の獲得を否定しているわけでないことは注意すべきである。しかし、現実に声聞や辟支仏となる者が居ることを憂いて、この「易行品」に易行道が説示されるのである。では、易行道とはいかなる実践を意図しているのであろうか。まず、以下の説示を確認しておきたい。

汝、言下阿惟越致地是法甚難、久乃可レ得、若有中易行道疾得上レ至二阿惟越致地一者、是乃怯弱下劣之言、非二是大人志幹之説一。

汝若必欲レ聞二此方便一、今當レ説レ之。佛法有二無量門一。如二世間道有レ難、有レ易、陸道歩行則苦、水道乗船則樂一。菩薩道亦如レ是。或有二勤行精進一、或有下以二信方便一易行、疾至二阿惟越致一者上。(15)

ここに示されるように、阿惟越致に至るにはその法は難しく、かつ長時間を要する。これを譬えて陸路を歩くように苦しいものであるとしている。これに対し易行道によれば、水上を船で行くことが楽であるように、速やかに阿惟越致へと至ることができるのである。

その易行道の具体的な行法とは、

若菩薩、欲下於二此身一得レ至二阿惟越致地一、成中就阿耨多羅三藐三菩提上者、應下當念二是十方諸佛一稱中其名號上。(16)

とあるように、阿惟越致地へと至って、阿耨多羅三藐三菩提を得るためには、十方諸仏を念じ、その名号を称えることが必要である。また、

若人一心稱二其名號一、即得レ不レ退二於阿耨多羅三藐三菩提一。(17)

とも述べるように、一心に称名することにより、必ず阿耨多羅三藐三菩提を得るとするのである。そしてそののち、阿弥陀仏、過去八仏、東方八仏、諸大菩薩に対する偈頌を設け、そのいずれの仏菩薩に対しても、先と同様に一心に称名することを求めている。

以上の点から、『十住毘婆沙論』において易行道が説かれる意図を次のように導き出すことができる。

第一に必ず成仏を得るという必定性である。難行によると阿惟越致に至るまでに長時間を要し、なおかつ声聞・辟支仏の二乗へと堕する可能性を有する。そのような難行に相対して提示された易行道という称名の実践により、必ず阿惟越致へと至ることができるのである。

第二は速やかに成仏を得るという速得性である。これは難行が阿惟越致に至るまでに長時間を要するのに対し、易行道によれば速やかにその目的を達成することができるとする。

なお、この難行と易行の二行が、行の難易性について論じたものではなく、成仏の難易性について論じたものであり、そのような議論のもと「易行品」において、易行の優位性について説示される点は注意しておきたい。

第五項　『往生論註』と『十住毘婆沙論』の比較

さて、以上の検討から両書の意図する易行道の内容には大きな差異があることが明らかとなる。まず、『十住毘婆沙論』「易行品」の説示が主として阿弥陀仏に対する信仰を意図するという先学の見解も多くみられるが[18]、「易行品」における易行道の実践とは、あくまでも十方仏に対する行法として提示され、阿弥陀仏とは「余の仏、余の菩薩」[19]を代表する仏の一つに過ぎない。それに対して『論註』では阿弥陀仏一仏をその信仰の対象としている。また、曇鸞は仏と行者との「行縁」に注目して、他力によることを易行道の主眼としていたが、『十住毘婆沙論』にはそのような他力に関する説示をみることはできない。では曇鸞は何故に他力の行として易行道を規定したのであろうか。

ここで両者に共通する点を整理してみたい。第一の共通点として、両者が称名をその行法としていることを指摘できる。『論註』の易行道の説示中に、曇鸞は、

謂但以二信佛因縁一、願レ生二淨土一、乘二佛願力一、便得レ往二生彼清淨土一、[20]

と述べるが、この浄土への往生に対する根拠として、巻下末部分に

願言、設我得レ佛、十方衆生至心信樂、欲レ生二我國一乃至十念、若不レ得レ生者、不レ取二正覺一。唯除三五逆誹二謗正法一。縁二佛願力一故、十念念佛、便得二往生一。得二往生一故、即免二三界輪轉之事一。無二輪轉一故、所以得レ速。一證也。[21]

と述べて、『無量寿経』所説の第十八願文を挙げ、その阿弥陀仏の願力により、十念の念仏によって往生することができるとする。ここでの十念とは憶念を意味するものであるが、曇鸞はその憶念を称名と不可分な行法であるととらえている。[22]少なくともそこに称名を以て易行道の行相としている点に共通点をみることができる。

第二に両者が最終的に必ず正定を得るとする点である。『十住毘婆沙論』の易行道の説示の意図がその点にあったことは先述のとおりであるが、『論註』の易行道の説示中に、曇鸞は、

佛力住持、即入二大乘正定之聚一。正定即是阿毘跋致。[23]

と述べるように、阿弥陀仏の仏力により阿毘跋致を得ることを目的としており、その根拠として、先述の称名と同じく巻下末部分に、

願言、設我得レ佛、國中人天、不下住二正定聚一必至中滅度上者、不レ取二正覺一。縁二佛願力一故、住二正定聚一。住二正定聚一故、必至二滅度一。無二諸迴伏之難一。所以得レ速。二證也。[24]

と述べて、『無量寿経』所説の第十一願文を挙げ、その阿弥陀仏の願力により必ず滅度（正定）を得るとするので

ある。「易行品」においては難行によると二乗に堕することがあり、必ず阿惟越致を得ることを目的に易行道が説かれたわけであるが、曇鸞も易行道の実践により同様の目的を有するのである。

第三に両者が速得なることを目的とする点である。『十住毘婆沙論』の易行道の説示意図がその点にあったことは前述のとおりであるが、『論註』においても先に挙げた、第十八願、第十一願に対する曇鸞の言及に加えて、さらに第二十二願を挙げ、

願言、設我得レ佛、他方佛土諸菩薩衆、來二生我國一、究竟必至二一生補處一。除下其本願自在所レ化、爲二衆生一故、被二弘誓鎧一、積二累徳本一、度二脱一切一、遊二諸佛國一修二菩薩行一、供二養十方諸佛如來一、開二化恒沙無量衆生一、使上立二無上正眞之道一。超二出常倫諸地之行一、現前修二習普賢之徳一。若不レ爾者、不レ取二正覺一。縁二佛願力一故、超二出常倫諸地之行一、現前修二習普賢之徳一、以レ超二出常倫諸地行一故、所以得レ速。三證也。[25]

と述べるように、その三願のいずれにおいてもその阿弥陀仏の願力を根拠として、「所以得レ速」と述べ、本願力によって速やかに阿耨多羅三藐三菩提を得るとの認識を示しているのである。

第六項　まとめ

以上、『論註』冒頭の難易二道の説示が何らかの意図のもと『十住毘婆沙論』の説示によったものと考えるならば、第一の称名に関しては、『論註』の意図する行が五念門を基軸としており必ずしも称名に限らないため、その称名の説示を意図して曇鸞が易行道を提示したとの確信を得ることはできないが、少なくとも曇鸞による冒頭の易行道の説示以降になされる『往生論』の註釈作業において見いだされる阿弥陀仏信仰は、『十住毘婆沙論』の易行

道の説示と同様に必ず阿毘跋致を得るものであり、なおかつそれは速やかに得ることができるものである、との意図のもとになされたものと結論づけられる。

また、さらにこの難易二道の説示に基づいて自力と他力を提示し、なおかつそこで他力について強調したことを考えれば、『十住毘婆沙論』説示の易行道と同様の過程と結果を、『無量寿経』に説示される阿弥陀仏の本願力により得ることができることを強調することに、その意図があったと思われる。往生以後の菩薩の境界を『大智度論』の教説に基づいて説くなど、曇鸞浄土教の世界観は羅什訳業に係る四論系経論と不可分であるが(26)、同じ龍樹著羅什訳の『十住毘婆沙論』をもとに易行道としての阿弥陀仏信仰を見いだし、その際に不可欠なものとして『無量寿経』所説の他力、すなわち阿弥陀仏の本願力、威神力を求めたのである。

曇鸞は『論註』末尾に、

愚哉後之學者、聞二他力可一レ乘、當レ生二信心一、勿二自局分一也。(27)

と述べて、後の者が他力に乗ずるならば信心を生ずべきであって、自ら微細に考え、分別をしないように、その他力と信心に対する強い想いを吐露する。このような言説は、上記のような教理的な確信に基づいてなされたものと考えるのである。

第二節　曇鸞の五念門理解の特異性

第一項　問題の所在

曇鸞は『論註』巻下「起観生信」において、世親『往生論』所説の五念門に対し註解を加えている。五念門は『往生論』において主たる実践行として提示されるが、曇鸞はその註解を進めるなか、五念門を基軸としつつも原意と異なる種々の独自な理解を示していることは多くの先学が指摘するところである。そしてその相違の多くは曇鸞の置かれていた環境、すなわち曇鸞当時の唯識系経論の訳出創成期において、『往生論』の作者世親の有する唯識思想の十分な理解がなしえなかったことに起因するものと予想される。そのような理解の相違に対して、先学のなかには曇鸞が世親の意図を発展的に理解したものであるとする肯定的な見解もみられる。確かに曇鸞を含め、後世へと続く思想展開史上において考えた場合、そのような理解の相違に対する肯定的な見方も正しいであろう。しかし、曇鸞の有する思想の独自性について考える場合、むしろそのような理解の相違こそがその特徴となるものといえる。

本節では、上記の如く『往生論』の説示との相違点に注意をしながら、曇鸞の五念門釈について総論的にその独自性について検討してゆきたい。

第二項　曇鸞の五念門釈

先述のとおり、曇鸞は巻下「起観生信」において五念門の註解を行うが、その冒頭部分に次のように述べる。

出五念門者、

何等五念門。一者禮拜門、二者讃歎門、三者作願門、四者観察門、五者迴向門。

門者、入出義也。如二人得レ門、則入出無礙一。前四念、是入二安樂淨土一門。後一念、是出二慈悲教化一門[28]。

ここで五念門各々の名称について提示を行った『往生論』に対し、門とは「入出の義」であるとし、礼拝門から観察門の前四門を安楽浄土に入る門、回向門を慈悲教化に出ずる門と規定する。すなわち前の四門は浄土に入ることを目的とし、回向門は前の四門と区別を行い慈悲教化することを目的とする。この点は曇鸞の五念門に対する理解について考える場合、まず注意すべきことであろう。なお、ここでの曇鸞の理解は『往生論』に五念門の成就相として示される五種門を念頭になされたものと考えられるが、この点については後述することとする。

一、礼拝門

では五念門についてまずその概観を試みることとする。まず曇鸞は礼拝門について、

云何禮拜、身業禮㆓拜阿彌陀如來應正遍知㆒。

諸佛如來徳有㆓無量㆒。徳無量故、徳號亦無量。若欲㆓具談㆒、紙筆不㆑能㆑載也。是以諸經、或擧㆓十名㆒、或騰㆓三號㆒。蓋存㆓至宗㆒而已。豈此盡耶。所㆑言㆓三號、即此如來應正遍知也。如來者、如㆓法相㆒解、如㆓法相㆒說、如㆓諸佛安穩道來㆒、此佛亦如㆑是來更不㆑去㆓後有中㆒故、名㆓如來㆒。應者、應供也。佛結使除盡、得㆓一切智慧㆒、應㆑受㆓一切天地衆生供養㆒。故曰㆑應也。正遍知者、知㆓一切諸法、實不壞相、不增不減㆒。云何不壞。心行處滅、言語道過。諸法如㆓涅槃相不動㆒故、名㆓正遍知㆒。無礙光義、如㆓前偈中解㆒。(29)

と註解しているが、ここでは語句解釈に終始し、礼拝門とはいかなる行相を有するか私見を述べていない。そこでその理解の参考となるのは巻上の『往生論』の偈頌への解釈である。五句二十四行にわたる願生偈に対し、曇鸞は『往生論』にはみられない五念門の各々への配当を試みている。このうち願生偈の第一行に、

世尊我一心　歸㆓命盡十方　無礙光如來㆒　願㆑生㆓安樂國㆒(30)

とあるなか、曇鸞は「帰命」が礼拝門に相当するという。そしてこの点について、

歸命盡十方無礙光如來者、歸命、即是禮拜門。盡十方無礙光如來、即是讃歎門。何以知二歸命是禮拜一。龍樹菩薩造二阿彌陀如來讃一中、或言二稽首禮一、或言二我歸命一、或言二歸命禮一。此論長行中亦言レ修二五念門一。五念門中、禮拜是一。天親菩薩、既願二往生一豈容不レ禮。故知歸命、即是禮拜。然禮拜但是恭敬。不二必歸命一。歸命必是禮拜。若以レ此推歸命爲レ重。偈申二己心一。宜レ言二歸命一。論解二偈義一、汎談二禮拜一。彼此相成、於レ義彌顯。(31)

と解説を加えるが、ここで龍樹造『十住毘婆沙論』「易行品」所説の偈頌に龍樹自らが願生の意を「稽首礼」「我帰命」「帰命礼」とすることを典拠に、世親が五念門中に礼拝門を第一とすることは、その両語は必ずしも同義ではないものの、礼拝の意を述べたものとしてそこに帰命の意を含むことを示している。また先の巻下に続いて、

爲下生二彼國一意上故

何故言レ此。菩薩之法、常以二晝三時夜三時一、禮二十方一切諸佛一。不三必有二願生意一。今應三常作二願生意一、故禮二阿彌陀如來一也。(32)

と述べている。ここで菩薩の法によれば昼夜六時に十方の一切諸仏を礼拝するが、そこに願生の意は必ずしも必要なものではない。しかし願生の意を示すために阿弥陀仏を礼拝するのであるとする。すなわち曇鸞は阿弥陀仏へ帰命し、その浄土への往生を求める心をなすために、礼拝行を行うとしている。

二、讃歎門

次に讃歎門について曇鸞は、

云何讃歎、口業讃歎。

讃者、讃揚也。歎者、歌歎也。讃歎、非㆑口不㆑宣、故曰㆓口業㆒也。

稱㆓彼如來名㆒、如㆓彼如來光明智相㆒、如㆓彼名義㆒、欲㆓如實修行相應㆒故。

稱彼如來名者、謂稱㆓無礙光如來名㆒也。如㆓彼如來光明智相㆒者、佛光明是智慧相也。此光明、照㆓十方世界㆒、無㆑有㆓障礙㆒、能除㆓十方衆生無明黒闇㆒。非㆑如㆔日月珠光、但破㆓空穴中闇㆒也。如㆓彼名義㆒欲㆓如實修行相應㆒者、彼無礙光如來名號、能破㆓衆生一切無明㆒、能滿㆓衆生一切志願㆒。然有㆓稱㆑名憶念㆒、而無明由在、而不㆑滿㆓所願㆒者、何者、由㆘不㆓如實修行㆒、與㆓名義㆒不㆗相應㆖故也。云何爲㆘不㆓如實修行㆒、與㆓名義㆒不㆗相應㆖。謂不㆑知㆓如來、是實相身、是爲㆑物身㆒。[33]

と述べて、この讃歎門とは口業であり、無礙光如来の名、すなわち阿弥陀仏の仏号を称えることであると規定する。そしてこの阿弥陀仏の光明は十方世界に遍く行き渡って、その阿弥陀仏の名号はすべての衆生の無明を除き、衆生の一切の願いを満たすものとされる。また、称名憶念を行った者も未だ願いが満たされない点について、ここでは阿弥陀仏の実相身と為物身を知らず、その名義が相応しないためであると指摘する。

すなわち讃歎門の実践とは、ただ口業として阿弥陀仏の仏号を称えるのみでなく、実相身と為物身を知ることが必要として、さらに続けて、

又有㆓三種不相應㆒。一者、信心不㆑淳。若㆑存若㆑亡故。二者、信心不㆑一。無㆓決定㆒故。三者、信心不㆓相續㆒。餘念間故。此三句展轉相成。以㆓信心不淳㆒故、無㆓決定㆒。無㆓決定㆒故、念不㆓相續㆒。亦可㆔念不㆓相續㆒故、不㆑得㆓決定信㆒。不㆑得㆓決定信㆒故、心不㆑淳。與㆑此相違、名㆓如實修行相應㆒。[34]

と述べるように、ここで逆説的な表現を用いながら、称名憶念する際に、信心を淳くし、信心を一とし、信心を相続する、という三種の信心についてその必要性を説く。これらの三種を相持して称名憶念することを曇鸞は讃歎門

の行とする。

三、作願門・観察門

次に相関する作願門と観察門についてみてゆく。曇鸞はまず作願門について、

云何作願、心常作願。一心専念三畢竟往二生安樂國土一、欲三如實修二行奢摩他一故。

譯二奢摩他一、曰レ止。止者、止二心一處一、不レ作レ惡也[35]。

と述べて、作願門の行相である奢摩他の訳語を「止」となし、心を一処にとどめて悪をなさないことと規定している。この後に曇鸞はその訳語の不完全性を指摘し奢摩他の原語にこだわりを示しつつも、それを「止」ということに三義あるとして、

奢摩他云レ止者、今有二三義一。

一者、一心專二念阿彌陀如來一、願レ生二彼土一、此如來名號及彼國土名號、能止二一切惡一。

二者、彼安樂土過二三界道一。若人亦生二彼國一、自然止二身口意惡一。

三者、阿彌陀如來正覺住持力、自然止下求二聲聞・辟支佛一心上。

此三種止。從二如來如實功德一生。是故、言二欲如實修行奢摩他故一[36]。

と述べて、①一心に専ら阿弥陀仏を念じてその浄土に往生したいと願うならば、阿弥陀仏の名、ならびにその国土の名の徳により一切の悪をとどめる、②阿弥陀仏の浄土は三界の外にあって、もしその浄土に往生したならば自然に身口意の三業の悪をとどめる、③阿弥陀仏の住持する力により、自然に声聞や辟支仏となることを求める心が止む、との理由を挙げ、そのいずれもが阿弥陀仏の功徳により生ずるものであるとする。

また観察門については、

云何觀察、智慧觀察、正念觀レ彼、欲三如實修二行毘婆舍那一故。

譯二毘婆舍那一、曰レ觀。但汎言二觀義一、亦未レ滿。何以言レ之。如レ觀二身無常・苦・空・無我・九相等一、皆名爲レ觀。亦如二上木名、不レ得二椿柘一也。[37]

と述べ、観察門の行相である毘婆舎那に対し「観」と訳語をあてている。また、先の作願門と同様にその訳語の不完全性を指摘しつつも、身の無常、苦、空、無我、九相などを観ずることをその理由とする。そしてさらに「観」ということに二義あるとして、

毘婆舍那云レ觀者、亦有二二義一。

一者、在レ此作レ想、觀二彼三種莊嚴功德一。此功德如實故、修行者亦得二如實功德一。如實功德者、決定得レ生二彼土一。

二者、亦得レ生二彼淨土一、即見二阿彌陀佛一。未證淨心菩薩、畢竟得レ證二平等法身一。與二淨心菩薩一、與二上地菩薩一、畢竟同得二寂滅平等一。是故、言二欲如實修行毘婆奢那故一。[38]

と述べ、①此土にあって作想をなして彼土の三種の荘厳相を観ずる、その功徳を以て修行する者は彼の土に往生することができる、②また彼の土に生ずることを得て阿弥陀仏をみれば、未証浄心の菩薩が瞬時に平等法身の菩薩となり寂滅平等を得るとしている。

ここで毘婆舎那について説明するなか、その第二義に往生ののちに阿弥陀仏を観ずることを挙げているが、この点は注目すべきであろう。この観察門に続く回向門の説示のなか、還相の回向について曇鸞は次のように述べる。

還相者、生二彼土一已、得二奢摩他・毘婆舍那方便力成就一、迴二入生死稠林一、教二化一切衆生一、共向二佛道一。[39]

ここで、還相の菩薩は往生ののちに、奢摩他毘婆舎那の方便力を成就して娑婆世界へと廻入するとある。これについては後節において検討を行うが、いま整理を行った奢摩他と毘婆舎那、すなわち作願門と観察門の実践は、当然往生を目的としていて、さらにそれのみにとどまらず、往生以後においてもその実践を行うものであると、曇鸞は理解している。

四、回向門

次に回向門についてみてゆく。

迴向有二二種相一。一者、往相。二者、還相。往相者、以二己功徳一、迴二施一切衆生一、作願共往二生彼阿彌陀如來安樂淨土一。還相者、生二彼土一已、得二奢摩他毘婆舍那方便力成就一、迴二入生死稠林一、教二化一切衆生一、共向二佛道一。若往、若還、皆爲下拔二衆生一渡中生死海上。是故、言二迴向爲レ首得レ成二就大悲心一故。[40]

ここでまず、回向の有する二種の相のうち、往相とは、自らの功徳を施して、衆生と共に弥陀浄土への往生を作願することをいい、また還相とは、往生以後に、奢摩他・毘婆舎那の方便力を成就したならば、再び娑婆世界に入って、すべての衆生を教化して共に仏道へと向かうことをいう。そしてこの往相と還相のいずれもが、生死をくり返す娑婆世界から衆生を救いとることを目的としている。

このように回向の実践とは、往生以前ならびに往生以後も継続的に行われるものであるが、菩薩の修道上において考えれば、往生以前に行う回向の実践が往相、往生以後に行う回向の実践が還相と分類される。

第三項　世親『往生論』の五念門釈

以上、簡略ながら五念門の概説を試みた。先述のとおり、曇鸞は「起観生信」の冒頭部分において五念門の前の四門は浄土へ入ることを目的とし、回向門はそれと区別して慈悲教化することを目的とした。この分類は『往生論』に述べられる五念門の成就相である五種門に導き出されたものであろう。『往生論』は、

復有二五種門一、漸次成二就五種功徳一、應レ知。何者五門。一者、近門。二者、大會衆門。三者、宅門。四者、屋門。五者、園林遊戯地門。此五種門、初四種門、成二就入功徳一、第五門、成二就出功徳一。(41)

と述べる。ここで五念門と五種門は各々左記のように対応される。

礼拝門→近門
讃歎門→大会衆門
作願門→宅門
観察門→屋門
回向門→園林遊戯地門

そして世親は、初めの四門は「成就入功徳」とし、浄土に入ることを目的とした行の成就相であって、第五門については「成就出功徳」としており、のちに世親は、

出第五門、以二大慈悲一、觀二察一切苦惱衆生一、示二應化身一、迴二入生死園煩惱林中一、遊戯神通、至二教化地一。以二本

願力一、迴向故、是名二出第五門一。[42]

と述べるように、回向門を浄土より娑婆世界へと迴入して教化するとの成就相を想定している。このような『往生論』の説示に導かれ、曇鸞も五念門を先の如く前の四門と第五門とに分類し理解したものと考えられる。

しかしここで問題が生ずる。曇鸞は『往生論』の説示をもとに、前四門と第五門との分類を行ったが、それでは先ほど検討した曇鸞の五念門の整理との間に齟齬が生じてしまう。すなわち、礼拝門から観察門の四門は浄土への往生を目的とすることから、往生以前、すなわち現在世において行われるべき行相であるのに対し、そのうち、作願門と観察門の行相である奢摩他・毘婆舎那の実践は往生以前に行われるのと同時に、往生以後においても行われるべきものであるとの理解を曇鸞は示しているのである。

さらに振り返れば、そもそも曇鸞によるこのような五念門の分類自体、世親が『往生論』に述べる原意との相違を生じさせている。世親は五念門について論ずるまえに次のように述べている。

云何觀、云何生二信心一。若善男子善女人、修二五念門一行成就、畢竟得レ生二安樂國土一、見二彼阿彌陀佛一。何等五念門。一者、禮拜門。二者、讃歎門。三者、作願門。四者、觀察門。五者、迴向門。[43]

ここで善男子善女人が五念門を修して成就したならば、ついには安楽国土へ往生することを得て、阿弥陀仏をみるとしている。すなわち五念門を成就したのちに浄土に往生するとし、五念門の現在世（此土）における実践を意図していたと考えられる。これを裏付けるが如く、作願門については、

云何作願、心常作願。一心專念三畢竟往二生安樂國土一、欲三如實修二行奢摩他一故。[44]

と述べ、観察門については、

云何觀察、智慧觀察、正念觀レ彼、欲三如實修二行毘婆舎那一故。[45]

とあるように、曇鸞が意図するような往生以後の実践を感じさせる表現は『往生論』にみることができない。

また、回向門についても、曇鸞はここで往相と還相の二種回向について述べるが、『往生論』の本文においては、

云何迴向、不レ捨二一切苦悩衆生一、心常作願、迴向爲レ首得レ成二就大悲心一故[46]。

と述べるように、その記述をみるかぎり往生以後の実践を感じさせる表現はうかがえない。この部分で曇鸞が往生以後の実践といえる還相の回向について述べるのは、その成就相である五種門の第五門における内容に導き出されたものであることは注意すべきであろう。

つまり、ここで筆者が注意したいのは、『往生論』では五念門の行の成就相として五種門は説かれており、確かに行業の結果として五種門の成就相を有するものの、本来五念門の行そのものが有する意図について検討する場合、それを分離して考えなければならない点である。瑜伽行派の論師である世親がいかなる意図のもとにこの五念門を創出したかについては、これまでも多くの先学によって研究がなされているが、少なくとも五種門というその成就相については出入の相というまえの四門と第五門の分類を行っているのみで、五念門については、一体のものとして、この現在世（此土）において行ずべきものとして考えていたことは間違いないであろう。

第四項　まとめ

このように、まず曇鸞が五念門を出入の異として前の四門と第五門について分類したのはその成就相を合して考えていたためと思われるが、そのように理解したにもかかわらず、さらに曇鸞は往生以前に行われるべき奢摩他・毘婆舎那についても、往生以後においても行われるべきものと、原意とは異なる理解を示しているのである。

曇鸞がこのような理解を示したのは、五念門の実践によって得る往生に対する理解の相違によるものと推察される。世親も『往生論』において往生以後に園林遊戯地門である娑婆世界へ廻入するとの理解を示すが、それは五念門という往生行の成就ののちに行われるものであり、その往生行は阿弥陀仏の浄土への往生ののちに達成される。それに対し、曇鸞の意図した往生行とはその五念門の理解にみられるように往生の獲得により帰結するものでなく、そののちに阿毘跋致の獲得まで継続する行であるとしているのである。

第三節　奢摩他・毘婆舎那の実践体系

第一項　問題の所在

奢摩他（*śamatha*）・毘婆舎那（*vipaśyanā*）は禅定の一種であり、この禅定とは戒とならんで仏教の重要な実践行の一つとして考えられる。中国においても禅定の方法や階梯を説く「禅経」の訳出が古くは安世高等から始まり、仏駄跋陀羅訳『達摩多羅禅経』、羅什訳『坐禅三昧経』等の禅観経典の訳出によってその実践が本格的に開始されたとされる(47)。このような背景を有する禅定としての奢摩他・毘婆舎那の実践について、曇鸞は『論註』において特異ともいえる独自の解釈を行っている。

これまでに曇鸞の奢摩他・毘婆舎那の解釈の独自性に注目をした研究として藤堂恭俊氏の二、三の論文を挙げることができる(48)。藤堂恭俊氏は、『論註』注釈中における典拠の指摘、ならびに曇鸞当時の禅定の実践についての指摘を行ったうえで、その奢摩他・毘婆舎那の解釈について検討している(49)。そして曇鸞の「奢摩他」の訳語に対して種々の止観を挙げて指摘している点について、「訳語の浮慢性を立証するのみならず、当時において実践されていた禅と五念門所説の止観との間に、一線を画すべきことを示そうとする意図のあらわれ」たものとして、種々の止観を批判することによって五念門所説の止観の特異性を表したものであるとし、またその批判は、曇鸞と同時代の禅僧である曇倫の当時行われていた止観に対する批判とほぼ同一なもので、両者に同時代性を指摘することができると述べている。

筆者はこのうち、藤堂氏の「当時において実践されていた禅と五念門所説の止観との間に、一線を画す」との見解に対して、曇鸞はあくまで奢摩他・毘婆舎那を止観と訳することについて、その訳語としての不確実性を指摘したのみで、『論註』においては、曇鸞周辺の経論にみられる禅と同じ性格を有していたものと考える。

そこで本節では、『論註』における奢摩他・毘婆舎那の説示内容の分析を試みて、曇鸞周辺の経論にみられる「止観」解釈との近似性を指摘し、さらに曇鸞の大乗菩薩道としての奢摩他・毘婆舎那の理解についての解明を目的としたい。また、『往生論』と『論註』の奢摩他・毘婆舎那の理解の差異について、これまで古くから多くの研究が行われているが[50]、ここでは上記の曇鸞の奢摩他・毘婆舎那の解釈の独自性を明らかにすることにより、その差異について指摘してゆきたい。

第二項　曇鸞周辺の奢摩他・毘婆舎那の理解

曇鸞の奢摩他・毘婆舎那の解釈を検討するまえに、曇鸞が接しえた経論にみられる解釈をみておきたい。『論註』における註釈と同様、一般的に奢摩他と毘婆舎那の訳語として、「止」と「観」の語が与えられる。この止観の中国仏教における語義について楠山春樹氏が整理しているが(51)、楠山氏の整理によれば、中国仏教の止観の「止」の義には、一つは「やめる・とめる」の意である「止息の止」、二つは「とどまる・落ち着く」の意である「安止の止」の二義が見いだせるという。そこで「奢摩他」の語に対するこの二者の分類を参考にその語義を整理してみたい。
なお、『論註』は世親著・菩提流支訳出の『往生論』を註解したものであり、他の世親著・菩提流支訳出の論書についても検討を行うべきであるが、これら論書において奢摩他・毘婆舎那の用例はみられるものの(52)、その語義に関する明確な記述はみることができないため、「(1)羅什訳系経論による解釈」、ならびに曇鸞が浄土教へと帰依する以前に修学した(53)「(2)『大集経』における解釈」についてみてゆくこととする。

(1)羅什訳系経論による解釈

羅什訳系経論においては奢摩他・毘婆舎那の訳語をみることはできず、ここでは同義の「止観」の解釈についてうかがいたい。
まず『注維摩詰経』巻二の次の箇所にみることができる。

従二三十七道品一生従二止観一生
什曰、始レ観時、係二心一處一、名爲レ止。静極則明、明即慧、慧名レ観也(54)。

ここでは、心を一処にかけることを「止」とし、その極まった状況を「観」としている。したがってここで先の止の二義についていえば、「止」を「安止の止」としてとらえているといえる(55)。
次に『成実論』巻一五止観品では次の箇所にみることができる。

止名レ定、観名レ慧。一切善法従レ修生者、此二皆攝、及在二散心一聞思等慧、亦此中攝、以二此二事一、能辦二道法一。所以者何。止能遮レ結、観能斷滅。（中略）又止能斷レ貪、観除二無明一(56)。

この『成実論』において、「止」は能く煩悩を断つことをいい、「観」は無明を断じて真理を悟った状態であると解釈している。したがってここでいう「止」とは「止息の止」としてとらえている。

(2)『大集経』における解釈

次に『大集経』巻二二における解釈についてみてゆきたい。

云何名爲二奢摩他一。奢摩他者、名レ之爲レ滅。能滅二貪心瞋心亂心一、名二奢摩他一。（中略）云何名爲二毘婆舍那一。若修二聖慧一、能觀二五陰次第生滅一、是名二毘婆舍那一。復次若觀三諸法皆如二法性一、實性實相眞實了知、是名二毘婆舍那一。[57]

ここでは貪心、瞋心、乱心といった妄心を滅することが「奢摩他」であるとし、実性、実相を真実に了知するといった真理を悟る状態を「毘婆舎那」であると解釈している。したがってここで、訳語は異なるものの「奢摩他」を「止息の止」と同義としてとらえている。

曇鸞が接しえた経論にみられる止観ならびに奢摩他・毘婆舎那解釈について概観したが、「観」ならびに「毘婆舎那」の解釈についてほぼ同義によって解釈がなされている。しかし、「止」ならびに「奢摩他」の解釈については曇鸞が接しえた経論においても「止息の止」「安止の止」の二義の解釈がなされていたことがわかる。このことを逆説的にみるならば、曇鸞が接しえた経論における「奢摩他」の解釈はこの二義の範疇を出ないことを意味するともいえる。以上の整理を参考にして、『論註』における奢摩他・毘婆舎那の理解についてみてゆきたい。

第三項　曇鸞の奢摩他・毘婆舎那の理解

曇鸞は『論註』巻下の作願門の釈文中において「奢摩他」について、

譯二奢摩他一、曰レ止。止者、止二心一處一、不レ作レ悪也。此譯名、乃不レ乖二大意一於レ義未レ滿。何以言レ之。①如レ止二心鼻端一、亦名爲レ止。②不浄觀止レ貪、慈悲觀止レ瞋、因縁觀止レ癡。如レ是等亦名爲レ止。③如三人将レ行不レ行、亦名爲レ止。是知止語浮漫、不三正得二奢摩他名一也。(58)（丸数字は筆者）

と、奢摩他の語に解釈を加えており、続けて訳語としての「止」の不確実性を三種の用例を挙げて指摘している。なお、ここでの訳語に対する三種の指摘は、『論註』巻上の、

梵言二優婆提舍一、此間無二正名相譯一。若擧二一隅一、可二名爲レ論。(59)

との指摘と同様、訳語としての不確実性を指摘するものと考えられる。仮に、この指摘が当時行われた禅定に対する批判であるとするならば、①の『坐禅三昧経』等に説かれる心を鼻端にとどめる禅定、②の五門禅による禅定、においては認められるものの、③の「人の将に行かんとして行かざる」の説示を加えて考察するに、批判としての統一性をみることができない。そこでここでは特に冒頭の「止」の解釈について着目したい。

ここでは「止」について「心を一処に止めて悪を作さざるなり」と説示しており、曇鸞はここで先に整理を行った「安止の止」の意として「奢摩他」に解説を加えている。しかしながら「大意に乖かざれども義に於いて未だ満たず」とし、一面において正しい意とはいえないと指摘しているため、さらにこの後に指摘する「止」の三種の義に進んで検討を加えてゆきたい。

奢摩他云レ止者、今有二三義一。

①一者、一心専念二阿彌陀如來一、願レ生二彼土一、此如來名號及彼國土名號、能止二一切悪一。

②二者、彼安樂土過二三界道一。若人亦生二彼國一、自然止二身口意悪一。

③三者、阿彌陀如來正覺住持力、自然止下求二聲聞・辟支佛一心上。此三種止。從二如來如實功德一生。是故、言二欲如實修行奢摩他故一。[60]（丸数字は筆者）

この「止」の三義のなか、①の「一心に専ら阿弥陀如来を念じて彼の土に生ぜんと願ず」の「一心」の語について、『論註』巻上で曇鸞は、『往生論』の帰敬偈「我一心」に対して

我一心者、天親菩薩自督之詞。言念二無礙光如來一、願レ生二安樂一。心心相續、無二他想間雜一。[61]

と註釈している。ここでは往生を願うのに際し、「心心相続して他想を間雑することなし」とし、先と同様に「奢摩他」の義に対して、重ねて「安止の止」として理解している。以上のことからも曇鸞は、所見の経論の「安止の止」の義を有する止観の「止」として「奢摩他」を理解していたことが推察される。

さらにこの三義は、すでに藤堂氏も指摘しているところであるが[62]、第一義においては「一心に専ら阿弥陀如来を念じて彼の土に生ぜんと願ず」とあるように「往生以前」に関する説示であるのに対し、第二義・第三義は「往生以後」に関する説示である。つまり曇鸞の理解において奢摩他の実践とは「往生以前」ならびに「往生以後」にわたることを意味している。

ここで確認をしておきたいのが、曇鸞は『論註』巻上冒頭に難易二道判を掲げ、その易行道について、

易行道者、謂但以二信佛因縁一、願レ生二淨土一、乘二佛願力一、便レ得二往生彼清淨土一。佛力住持、即入二大乘正定之聚一。正定即是阿毘跋致。[63]

と自らの修道の道標を明示することを意図して説示を行い、「信仏の因縁」によって浄土に往生し、往生以後、最終的に「大乗正定の聚」を得ることを目的としている点である。往生以後に大乗正定の聚を得ることは、『無量寿経』の第十一願により保証されるとの理解を曇鸞は『論註』巻下末に述べているが(64)、その修道の実践である奢摩他に対する曇鸞の先の見解によると、「往生」と同時的、そして「大乗正定の聚」を得て自動的に終わるのでなく、「往生以後」も奢摩他の実践を要するとしていることがわかる。この点から、本来、今生において実践されるべき「奢摩他・毘婆舎那」に対する特異ともいえる曇鸞独自の解釈の所以をみることができるのである。

第四項　往生行中における奢摩他の実践

奢摩他を「往生以前」ならびに「往生以後」にわたる広義なものとして理解した曇鸞は、その「往生以前」の奢摩他を先の「止」の三種の義において、「一心に専ら阿弥陀如来を念じて彼の土に生ぜんと願ずれば、此の如来の名号および国土の名号能く一切の悪を止む」と指摘している。この「往生以前」における奢摩他の実践について、曇鸞は「十念」もそれに準じるものとして認識していたと思われる。

曇鸞は『論註』巻上「八番問答」の第六問答において、

如レ是、至レ心令二聲不レ絶、具二足十念一、便得三往二生安樂淨土一。即入二大乗正定之聚一、畢竟不レ退。與二三塗諸苦一永隔。(65)

と指摘し、至心に声を絶やすことなく称名し、「十念」を具足することによって往生を得て、その後「大乗正定の聚」に入り不退の境地に至るとしている。まず「十念」を、往生を目的とし「往生以前」に行う実践とする点で、

「往生以前」の奢摩他との共通点を見いだすことができる。[66]

さらに同じく「八番問答」の第七問答に、

但言、憶㆓念阿彌陀佛若總相若別相㆒、隨㆓所觀緣㆒、心無㆓他想㆒、十念相續、名爲㆓十念㆒。但稱㆓名號㆒、亦復如㆑是。[67]

と、「十念」が、「観縁する所に随いて心に他想」のない状態を「相続する」ことを内容としていることが説示されている。ここで「十念」を「心に他想のない状態を相続する」とする解釈をみるに、曇鸞は、先に整理した「心をとどめる」意である「安止の止」として「十念」をとらえていることがうかがわれ、ここから「十念」を「奢摩他」と同様の性格を有する実践としていることが推察される。

以上のことから、曇鸞の理解において、「十念」および「奢摩他」は、往生を目的とし「往生以前」に行う実践とする点、ならびにその実践方法において「安止の止」の義を共有する実践であるという点で、共通の性格を有するものとしてとらえていることがうかがえる。

また、「往生以後」において奢摩他・毘婆舎那が必要であることは、『論註』巻下回向門の解釈にもみることができる。還相回向について説示するなか、

還相者、生㆓彼土㆒已、得㆓奢摩他・毘婆舎那方便力成就㆒、迴㆓入生死稠林㆒、教㆓化一切衆生㆒、共向㆓佛道㆒。[68]

とし、「往生以後」においても奢摩他・毘婆舎那の実修が必要であるとの曇鸞の認識をみることができる。ここでいう「方便力」について『大智度論』巻三八往生品に次のようにある。

第四菩薩入㆑位、得㆓菩薩道㆒。修㆓三十七品㆒、能住㆓十八空乃至大慈大悲㆒。此名㆓方便㆒。上二菩薩、但有㆓禪定㆒、直行㆓六波羅蜜㆒。以㆑是故無㆓方便㆒。第四菩薩、方便力故、不㆘隨㆓禪定無量心㆒生㆖。所以者何、行㆓四念處乃至大慈大悲㆒故。命終時憐㆓愍衆生㆒、願生㆓他方現在佛國㆒、續與㆓般若波羅蜜㆒相應。所以者何、愛㆓樂隨㆔順般若波羅

蜜一故。[69]

『大智度論』において、菩薩は般若波羅蜜と相応し、また阿耨多羅三藐三菩提を得ることを目的としている。しかし、その修道の際に六波羅蜜のみを行ずるという独善的なものでなく、大慈大悲、すなわち衆生への憐愍を意味する「方便（力）」を以て行われなくてはならないとここでは説かれている。曇鸞のここでの還相回向に対する説示はこの「方便力」の精神により創意されたものにほかならない[70]。そして、この還相回向の説示により、曇鸞にとって「大乗正定の聚」を得ることは、あくまで「方便力」によってなされる大乗菩薩道の一環であるとみることができる。そしてそれゆえに、大乗菩薩道の実践として「奢摩他・毘婆舎那」をとらえ、またそれが「往生以後」においても実践が必要であるとみたのではないかと考えられる。

第五項　まとめ

曇鸞の奢摩他・毘婆舎那の理解における特異性をみるに、特に「往生以前」ならびに「往生以後」にわたる広義なものとして曇鸞が理解していたということが挙げられる。本節において「毘婆舎那」の整理をしえなかったが、「観察門」の註釈中、毘婆舎那を「観」というのに二義があるとして、

毘婆舎那云レ観者、亦有二二義一。①一者、在レ此作レ想、観二彼三種荘厳功徳一。此功徳如實故、修行者亦得二如實功徳一。如實功徳者、決定得レ生二彼土一。②二者、亦得レ生二彼淨土一、即見二阿彌陀佛一。未證淨心菩薩、畢竟得レ證二平等法身一。與二淨心菩薩一、與二上地菩薩一、畢竟同得二寂滅平等一。是故、言二欲如實修行毘婆奢那故一[71]。（丸数字は筆者）

「観」の二種の義を挙げている。ここでも「奢摩他」の解釈と同様に、第一義（①）に「此に在りて想を作して」

とあるように、「往生以前」の実践とするのに対し、第二義(2)においては「彼の浄土に生じて阿弥陀仏を見る」とあるように「往生以後」の実践としているとみることができる。

この「往生以前」ならびに「往生以後」の実践の内実をみるに、『論註』において「往生以前」にすべき実践として十念と奢摩他・毘婆舎那をみることができるが、この両者について先述したように「安止の止」として共通の性格をうかがうことができる。このことは曇鸞が、『論註』巻下の五念門釈にみられる奢摩他・毘婆舎那と『論註』巻上「八番問答」を通して説示される十念の実践というものを同様の性格を有するものとしてみていたことにほかならない。すでに検討したように、上品生の者は五念門、下品下生の者は十念をその実践行としている。(72)すなわちこの二種の願生者の実践行は区別されるものであるが、この五念門における奢摩他・毘婆舎那と十念の実践が別行されるものではなく、相関関係を有していることを意味しているのである。

また「往生以後」に実践すべき奢摩他・毘婆舎那についても、大慈大悲の方便力を以て行われる大乗菩薩道の実践として理解されたが、この大乗菩薩道の実践は「往生以後」にとどまるものではなく、奢摩他・毘婆舎那、ならびに十念等の「往生以前」の実践を含めた『論註』における実践行の全体にわたるものであると推察することができる。

さらに、奢摩他の性格を検討した結果、曇鸞は自身が接していた経論に説かれる止観と同じ性格のものとして、奢摩他・毘婆舎那を理解していたことが明らかとなった。このことは世親という唯識の論師によって著わされた『往生論』の理解に際し、あくまで曇鸞が持ちえた知識によって五念門中の特に奢摩他・毘婆舎那を理解したことを示すものであり、ここに曇鸞と唯識思想の関係の疎遠性をみることができると考える。

第四節　十念と称名について

第一項　問題の所在

曇鸞の十念の釈意に関する研究が多くなされるなかで、研究者による見解の相違は多彩を極めている。その諸説を整理すると、称名説、憶念説、憶念と称名の両義とみる説、往生を願う心の状態とみる説などである(73)。しかし、このような多くの説が提示されるなかで、その見解の一致への方向性をも見いだすことができない状況といっても過言ではない。本節では、それら先学の見解を念頭に置きながら、改めて曇鸞の十念の理解について検討を行ってゆきたい。

また、その場合の方法として、曇鸞の十念に関する説示を確認する作業と同時に、この十念と称名の関わりについて検討するなかから、曇鸞の意図した十念の内容について確認してゆきたい。この称名の実践とは、曇鸞の意図した願生者の行業の一つと考えられるが、この称名について曇鸞がどのような行業の内容を意図していたかについて確認することにより、自ずと十念の内容についても明らかになるものと思われる。

第二項　十念の実践者とその実践内容

『論註』における十念に関する言及は、巻上末「八番問答」、巻下「入第一義諦」の問答中、巻下末「三願的証」

の三箇所に示されている。以下、それらの説示のなかから、曇鸞の十念の釈意について確認してゆくこととする。

一、十念の実践者

初めに、「八番問答」第一問答の内容を確認し、曇鸞が十念について言及する経緯、ならびに曇鸞が想定していた十念の実践者について明らかにしたい。

この「八番問答」は先述したように、曇鸞によって回向門と規定された世親『往生論』「願生偈」の最終行の記述より導き出されたものであって、以下の第一問答は、世親自らが、阿弥陀仏にまみえ、すべての衆生と共にその浄土へ往生したいと願うなか、その衆生がいかなる者を指すかについて自問するものである(74)。

問曰。天親菩薩迴向章中、言下普共二諸衆生一往中生安樂國上、此指レ共二何等衆生一耶。

答曰。案二王舍城所説無量壽經一、佛告二阿難一、十方恒河沙諸佛如來、皆共稱二嘆無量壽佛威神功徳不可思議一、諸有衆生聞二其名號一、信心歡喜、乃至一念、至心迴向、願レ生二彼國一、即得二往生一、住二不退轉一。唯除二五逆誹謗正法一。

案レ此而言、一切外凡夫人、皆得二往生一。

又、如二觀無量壽經一、有二九品往生一。下下品生者、或有二衆生一、作二不善業五逆十惡一具二諸不善一、如レ此愚人、以二惡業一故、應下墮二惡道一、經二歴多劫一、受レ苦無上レ窮。如レ此愚人、臨二命終時一、遇下善知識種種安慰爲説二妙法一、教令中念佛上。此人苦逼不レ遑二念佛一。善友告言、汝若不レ能レ念者、應レ稱二無量壽佛一。如レ是至レ心令二聲不一レ絶、具二足十念一、稱二南無無量壽佛一。稱二佛名一故、於二念念中一、除二八十億劫生死之罪一、命終之後見二金蓮華一。猶如二日輪一、住二其人前一、如二一念頃一、即得三往二生極樂世界一。於二蓮華中一、滿二十二大劫一、蓮華方開。觀世音・大勢至、以二大悲音聲一、爲レ其廣説下諸法實相除二滅罪一法上。聞已歡喜、應レ時則發二菩提之心一。是名二下品下生者一。以二此經一證、明知。下品凡夫、但令下不三誹二謗正法一、信佛因縁皆得中往生上。[75]

ここで、『無量寿経』『観無量寿経』（以下『観経』と略す）を経証として、「一切外凡夫人」ならびに「下品凡夫」という仏道修行者として下位にある願生者に至るまで、すべての者が往生可能であることを示し、先の世親の願いに対する教理的な解釈を試みている。

十念に関する説示は、『観経』の引用中に、下品下生の者の実践内容として称名とともに提示されている。この下品下生の解釈は後世の諸師により解釈の分かれるところであるが、この問答に続く第六問答中において上記の経文について曇鸞自ら以下のような取意を行っている。

如二觀無量壽經言一。有レ人造二五逆十惡一、具二諸不善一、應下墮二惡道一、經二歴多劫一、受中無量苦上。臨二命終時一、遇二善知識教一、稱二南無無量壽佛一。如レ是、至レ心令二聲不一レ絶、具二足十念一、便得三往二生安樂淨土一。[76]

この内容を併せ考えて、曇鸞の先の下品下生に対する理解を類推するならば、下品下生という五逆罪や十悪を犯して成仏の見込みもない者も、臨終に際し、善知識の教えにより、声を絶やすことなく称名し、十念を具足することによって、浄土への得生が可能となると理解していたことがわかる。

なお先の第一問答で二経を用いて経証を示すなか、一方が『観経』「下品下生」を用いるのに対し、『無量寿経』を用いる際に「下輩」ではなく、『同』巻下冒頭の第十七、十八願文のいわゆる願成就文を用いていることは、一見奇異なようにみえる。上記の『無量寿経』の経文を引用した意図を考えるならば、曇鸞はその経文に解釈を加えるなかで「一切外凡夫人、皆得二往生一」と述べるように、この問答の主題でもある、すべての者が往生可能であることを「諸有衆生」との経文に基づいて解決する点にあったものと思われる。これに対し『観経』「下品下生」においては、仏道修行者として下位にある下品下生の者の得生について述べながらも、曇鸞がその経文に解釈を加えるなか「皆得二往生一」と述べるほど、すべての者が往生可能であるとの内容は明示されない。ここでの問答に限らず、曇鸞は願生者の分類を行う際に、『無量寿経』の三輩説ではなく『観経』の九品説によっているが(77)、曇鸞がそのような九品説、特に下品下生によったのは、上記の如く、その実践内容に十念のみならず、「下輩」には明示されない称名について示されることが一因となったのではないかと推察される。この点について、ここでは注意をするにとどめ、のちに改めて検討を行うこととする。

以上の検討から、曇鸞は、すべての者が往生可能であるとの意図から、『観経』所説の下品下生の得生について述べるに至り、また、五逆罪や十悪を犯すような下品下生の願生者をその実践者として、称名・十念による得生について説示されることが確認される。

二、十念の内容

では、その十念とは具体的にいかなる実践をいうのであろうか。次に「八番問答」第七、八問答の内容を通じて確認してゆきたい。初めに第七問答を示せば以下のとおりである。

問曰。幾時名爲二一念一。
答曰。百一生滅、名二一刹那一。六十刹那、名爲二一念一。此中云レ念者、不レ取二此時節一也。但言、①憶二念阿彌陀佛若總相若別相一、隨二所觀縁一、心無二他想一、②十念相續、③名爲二十念一。④但稱二名號一、亦復如レ是。(78)

まずここでは、問いとして一念の時間を問題としている。それに対し曇鸞は以下のように自答する。百一の生滅の時間を一刹那という。それが六十刹那となる時間を一念というのである。しかし、これまでの問答でいう「念」とは、いまここでいう時間を意図したものではない。ただ以下のようにいうのみである。阿弥陀仏の総相と別相を憶念し、その憶念する阿弥陀仏の姿を縁として、自らの心に他想を生ずることのない、この十念を相続することを、これまでの問答でいう十念と名付けるのである。また、ただ名号を称える場合のみでも、このような時間が問題となるのではない。

この問答は、問いにおいて一念の時間を問題としながらも、答えの冒頭に示されるような数理的な時間の単位としての念の解釈を否定することを主眼としている。そして「但」という「範囲を限定」(79)する助字を用い、「言」以下に示される十念の内容が、「念」という語句を用いながらもそのような時間の単位を意図したものではないとするのである。そして十念について、阿弥陀仏の総相と別相を憶念して、心に他想することのない状態ととらえ、それを相続することをそれまでの問答において問題としている十念と理解している。

これまでの研究を振り返ると、この第七問答に対する解釈の相違が、その見解の相違の起因となっているといって過言ではない。そのようななかで筆者は、十念の意を傍線①部分ととらえ、そのような「十念」の相続（傍線②）の状態を、第一問答以来問題としている十念（傍線③）として解釈を試みた。①から③を一連の文章ととらえた場合、②と③の「十念」がまったく同一の内容を意図したものと考えると文意が成立しないであろう。しかし上記のような解釈をしたのみでは、これまで研究成果の著しい曇鸞の十念の釈義において、諸賢の批判に耐えうるものではないであろう。上記の解釈の妥当性についてはのちに改めて論ずることとするが、そのようななかで、少なくとも「名爲十念」（傍線③）と述べられている以上、曇鸞の十念の釈意について考える場合、①②の部分の意としてとらえることを前提とすべきであることを、ここでは注意しておきたい。

続く第八問答は以下のようにある。

問曰。心若他縁、攝レ之令レ還、可レ知二念之多少一。但知二多少一、復非二無間一。若凝レ心注レ想、復依レ何可レ得記二念之多少一。

答曰。經言二十念一者、明二業事成辦一耳。不二必須レ知二頭數一也。如レ言二蟪蛄不レ識二春秋一。伊蟲豈知二朱陽之節一乎。知者、言レ之耳。十念業成者、是亦通レ神者、言レ之耳。但積レ念相續、不レ縁二他事一、便罷。復何暇須レ知二念之頭數一也。若必須レ知、亦有二方便一。必須二口授一、不レ得レ題二之筆點一。(80)

ここで問いとして、心にもし他縁が生じたならばそれを心の内へとおさめ、念の数を知らなければならない。ただし念の数を知れば、また無間とはならない。もし心を凝らして想いをとどめるならば、何によってその念の数をおぼえることができるかとする。これに対する答えとして、『観経』に十念というのは、その業が成就したことをいうのみであり、必ずしもその数を知ることを意図していない。それは蟬が春と秋を知らず夏のみを知るように、十念というのもそれを知る者がいうだけである。十念の業の成就とは、仏がこれをいうのに過ぎないのである。つまりただ念を積みそれを相続して他のことによらなければ、他縁を生ずることも止むのである。どうして念の数を知るべきことがあろうか。このように曇鸞は述べている。

ここで、まず十念をする際にその数を知る必要性のないことを指摘している。また、傍線部分に示されるとおり、十念とは、第七問答と同様にその時間の長短を意図しないことを強調し、ただ念を積みそれを相続することであるととらえるのである。

これまで、多くの先学諸賢が先の第七問答を中心に十念の解釈を行うなかで、諸説が提示されてきた。しかし曇鸞が十念の語義について必ずしも明瞭に示さないため、表層的な文意のみではこれまでの議論と同様に、その具体相について明らかにすることは難しいように思われる。そこで次にいささか視点を変え、十念と称名の関係について検討を進めながら、曇鸞の十念理解について考えてみたい。

第三項　曇鸞の十念理解―十念と称名の関わりから―

十念と称名の関係について考える場合、両者が『観経』「下品下生」の所説に基づいて述べられている以上、曇鸞がこの経文をいかに解釈したかが問題となるであろう。しかし、先に示した「八番問答」における引用、ならびにその取意のみによるかぎり、曇鸞の意図した両者の関係が明瞭に示されることはない。そこでまず、曇鸞が称名についてどのような理解を示しているかについて確認をしてみたい。

称名について曇鸞が集中して述べるのは、先の「八番問答」と巻下の讃歎門の解説中である。そこでここでは讃歎門の解説についてみてゆきたいが、まず『往生論』の本文について確認しておきたい。

云何讃歎、口業讃歎。（中略）稱㆓彼如來名㆒、如㆓彼如來光明智相㆒、如㆓彼名義㆒、欲㆓如實修行相應㆒故。(81)

ここで五念門中、讃歎門とは口業により讃歎をするのであると述べ、その理由を、口業である称名を以て、如来の光明の智慧相や、その名と意義のように、真実の如く修行して相応したいからであるとしている。以上のように、『往生論』における讃歎門の行業とは、口業による称名の実践ととらえていることがわかる。

この『往生論』の本文に対し、曇鸞は以下のような解釈を試みている。

稱彼如來名者、謂稱㆓無礙光如來名㆒也。

如㆓彼如來光明智相㆒者、佛光明是智慧相也。此光明、照㆓十方世界㆒、無㆑有㆓障礙㆒、能除㆓十方衆生無明黒闇㆒。非㆑如㆔日月珠光、但破㆓空穴中闇㆒也。

如二彼名義一欲二如實修行相應一者、彼無礙光如來名號、能破二衆生一切無明一、能滿二衆生一切志願一。然有二稱レ名憶念一、而無明由在、而不レ滿二所願一者、何者、由下不二如實修行一、與二名義一不中相應上故也。(82)

ここで、『往生論』のいう如来の名とは無礙光如来であり、また仏の光明とは仏の智慧相そのものであって、その光明は十方世界へと照光して、すべての衆生が有する無明の闇を除くと述べている。そしてこれに続く傍線部分の解釈に注目すべきであろう。曇鸞はここで無礙光如来の名号は衆生の一切の無明を破り、また衆生の一切の願いをも満たすものであるとしている。しかしそれにもかかわらず、現実の衆生のなかに無明の者や、願いの満たされない者がいるのは、その衆生が如実に修行を行っておらず、また仏の名義と相応していないからであると述べている。そして曇鸞はこの衆生が行う行業が、称名と憶念であるという注目すべき理解を示している。

先述のとおり、『往生論』では讃歎門の行業を称名としており、その他の行業は提示されていない。それに対し曇鸞は、本来、称名を意図する讃歎門の実践内容を、称名と憶念することとしているのである。すなわちここから、曇鸞が称名を実践する際に、単に口業としてその行業を行うのみでなく、憶念が不可分のものであると認識していたことが推察されるのである。

曇鸞がこのような称名と憶念が不可分であるとの認識を示した背景として、『十住毘婆沙論』「易行品」の存在が想定される。この「易行品」はその章名の示すとおり、易行道に実践を提示しているが、その行業として、

若菩薩、欲下於二此身一、得レ至二阿惟越致地一、成中就阿耨多羅三藐三菩提上者、應下當念二是十方諸佛一稱中其名號上。(83)

と述べるように称名の実践を求めている。これは上記引用箇所にとどまらず、「易行品」において一貫して強調されるものである。さらに「易行品」において阿弥陀仏に言及する際に以下のように述べている。

阿彌陀等佛　及諸大菩薩　稱レ名一心念　亦得二不退轉一

更有二阿彌陀等諸佛一、亦應三恭敬禮拜、稱二其名號一。今當二具說一。無量壽佛、（以下、百六仏省略）是諸佛世尊、
現二在十方清淨世界一。皆稱レ名憶念。
阿彌陀佛本願如レ是、若人念レ我稱レ名自歸、即入二必定一、得二阿耨多羅三藐三菩提一。是故、常應二憶念一。以レ偈
稱讚[84]。（以下省略）

ここで阿弥陀仏等の仏、ならびに諸大菩薩に対して称名し、また一心に念ずることにより成仏を得るとの内容の偈頌に対して、阿弥陀仏のほか、百七仏が現在十方世界に在しているゆえに、みな称名し憶念すべきであると述べている。またさらに、我を念じ、称名し、自ら帰依する者は必定に入って、阿耨多羅三藐三菩提を得るとの阿弥陀仏の本願を提示し、それゆえに常に憶念すべきであるとしている。

この「易行品」において、『論註』における理解と同様に、阿弥陀仏等への行業として、称名と憶念の実践について述べられる。曇鸞が称名について言及するなか、『十住毘婆沙論』によったことは明示されることはない。しかし、難易二道の教説をはじめとして曇鸞が強い思想的影響を受けたこの『十住毘婆沙論』に、『往生論』ならびに曇鸞が依拠した浄土教関連の経典にみることができない称名と憶念の併修について述べられることを考えると、上記の曇鸞の称名の理解に対し、この「易行品」の説示が強い影響を与えたことは明らかであろう。

さて、以上の称名の理解を踏まえ、改めて曇鸞が『観経』「下品下生」をいかに理解していたか推察を加えて、曇鸞の十念の理解について考えてみたい。下品下生の者の往生について、曇鸞は、五逆罪や十悪を犯して、成仏の見込みもないような者も、臨終に際し、善知識の教えにより、声の絶やすことなく称名し、十念を具足することによって、浄土への得生が可能となると理解していた。すなわち下品下生の願生者の行業とは、称名と十念の実践を意図していたのである。一方、讃歎門における説示からも明らかなように、曇鸞は称名の実践をする際に、単に口

業としての称名のみにとどまらず、憶念の実践を伴うものと考えている。以上の点から類推するならば、曇鸞が『観経』「下品下生」に示される十念について、その具体的内容を憶念ととらえていたものと思われる。そのことを示すように、曇鸞は「八番問答」の第七問答において、十念の釈義をする際に、実際に「憶念」の語句を用いて、十念を、阿弥陀仏の総相と別相を憶念し、心に他想のない状態を相続することであるとの認識を示しているのである。そしてこの併修することを前提とする、いわば不可分な行業として、十念と称名をとらえたゆえに、第七問答において、十念の「念」が時間を意図したものではないことを述べたうえで、さらに「但稱二名號一亦復如レ是」と述べ、称名の実践についても時間が問題となるわけではないと付言したのであろう。

　巻下「入第一義諦」の問答中に下品下生の者の十念による往生について以下のように述べている。

問曰。上言レ知二生無生一、當二是上品生者一。若下下品人、乘二十念一往生、豈非レ取二實生一耶。但取二實生一、即墮二二執一。一、恐不レ得二往生一。二、恐更生二生惑一。

答。譬如下淨摩尼珠、置二之濁水一、水即清淨上。若人雖レ有二無量生死之罪濁一、聞二彼阿彌陀如來至極無生清淨寶珠名號一、投二之濁心一、念念之中罪滅、心淨即得二往生一。

又、是摩尼珠、以二玄黄幣一裹投二之於レ水、水即玄黄、一如二物色一。彼清淨佛土、有二阿彌陀如來無上寶珠一。以二無量莊嚴功徳成就帛一裹、投下之於所二往生一者心水上、豈不レ能下轉二生見一、爲中無生智上乎。

又、如二氷上燃レ火。火猛則氷解、氷解則火滅一。(85) 彼下品人、雖レ不レ知二法性無生一、但以下稱二佛名一力上、作二往生意一、願レ生二彼土一、彼土是無生界、見生之火自然而滅。

この問答は、無生の道理を知ることのない下品下生の者が、十念によって往生するというが、実際には往生を得ることができず、もしくは惑いを生ずるのではないかとの問いに対し、下品下生の者の往生が可能であることの論理的解明を試みたものである。このなか下品下生の者の行業に注目すると、問いにおいてその行業を十念による往生としているにもかかわらず、傍線部分にあるように、その行業を称名に置き換え、それにより得生が可能であるとの認識を示しているのである。ここでの説示からも十念と称名が不可分であるとの認識を曇鸞が有していたことが推察されるのである。

第四項　まとめ

以上の検討を踏まえ本節のまとめを行いたい。

今回改めて曇鸞の十念の釈義について検討したが、まず、曇鸞は十念について、阿弥陀仏の総相と別相を憶念し、心に他想することのない状態を相続することを意図していた。すなわち憶念の意ということができる。讃歎門における曇鸞の称名に対する理解を確認すると、『往生論』は讃歎門の実践をただ口業としての称名ととらえていたにもかかわらず、曇鸞は称名の実践をする際に、そのような口業としての称名のみにとどまらず、憶念の実践を伴うものと考えていたことが明らかとなった。そのような理解を曇鸞の「下品下生」の経文の理解に援用して考えるならば、そこでの十念の意味とは憶念を意味するものと思われ、そのことを示すように、曇鸞は「八番問答」の第七問答において、十念の釈義をする際に、実際に「憶念」の語句を用いその語義解釈を行っていたのである。

また最後に、これまでの十念に対する諸説における筆者の立場と、その他の説示に対する筆者の見解を示しておきたい。

これまでの十念に対する諸説を本節冒頭のように、

㈠称名説
㈡憶念説
㈢憶念と称名の両義とみる説
㈣往生を願う心の状態とみる説

と分類すると、上記の検討から導き出される筆者の立場は㈡憶念説といえる。他説について考える場合、まず㈠称名説は、十念を称名としてとらえる場合、先の第七問答における十念を称名と読み替えて解釈すると、続く「但稱二名號一亦復如レ是」（第七問答引用中、傍線④）の文意が成り立たなくなる。

次に㈢憶念と称名の両義とみる説である。本節でも検討したように称名と憶念の関係が併修されるという意味で不可分であることを考えると、この両者を実践することは関連があるといえる。しかしここで十念の意味について検討する場合、その両行を別のものとして考える必要がある。このことを示すように、先の第七問答において行ずる時間を問題とするなかで、「但稱二名號一亦復如レ是」（第七問答引用中、傍線④）と述べ、称名の実践を十念の説示と別出する形で論じている。

最後に㈣往生を願う心の状態とみる説については、その批判にいささか議論を要すると思われるが、例えばこの立場をとる岡亮二氏は曇鸞の十念義に対し、

聞名と称名によって生ぜしめられた、ただ往生を願う一心の相続心が、曇鸞の「十念義」だと結論づけられるのである。(86)

と述べられている。そして憶念とみる説に対し、

五逆罪者の臨終は、苦悩に苛まれ心が顚倒しており、とても阿弥陀仏のもしは総相もしは別相を憶念して、他

想無き心を持続できるような状態には置かれていないからである。したがって、この十念を心無他想の「憶念」の相続とする説は、『観経』「下下品」の思想と全く一致しないといわねばならない[87]。

と批判をされ、十念の実践者である下品下生の者には、そもそも憶念をすること自体が不可能であるとの認識を示している。そしてそのうえで、

仏教一般の念仏行からすれば、「憶念・称名」の行為が「十念」を生ぜしめ、「十念」は「憶念・称名」によって生ぜしめられる心となる。そこで曇鸞は仏教一般の念仏行の一列をここに用いて、「ただ言ふこころは」として、十念相続の状態を、恰も憶念して心が無他想になる、そのような「心無他想」の十念が相続する時間を、「十念相続」と名づけるのだとされたのである[88]。

と述べられ、第七問答に示される憶念を「恰も」行ったかのように心が無他想の状態になるとの見解が示されている。しかし検討すべきは、まず『論註』の説示をみるかぎり、曇鸞は、五逆罪を犯した者であり、なおかつ心が顚倒しているからといって、その者が十念を実践することが不可能であるとの認識を示すことはないとすることである。岡氏の見解は、十念を行う者にとって憶念を実践することは不可能であるとの前提に立って、第七問答の憶念について「恰も」行ったかのように心が無他想の状態としてとらえ、十念を憶念としてとらえることに対して批判を行っている。憶念を「恰も」行うこととはいかなる状態を意図しているのか定かでないが、少なくともそのような「恰も」行うことを第七問答で提示する必然性はないと思われる。このようなことからも、本節において検討した如く、第七問答に説示されるように憶念として十念を理解することが妥当であると考える。

註

（1）藤堂恭俊『無量寿経論註の研究』佛教文化研究所、一九五八年、一三二―一三三頁。藤堂恭俊他『曇鸞・道綽』（浄土仏教の思想四）講談社、一九九五年、八四頁。また同氏による『国訳一切経』（和漢撰述部・諸宗部五）一五頁の註にも同様の指摘をみることができる。
（2）香月院深励『浄土論註講義』法藏館、一九七三年、六七頁。
（3）『開元録』によれば、『往生論』の訳出は永安二年（五二九）であるが、『十地経論』は永平元年（五〇八）、『薩遮尼乾子経』は正光元年（五二〇）の訳出である。ただし『大宝積経論』については訳出年不明。
（4）大正蔵二六、一二五頁中―下。
（5）大正蔵九、三三五頁上。ただしここでは「外力」と記されるが、宋・元・明の三本、ならびに宮内庁本には「他力」と記される。
（6）大正蔵二六、二〇八頁上。
（7）大正蔵四〇、八二六頁上―中。
（8）本書第六章第一節「曇鸞の往生思想の背景とその形成」を参照。
（9）『十住毘婆沙論』の著者問題については種々論じられるところであるが、ここでは曇鸞が龍樹の著作とする以上、問わないこととする。
（10）藤堂恭俊「易行道思想とその展開」（『無量寿経論註の研究』佛教文化研究所、一九五八年）。また同氏による『国訳一切経』（和漢撰述部・諸宗部五）一四頁の註にも同様の指摘をみることができる。
（11）『十住毘婆沙論』では「易行道」との語を用いられるが、「難行道」は用いられない。『十住毘婆沙論』と『論註』のいずれも難易を相対するものとしてとらえるが、前者は、先行する説示を踏まえたうえで「易行道」の一行を提示することを目的とするのに対し、後者は諸行を相対する難易二道上にとらえ、そのうえで易行道を提示する論旨となるため、あえて「難行道」との用語を用いたものと考えられる。
（12）大正蔵二六、四一頁上。
（13）大正蔵二六、四一頁上。

(14) 大正蔵二六、四一頁上。
(15) 大正蔵二六、四一頁上―中。
(16) 大正蔵二六、四一頁中。
(17) 大正蔵二六、四二頁上。
(18) 例えば矢吹慶輝氏による『国訳一切経』(印度撰述部・釈経論部七)「十住毘婆沙論解題」等。
(19) 大正蔵二六、四二頁下。
(20) 大正蔵四〇、八二六頁中。
(21) 大正蔵四〇、八四四頁上。
(22) 本書第五章第四節「十念と称名について」を参照。
(23) 大正蔵四〇、八二六頁中。
(24) 大正蔵四〇、八四四頁上。
(25) 大正蔵四〇、八四四頁上。
(26) 本書第五章第一節「難易二道と他力」を参照。
(27) 大正蔵四〇、八四四頁上。
(28) 大正蔵四〇、八三五頁上。
(29) 大正蔵四〇、八三五頁上―中。
(30) 大正蔵四〇、八二七頁上。
(31) 大正蔵四〇、八二七頁上。
(32) 大正蔵四〇、八三五頁中。
(33) 大正蔵四〇、八三五頁中。
(34) 大正蔵四〇、八三五頁中―下。
(35) 大正蔵四〇、八三五頁下。
(36) 大正蔵四〇、八三五頁下―八三六頁上。

(37) 大正蔵四〇、八三六頁上。
(38) 大正蔵四〇、八三六頁上。
(39) 大正蔵四〇、八三六頁上。
(40) 大正蔵四〇、八三六頁上。
(41) 大正蔵四〇、八四三頁上―中。
(42) 大正蔵四〇、八四三頁中。なお、以下の『往生論』の引用は、『論註』所引の『往生論』の本文を用いることとする。『往生論』の書誌に対する筆者の見解は、本書第二章「『往生論註』成立に関する諸問題」の註(2)を参照されたい。
(43) 大正蔵四〇、八三五頁上。
(44) 大正蔵四〇、八三五頁下。
(45) 大正蔵四〇、八三六頁上。
(46) 大正蔵四〇、八三六頁上。
(47) 水野弘元「禅宗成立以前のシナの禅定思想史序説」(『駒澤大学研究紀要』一五、一九五七年)。
(48) 藤堂恭俊「浄土教における観・称の問題(1)―特にシナ浄土教にみられる観より称への移行―」(『佛教文化研究』一二、一九六三年)、同「曇鸞大師の五念門釈攷(上)」(『浄土宗学研究』一八、一九九二年)。
(49) 藤堂恭俊「曇鸞の奢摩他・毘婆舎那観」(福井博士頌寿記念論集『東洋文化論集』早稲田大学出版部、一九六九年)
(50) 例えば、林彦明「天親浄土論の奢摩他毘婆舎那に就て」(『専修学報』八、一九四〇年)、工藤成性「『無量寿経優婆提舎願生偈』の本義とそれに対する曇鸞の註解との比較研究」(『日仏年報』二三、一九五八年)等。
(51) 楠山春樹「漢語としての止観」(関口真大編『止観の研究』岩波書店、一九七五年)。
(52) 『十地経論』…三箇所(大正蔵二六、一七三頁中/一七五頁中/一七七頁上)、『勝思惟梵天所問経論』…一箇所(大正蔵二六、三五四頁上)。
(53) 『続高僧伝』「曇鸞伝」(大正蔵五〇、四七〇頁上)。

(54) 大正蔵三八、三四三頁中。
(55) また『同』巻第五において、僧肇の解釈であるが同じく「止」を「安止の止」として解釈する箇所をみることができる（大正蔵三八、四八一頁上）。
(56) 大正蔵三三、三五八頁上―中。
(57) 大正蔵一三、一五九頁中。
(58) 大正蔵四〇、八三五頁下。
(59) 大正蔵四〇、八二六頁中。
(60) 大正蔵四〇、八三五頁下―八三六頁上。
(61) 大正蔵四〇、八二七頁上。
(62) 藤堂恭俊「曇鸞大師の五念門釈攷（上）」（『浄土宗学研究』一八、一九九二年）一二頁。
(63) 大正蔵四〇、八二六頁中。
(64) 大正蔵四〇、八四四頁上。
(65) 大正蔵四〇、八三四頁中。
(66) なお、ここでいう「十念」とは、同じく「如レ是至レ心令二聲不一レ絶、具二足十念一、稱二南無無量壽佛一」（大正蔵四〇、八三四頁上）と『観経』下下品の説示として引用を行ったものを受けたものである。
(67) 大正蔵四〇、八三四頁下。
(68) 大正蔵四〇、八三六頁上。
(69) 大正蔵二五、三三九頁中。
(70) 本書第六章第二節「往相と還相」を参照。
(71) 大正蔵四〇、八三六頁上。
(72) 本書第四章第二節「『往生論註』における修道体系―願生者の分類を中心に―」を参照。
(73) 信楽峻麿氏は、本邦における中世から現代に至る曇鸞の十念に関する諸説の整理を行っている（信楽峻麿著作集一『改訂　浄土教における信の研究』法藏館、二〇〇七年、二四四―二四九頁）。

(74) 本書第四章第二節「『往生論註』における修道体系—願生者の分類を中心に—」を参照。
(75) 大正蔵四〇、八三三頁下—八三四頁上。
(76) 大正蔵四〇、八三四頁中。
(77) 本書第四章第二節「『往生論註』における修道体系—願生者の分類を中心に—」を参照。
(78) 大正蔵四〇、八三四頁下。
(79) 『漢文を読むための助字小字典』内山書店、一九九六年、三一頁。
(80) 大正蔵四〇、八三四頁下。
(81) 大正蔵四〇、八三五頁中。
(82) 大正蔵四〇、八三五頁中。
(83) 大正蔵二六、四一頁中。
(84) 大正蔵二六、四二頁下—四三頁上。
(85) 大正蔵四〇、八三九頁上—中。
(86) 岡亮二「中国三祖の十念思想（一）—曇鸞の十念思想—」（『真宗学』九四、一九九六年）二六頁。
(87) 前掲岡論文、二二頁。
(88) 前掲岡論文、二四頁。

第六章　曇鸞の往生思想の形成とその特徴

第一節　曇鸞の往生思想の背景とその形成

第一項　問題の所在

曇鸞『往生論註』（以下『論註』と略す）所説の往生思想に関する論考は非常に多い。しかしそれら先行研究を概観すると、その議論は、往生の「生」をいかに理解しているかという点が中心であるように思われる[1]。そこで本節ではいささか視点を変えて、曇鸞の往生思想がいかなる往生の形態を有し、またそれはいかなる思想背景のもとに形成されたものかについて、『論註』以前の経論における「往生」の用例との比較を通して検討を行ってゆきたい。

第二項　研究方法について

曇鸞以前および当時の浄土教信仰の実態については必ずしも明らかではない。塚本善隆氏[2]、藤堂恭俊氏[3]により、北魏時代の造像銘文を史料に用いて当時の浄土教信仰を探る試みがなされているが、加えて本書における検討に基づけば、[4] 北魏当時の造像の主流は釈迦仏・弥勒仏が中心であるのに加え、無量寿仏像を造立しながら弥勒仏の会座に列なることを願う者があるなど阿弥陀仏の浄土に往生することを専一に願う者の絶対数は必ずしも多くない。そのようななかで阿弥陀仏の浄土願生者についてうかがえば、その内容は現実世界を厭いその浄土への往生を願うという素朴な信仰形態を有するものであることを知ることができる。

もちろん、そのような当時の状況について無視することはできない。しかし、少なくとも曇鸞の浄土教思想との差異は大きいといえる。曇鸞は『論註』巻上の冒頭に「易行道」について以下のように説示している。

易行道者、謂但以㆓信佛因縁㆒、願㆑生㆓浄土㆒、乘㆓佛願力㆒、便得㆑往㆓生彼清浄土㆒。佛力住持、即入㆓大乘正定之聚㆒。正定即是阿毘跋致。譬如㆓水路乘船則樂㆒。[5]

この説示は、『論註』における修道の道標ともいえるものであり、同時に曇鸞が意図する往生の内容を吐露したものといえる。ここで先の造像銘にみられた浄土教信仰との相違を二点指摘できる。

第一に、菩薩が往生する際に阿弥陀仏の本願力を重視する点である。曇鸞は信仏の因縁によって浄土に往生したいと願うならば、本願力によって阿弥陀仏の浄土に往生することができるとしている。すなわち、菩薩の往生には本願力が不可欠であるとするのである。

第二は、その本願力によって往生したのち、「大乗正定の聚」や「阿毘跋致」、すなわち悟りを得るとする点である。悟りを求めることは、仏教である以上当然のことであるが、先の造像銘にみられる往生とは阿弥陀仏の浄土に往生することによって完結するものであり、必ずしも明確に悟りを得ることを目的としていない。

以上のような相違点を念頭に曇鸞の往生思想とその背景について考察する際、当時の状況に対する考慮はひとまず差し置いて考える必要がある。そして、その場合の方法として、『論註』において多くの引用がなされる『大智度論』、また先の易行道の思想材となった『十住毘婆沙論』と比較することがまず有効であろう。そこで本節では、『大智度論』『十住毘婆沙論』の往生についてその内容を整理し、併せて『論註』所説の往生の整理したうえで、両者の比較を通して検討を進めてゆくこととする。

第三項　『大智度論』所説の「往生」について

まず『大智度論』にみられる往生について検討してゆきたい。『大智度論』における往生の用例をすべて挙げると以下の八箇所を指摘することができる。

①巻二七（初品　大慈大悲義）
是時、便得レ入二菩薩法位一、住二阿毘跋致地一。如二往生品中説一。[6]

②巻二八（初品　欲住六神通釈論）
問曰。往生品中、説菩薩住二六神通一、至二諸佛國一。云何言二菩薩皆得五通一。[7]

③巻三七（習相応品）
菩薩得二是五神通一、爲レ供二養諸佛一故、變二無量身一、顯二大神力一、於二十方世界三悪趣中一、度二無量衆生一、如二往生品中説一。[8]

④巻三八（往生品）
若諸法都空者、此品中不レ應レ説二往生一。何有二智者前後相違一。若死生相實有、云何言二諸法畢竟空一。但爲レ除二諸

法中愛著・邪見・顚倒一故、説二畢竟空一。不レ爲レ破二後世一故説。汝無二天眼明一故疑二後世一、欲三自陷二罪惡一。遮二是罪業因縁一故、説二種種往生一。（中略）畢竟空、不レ遮二生死業因縁一。是故説二往生一。（9）

⑤巻六七（歎信行品）

皆以二深心一自行、及引二導他人一、令レ行二善道一。是福徳因縁故、不レ求二世樂・天王・人王富貴處一、聞レ有二現在佛處一、願レ往二生彼一。（10）

⑥巻七四（転不転品）

是人常願欲レ見二諸佛一、聞二在所處一、國土中有二現在佛一、隨レ願往生。（11）

⑦巻一〇〇（曇無竭品）

薩陀波崙菩薩、從レ是已後、多聞・智慧不可思議、如二大海水一、常不レ離二諸佛一、生二於有佛土中一、乃至夢中、未曾不レ見レ佛時、一切衆難皆悉已斷、在二所佛一土隨レ願往生。（12）

⑧巻一〇〇（曇無竭品）

薩陀波崙亦如レ是、多聞・智慧不可思議、如二大海水一、即於二是世一常不レ離レ佛、如レ是等、名爲二今世果報一。捨レ身常生二有佛國中一、好修二行念佛三昧一故、乃至夢中初不レ離レ見レ佛。地獄等諸難、皆已永絶、隨レ意往二生諸佛國土一。（13）

このうち①から③は「往生品」中での説示を指示する箇所であり、⑥および⑦は『大智度論』中において引用された『摩訶般若波羅蜜経』（以下『大品般若』と略す）の経文中に用いられたものである。したがって『大智度論』における厳密な意味での往生の用例は④⑤⑧といえる。

ここでは特に往生について集中して論ぜられる④の「往生品」の用例を中心に検討してゆきたい。まず、この往

生の説示に関する一段は、

問曰。無レ有二死生因縁一。何以故、人死歸レ滅。滅有二三種一。

一者、火燒爲レ灰。

二者、虫食爲レ糞。

三者、終歸二於土一。

今但見二其滅一、不レ見下更有二出者一、受中於後身上。以レ不レ見故、則知レ爲レ無。(14)


とあるように、畢竟空の立場から生死の因縁を否定的にみる問いに関する議論中にうかがえる。そして先に挙げた④の箇所では、

若死生相實有、云何言二諸法畢竟空一。但爲レ除二諸法中愛著・邪見・顚倒一故、説二畢竟空一。不レ爲レ破二後世一故説。

汝無二天眼明一故疑二後世一、欲三自陷二罪惡一。遮二是罪業因縁一故、説二種種往生一。(15)


と説かれている。ここでは、一見すると後世（＝次世）の存在を否定するように思われる畢竟空の考え方も、愛著、邪見、顚倒を除くために説かれたのであり、後世の存在を否定しているものではないとする。そしてさらに、諸法の実相をみることができないためにその後世を疑い、罪悪に陥ってしまう者が罪業を断つために往生が説かれるのであるとしている。この引用文に続き、『大智度論』は『中論』を引用して次のように説いている。

爲二衆生一故、隨レ縁説レ法、自無二所著一、以レ是故、中論中説
一切諸法實　一切法虚妄　諸法實亦虚　非レ實亦非レ虚
涅槃際爲レ眞　世間際亦眞　涅槃世無レ別　小異不レ可レ得
是爲二畢竟空相一。畢竟空、不レ遮二生死業因縁一。是故説二往生一。(16)

ここでは畢竟空について明らかにしているが、一切の差別や執着を捨てたところの畢竟空では生死流転の因縁を断つことはできず、その生死流転の因縁を断つために往生を説くのであるとして、先の考えを重ねて説いている。

以上の要点を以下のようにまとめることができる。

一、畢竟空の考え方は後世の存在も否定するようであるが、それは愛著、邪見、顚倒を除くために説かれたものであり、後世を否定するものではない。

二、後世を疑い、罪悪の因縁に陥ってしまう者のために往生が説かれる。

三、畢竟空を以てしては生死流転の因縁を断つために往生が説かれる。

しかし、ここで往生の根拠については明らかになったのであるが、往生の形態について、すなわち、「何が」「どこから」「どこへ」行くのかということは知ることはできない。そこでこの④の『大智度論』の釈文の前提となる『大品般若』の該当部分をみてゆきたい。

舎利弗、汝所レ問、菩薩摩訶薩與二般若波羅蜜一相應、從二此間一、終當生二何處一者。舎利弗、此菩薩摩訶薩從二一佛國一至二一佛國一、常値二諸佛一、終不レ離レ佛。[17]

ここでは菩薩が般若波羅蜜と相応することによって、此土を出でて、一仏国から一仏国へと渡り、諸仏に会い、その仏より離れることはないと説かれている。以上のことから、『大智度論』では、菩薩が此土を離れ、一仏国から一仏国に移るという『大品般若』の経説を前提に、そのような状態を往生として理解していることがわかる。

第四項　『十住毘婆沙論』所説の「往生」について

次に『十住毘婆沙論』にみられる往生について検討してみたい。『十住毘婆沙論』における往生の用例をすべて挙げると以下の三箇所を指摘することができる。

①巻三（釈願品）

佛功徳力者、一切去・來・今佛威力。功徳・智慧無量深法、等無二差別一、但随二諸佛本願因縁一。或有二壽命無量一、或有二見者一即得二必定一、聞レ名者亦得二必定一。女人見者、即成二男子身一、若聞レ名者、亦轉二女身一。或有レ聞レ名者、即得二往生一。或有二無量光明一衆生遇者離二諸障蓋一。或以二光明一即入二必定一、或以二光明一滅二一切苦惱一。[18]

②巻三（釈願品）

聞二佛名一得二往生一者、若人、信解力多、諸善根成就、業障礙已盡、如レ是之人得レ聞二佛名一、又是諸佛本願因縁便得二往生一。[19]

③巻四（阿惟越致相品）

離二諸闘訟一常願レ見レ佛、聞二他方現在有レ佛願欲二往生一。常生二中國一、終不四自疑三我是阿惟越致、非二阿惟越致一決定自知二是阿惟越致一。[20]

ここでは特に①②について注目をしたい。②は①の解説を施した箇所であるが、いずれの箇所においても「諸仏本願の因縁」によって往生をすることができると説かれている。この点に関しては多くの先学によって指摘がなされているように、『無量寿経』の第十八願文、ならびに対応する願成就文との共通点をみることができる。[21]

この「仏の名を聞くことによって往生する」との諸仏の本願を以て、『十住毘婆沙論』における往生の要因をみることができるが、先の『大智度論』における往生の検討を行った際にも問題とした、往生の形態について、すなわち「何が」「どこから」「どこへ」行くのかということについては知ることができない。

まず、「何が」に関しては③において往生の結果、菩薩の最終階位である「阿惟越致」に至ると説いていることからも往生の主体者は菩薩であることは明らかである。その他に関しては、『十住毘婆沙論』における往生の用例に、先に示したように『無量寿経』との共通点が指摘されていることから、此土から彼土への移動を以て往生とすることが想像される。『十住毘婆沙論』の本文にその証を求めるならば、「易行品」に以下のように示している。

若人命終時　得レ生二彼國一者　即具二無量徳一　是故我歸命(22)

この文は「易行品」の阿弥陀仏を称讃する偈頌部分にみられる。『十住毘婆沙論』における往生は阿弥陀仏の本願と密接な関係にあることは先に示したとおりであるが、この偈頌部分において、阿弥陀仏の本願の功徳として、命終の時に彼の国に生ずることができたならば無量の功徳を得るとあり、此土から彼土への移動が説かれている。

以上のことから『十住毘婆沙論』における往生の理解とは、諸仏本願の因縁、特にそれは阿弥陀仏の本願の因縁を根拠に説かれたものであり、そこにおける往生とは菩薩の此土から彼土への移動を意味しているということがわかる。

第五項　『往生論註』所説の「往生」について

次に『論註』にみられる往生について検討してゆきたい。曇鸞は『論註』巻下「入第一義諦」に以下の問いを設けている。

上言レ知二生無生一、當二是上品生者一。若下下品人、乘二十念一往生、豈非レ取二實生一耶。但取二實生一、即墮二二執一。一、恐不レ得二往生一。二、恐更生二生惑一。(23)

ここで「上に生は無生なりと知ると言う」とは、『論註』巻上に『往生論』の「願生安楽国」を註する際に、

答曰。説三衆生無生如二虚空一、有二二種一。（中略）二者、謂諸法因縁生故、即是不生。無二所有一、如二虚空一。天親菩薩所レ願生者、是因縁義。因縁義故、假名生。非レ如三凡夫謂レ有二實衆生實生死一也。(24)

として、「生」について、いわゆる凡夫のいうところの生死ではなく、因縁生としての「生」、すなわち『論註』の言葉によれば「仮名の生」として理解している。

したがって「仮名の生」であるがゆえに衆生は「無生」であるとしているのであるが、ここで先の「入第一義諦」の問いに返れば、そのような「生は無生なり」と知ることができる者は上品生の者であって、下品下生の者は十念によって往生をしようとしても無生を悟ることはできない、としている。しかも、もし「仮名の生」ではなく「実の生」をとるならば、往生をせず、たとえ往生をしても煩悩を生ずるだろうと問うている。

ここでいう下品下生の者に関して、『論註』巻上「八番問答」の初めに、

又、如二觀無量壽經一、有二九品往生一。下下品生者、或有二衆生一、作二不善業五逆十悪一具二諸不善一、如レ此愚人、以二悪業一故、應下堕二悪道一、經二歴多劫一、受レ苦無上レ窮。如レ此愚人、臨二命終時一、遇下善知識種種安慰爲説二妙法一、教令中念佛上。此人苦逼不レ遑二念佛一。善友告言、汝若不レ能レ念者、應レ稱二無量壽佛一。如レ是至レ心令二聲不一レ絶、具二足十念一、稱二南無無量壽佛一。稱二佛名一故、於二念念中一、除二八十億劫生死之罪一、命終之後見二金蓮華一。猶如二日輪一、住二其人前一、如二一念頃一、即得三往二生極樂世界一。於二蓮華中一、滿二十二大劫一、蓮華方開。觀世音・大勢至、以二大悲音聲一、爲レ其廣説下諸法實相除二滅罪一法上。聞已歡喜、應レ時則發二菩提之心一。是名二下品下生者一。以二此經一證、明知。下品凡夫、但令下不三誹二謗正法一、信佛因縁皆得中往生上。(25)

と、『観無量寿経』（以下『観経』と略す）のほぼ同文を引用して説明しているが、曇鸞はここで『観経』に基づい

て、五逆十悪を起こして様々な悪事をなした者も、声を絶やさずそして十念を具足すれば、信仏の因縁によってみな極楽世界に往生することができると、下品下生の者を規定していることがわかる。すなわち、逆をいえば下品下生の者は十念を以て往生をするということであり、これは先の問いと合致するものである。

ここで再度、先の「入第一義諦」に返れば、問いの答えとして

如二氷上燃一レ火、火猛則氷解、氷解則火滅一。[26]彼下品人、雖レ不レ知二法性無生一、但以下稱二佛名一力上、作二往生意一、願レ生二彼土一、彼土是無生界、見生之火自然而滅。

と、まず火と氷の譬えを掲げ、下品の人（下生下品の者）は「生」というのは「実の生」ではなく「仮名の生」であると知らずとも、仏の名を称する力を以て彼の土に生まれたいと願えば、それはあたかも氷がとけ火が消えてしまうように、彼の土は無生の世界であるから「生」を「実の生」とみてしまう煩悩も自然に滅してしまうとしている。以上の議論から、下品下生の者の往生も可能であり、またここにその往生を可能とする論理をみることができる。

次に往生と阿弥陀仏の本願との関係についてみてゆきたい。まず、『論註』巻下の「利行満足」に以下のようにある。

凡是生二彼淨土一及彼菩薩人天所起諸行、皆縁二阿彌陀如來本願力一故。何以言レ之。若非二佛力一、四十八願便是徒設。今的取二三願一用證二義意一。[27]

すなわち、浄土に往生するということ、ならびに彼の地に渡った菩薩が行う諸々の行というものは、すべて阿弥陀仏の本願によるものであるとし、その証として四十八願のうち三願を抽出して説明している。以下、それぞれについてみてゆきたい。

初めに、往生の証として第十八願を挙げている。そして願文を引用したのち、

縁二佛願力一故、十念念佛、便得二往生一。得二往生一故、即免二三界輪轉之事一。無二輪轉一故、所以得レ速。一證也。[28]

とし、この本願によって、衆生は十念の念仏によって往生することができるとしている。また、往生することにより、すでに『論註』巻上「荘厳清浄功徳成就」で

此三界、蓋是生死凡夫流轉之闇宅。[29]

と言及しているような欲界、色界、無色界の三界を、衆生が生死流転することがなくなるとしている。ここに『論註』における往生の証を求めることができる。

次に、往生をしたのちの菩薩について第十一願を挙げている。そして願文を引用したのち、

縁二佛願力一故、住二正定聚一。住二正定聚一故、必至二滅度一。無二諸迴伏之難一。所以得レ速。二證也。[30]

として、この本願によって、先の十念の念仏により往生した衆生は、彼の土で正定聚となって必ず悟りを開き、速やかに智慧を得るとしている。これは先の「彼の菩薩人天の所起の諸行」の証となるものである。

また同じく、往生をしたのちの菩薩について第二十二願を挙げている。そして願文を引用したのち、

縁二佛願力一故、超二出常倫諸地之行一、現前修二習普賢之德一、以レ超二出常倫諸地行一故、所以得レ速。三證也。[31]

として、願文中に説かれた、堅く誓いを建てて、徳を積んで、一切の衆生を悟らせるような菩薩、そしてまた、諸仏国を渡って、諸仏如来を供養して、多くの衆生を悟らせ、この上ない菩提を求めるような普賢菩薩を除いて、次第に十地の菩薩行を重ねることなく、直ちに普賢菩薩の慈悲の徳行を行い、速やかに智慧を得るとしている。この二十二願は『論註』巻下の他所にも引用ならびに解釈がなされており、それでは、

案二此經一、推二彼國菩薩一、或可レ不下従二一地一至中一地上。言二十地階次一者、是釋迦如來、於二閻浮提一、一應化道耳。

他方浄土、何必如レ此。(32)

としており、曇鸞はこの二十二願の解釈を通じて、浄土に往生することにより、菩薩は十地の階次に従うことはない、ということを強調していることがわかる。

以上、十八、十一、二十二願の三願について検討を行ってきた。本来、この三願は、浄土に生じようとする者、ならびに浄土の菩薩が行う行が、いかに阿弥陀仏の本願によるものであるかとの議論のもとに呈されたものであるが、このことは同時に、阿弥陀仏の本願による往生の過程を示すものであるとみることができる。すなわち阿弥陀仏の本願により、衆生は十念の念仏を以て往生し（十八願）、往生ののち菩薩は正定聚となって悟りを開くのであり（十一願）、また諸仏国へ往生することなく、しかも十地の階位を超出して速やかに智慧を得るとし（二十二願）、この三願の次第に随って往生の過程をみることができる。このように、『論註』における往生の根拠として阿弥陀仏の本願が挙げられ、その往生の形態は此土から彼土への移動を意味している。

第六項　三界の超出と往生

この彼土への往生とは、無論、阿弥陀仏の浄土への往生を意図するものである。そして同時に、その浄土への往生とは、先の第十八願文に対する曇鸞の解釈からも明らかなように、欲界、色界、無色界の三界という、衆生が生死をくり返す世界から超出することを意味している。

曇鸞が阿弥陀仏の浄土を三界から超出した場所にあると認識したのは、『往生論』の教説に基づいたことにほかならない。すなわち、

観二彼世界相一勝二過三界道一[33]

との、荘厳清浄功徳成就に該当する一文である。この浄土が三界を超出した世界にあるか否かは、曇鸞以降、中国浄土教理史上において重要な問題として議論が重ねられてゆくこととなるが[34]、この問題とは、浄土教関係の経典ではなく、他でもないこの『往生論』を起点とした議論である。これに対して曇鸞は、荘厳清浄功徳成就を解説するなかで、この荘厳相を浄土全体の姿を現したもの（総相）であるとして、次のように述べている。

此清淨、是總相。佛本所三以起二此莊嚴清淨功徳一者、見二三界一、是虚僞相、是輪轉相、是無窮相、如二蚇蠖循環一、如二蠶繭自縛一。哀哉。衆生締二此三界一、顚倒不淨。欲丙置下衆生、於二不虚僞處一、於二不輪轉處一、於中不無窮處上、得乙畢竟安樂大清淨處甲。是故、起二此清淨莊嚴功徳一也[35]。

ここでは、法蔵菩薩が誓願を建てる際に、三界にいる衆生が、尺取り虫がめぐり歩くように、また蚕が繭を作って自らを縛るように、虚偽に満ちて、流転して、輪廻も窮まることのない世界にいるのをみて、自ら（阿弥陀仏）の浄土はそのようなことのない、清浄な世界を作ることを誓われ、この荘厳清浄功徳を成就されたとしている。すなわちここでは、先の『往生論』の教説を受けて、阿弥陀仏の浄土が、虚偽に満ちて、流転して、輪廻も窮まることのない三界から超出した世界にあることを意図して、曇鸞が解釈を試みていることがわかる。

この荘厳清浄功徳成就を解釈するなかで、曇鸞は三界について解説を試み、併せて阿弥陀仏の浄土の優位性について、次のように述べている。

三界者、
一是欲界。所謂、六欲天・四天下・人・畜生・餓鬼・地獄等、是也。
二是色界。所謂、初禪・二禪・三禪・四禪天等、是也。

三是無色界。所謂、空處・識處・無所有處・非想非非想處天等、是也。
此三界、蓋是生死凡夫流轉之闇宅。（中略）安樂是菩薩慈悲正觀之由生。如來神力本願之所レ建。胎卵濕生、縁レ茲高揖、業繫長維、從レ此永斷。續括之權、不レ待レ勸而彎レ弓。勞謙善讓、齊二普賢一而同レ德。勝二過三界一、抑是近言。[36]

ここで三界の欲界、色界、無色界の各々について規定を試みたうえで、それらは生死をくり返す凡夫の流伝の極まりない闇の住まいであるとしている。これに対し浄土とは、法蔵菩薩の慈悲によって成立したものであり、また、その本願力によって建立されたものである。それゆえ、胎卵湿生の四生というたぐいの生は浄土にはなく、三界から続く業の呪縛を永久に絶たれる。そして、衆生を救う善巧方便も諸仏の勧めなく行われ、自らの功績を他人に譲ることは、普賢菩薩に等しくならんで徳を同じくする。曇鸞は、『往生論』に「勝過三界」とあるのは、このようなことを意図したものであるとしている。

では、このような曇鸞の阿弥陀仏の浄土が三界を超出した世界であるとの理解が、『往生論』の教説のみによったかといえば、必ずしもそうではない。曇鸞は浄土の三界超出について次のようにも述べている。

釋論言。如レ斯、淨土非二三界所攝一。何以言レ之。無レ欲故、非二欲界一。地居故、非二色界一。有レ色故、非二無色界一。蓋菩薩別業所レ致耳。[37]

この一文は、『大智度論』「往生品」の以下の説示に基づくものである。

問曰。生二他方佛國一者、爲二是欲界一、非二欲界一。
答曰。他方佛國雜惡不淨者、則名二欲界一。若清淨者、則無二三惡道三毒一、乃至無二三毒之名一。亦無二二乘之名一、亦無二女人一、一切人、皆有二三十二相一、無量光明、常照二世間一、一念之頃、作二無量身一、到二無量如恒河沙等世界一、度二無量阿僧祇衆生一、還來二本處一。如レ是世界、在二地上一故、不レ名二色界一。無レ欲故、不レ名二欲界一。有二形色一故、不レ名二無色界一。諸大菩薩、福徳清淨業因縁故、別得二清淨世界一、出二於三界一。或有下以二大慈大悲心一憐中愍衆生上故、生二此欲界一。[38]

この問いのなかで他方浄土に生ずるとするのは、すでに『大智度論』所説の往生について検討を行ったように、一仏国から一仏国への往生、すなわち浄仏国土の行を意図している。そしてその浄土が清浄であるならば、三悪道、三毒、そして二乗も女人もない。その浄土のすべての人たちは仏と同様に三十二相を具足して、無量の光明は常に世間を照らし、一念の間に無量の身となって、無量の世界へと至り、無量の衆生を救い、またもとの仏国へと還る。このような世界は、地上にあるから色界とは名付けず、無欲であるから欲界とは名付けず、形があるから無色界とも名付けない。それらは諸々の大菩薩が福徳に満ちた清浄な行いによっているゆえに清浄な世界であって、三界を出でた場所にあるとしている。

傍線を付したように、曇鸞がこの『大智度論』の説示に基づいて、上記のように阿弥陀仏の浄土が三界の外にあると認識したことに疑いはない。もちろん、この『大智度論』の説示は阿弥陀仏の浄土について言及したものではなく、あくまで諸仏国土について言及したものである。しかし、上記のように曇鸞がこの『大智度論』の説示に基づいて、阿弥陀仏の浄土の「勝過三界」を理解したことを考えると、まず曇鸞の阿弥陀仏の浄土観とは、この『大智度論』の仏国土観を根拠として成立したことが確認される。また、この『大智度論』「往生品」はすでに検討を行ったように往生に関する説示を意図した章であるが、ここに示される三界を超出した世界への往生と、同様の往生観を曇鸞が有することを考えると、そもそも曇鸞の往生観は、単に浄土教関係の経典によって導き出されたものではなく、先の『往生論』の説示を機縁として、この『大智度論』所説の往生観に基づいて構築されたものであることが明らかとなる。

また、曇鸞は『十住毘婆沙論』を引用して、次のように述べている。

又十住毘婆沙中、龍樹菩薩造二阿彌陀讃一云、超二出三界獄一、目如二蓮華葉一、聲聞衆無量。是故稽首禮。是有二聲聞一證也。[39]

この一文は、浄土に声聞衆がいることの論証として用いられるものであり、必ずしもいまの問題と関連するものではない。しかしこの『十住毘婆沙論』「易行品」の引用[40]からも明らかなように、浄土が三界を超出した世界であることが明記されている。曇鸞が阿弥陀仏の浄土が三界の外にあると認識した際に、上記の「易行品」の説示もその根拠となったことは明らかであろう。

第七項　まとめ

以上の考察を踏まえ、『論註』と『大智度論』『十住毘婆沙論』の羅什系論書との比較を行い、加えて『論註』の往生思想の背景について言及してゆきたい。

まず『大智度論』であるが、その往生の形態は『論註』とは大きく異なる。先に整理したとおり、菩薩が此土を離れて、一仏国から一仏国に移るという『大品般若』の経説を前提に往生を理解しており、此土から彼土への移動を以て往生と理解する『論註』とは大きく異なる。特に『論註』においては、彼の土に渡った菩薩は、「堅く誓いを建てて、徳を積んで、一切の衆生を悟らせるような菩薩」や、「諸仏国を渡って、諸仏如来を供養して、多くの衆生を悟らせ、この上ない菩提を求めるような菩薩」を除いて、十地の菩薩行を次第に重ねることなく、直ちに普賢菩薩の慈悲の徳行を行い、速やかに智慧を得ると、『無量寿経』の第二十二願に基づいて理解しているが、『大智度論』の此土を離れたのち一仏国から一仏国に移るという往生の理解は、『無量寿経』の説示とは大きな差異がある。ただし、畢竟空を説きながらも後世の存在を肯定的にとらえる点は注目すべきであろう。

『十住毘婆沙論』については、諸仏本願の因縁によって往生することができると理解するが、これは先にも示したとおり、諸仏の本願とは『無量寿経』等にみられる阿弥陀仏の本願と対応するものである。曇鸞が『十住毘婆沙論』にみられる諸仏の本願をどのように理解していたかに関しては、『論註』冒頭の「易行道」の説示に「信仏の因縁」を『無量寿経』の第十八願と同思想を以て理解していることからも、諸仏の本願とは阿弥陀仏の本願であると理解していたことがわかる。したがって両者が阿弥陀仏の本願を以て往生の「根拠」とすることに、共通点をみることができる。また、往生の形態についても、此土から彼土への移動を以て理解することに共通点をみることができる。

以上のように、『論註』と『大智度論』『十住毘婆沙論』について、その往生思想を形態という側面からみた場合、共通点と相違点の両面をみることができる。これは『論註』『十住毘婆沙論』が此土から彼土への往生、『大智度論』が一仏国から一仏国への往生を意図している差異そのものといってよい。しかし、三界からの超出という側面から往生をとらえる場合、これらの典籍の往生観はいずれも共通している。

すなわち『論註』は浄土が三界を超出した世界であると規定し、その三界外の浄土へゆくことそのものを往生としてとらえている。これに対し『大智度論』は、諸々の大菩薩の福徳に満ちた清浄な行いによっている清浄な仏土は、三界を超出した世界であると規定して、その仏土への移動を以て往生ととらえており、曇鸞はこのような思想を『論註』に援用し、その往生観を構築したのである。これは曇鸞が三界に対する規定を『大智度論』に基づいて行っていることからも間違いないであろう。もちろん、先にも述べたとおり、『論註』と『大智度論』が意図する往生の形態は大きく異なる。『大智度論』は多仏国土の存在を想定し、その多仏国の間の移動を以て往生と規定している。その多仏国の一々については、造悪不浄の国土もあれば、諸々の大菩薩が福徳に満ちた清浄な行いによっている清浄な国土も存在する。しかし、曇鸞はそのような往生の形態を、此土と彼土という二世界観のなかに援用したゆえに、両者の往生の形態にこのような差異が生じたのである。

また『十住毘婆沙論』についても、阿弥陀仏の浄土が三界を超出した世界であるととらえている。そして、往生の形態について、此土から彼土への移動を以て理解することから類推して考えると、阿弥陀仏の浄土への往生が『論註』と同じ思想として示されているとみることができる。すなわち、曇鸞の往生観の形成へ『十住毘婆沙論』が関わっていることを否定することはできないであろう。

以上の検討からも明らかなように、曇鸞の往生思想の背景として、『大智度論』『十住毘婆沙論』の往生思想が求められる。四論を修学した曇鸞にとって、『大智度論』に説示されたように生死の流転をくり返す三界からの超出は大きな目的であった。しかし、『論註』冒頭に難行道を提示するなかで、他力によらなければ成仏を得ることは難しいとしているように、『大智度論』所説の三界を超出する往生の行の実践は不可能であると考えていたのであろう。また『十住毘婆沙論』によればその問題もわずかに解決の方向性を見いだしうるようにも思われるが、そこに説かれる易行道とは必ずしも阿弥陀仏の一仏を意図したものではない。しかしそこから見いだされる本願に依拠した往生を契機として、阿弥陀仏の本願力に注目するに至り、曇鸞が本願力に依拠した三界を超出した阿弥陀仏の浄土への往生という往生観を形成したものと推察される。

なお、ここで本書第一章において検討した北魏当時の無量寿仏信仰との差異について言及するならば、まさに曇鸞がこの三界の超出として往生行をとらえたことに、北魏当時の無量寿仏信仰との大きな差異があるといえる。当時の無量寿仏信仰とは、来世において「離苦得楽」「普登正覚」なる境界を得たいという非常に素朴な信仰である。そしてそれのみならず、仏会に参じたのち、さらに人間世界に帰ったおりには国王や長者となることを願っており、この現実世界（現世）への強い執着も示される。しかしこれに対し曇鸞の理解に基づくならば、その三界に対する理解からも明らかなように、三界にいては生死流転する輪廻の世界から離れることはできないのである。そこには当然、仏国に生じたのち、次節において検討するような還相する場合を除き、現実世界への帰還などという希求は介在することはない。つまり、曇鸞が浄土教信仰を提示する意図は、この三界からの超出にあったといっても過言ではないのである。

第二節　往相と還相

第一項　問題の所在

曇鸞は『論註』巻下「起観生信」において世親『往生論』所説の五念門について註釈を行っている。そしてそのうち回向門を解釈するなか、回向の内相に二種があるとして往相と還相について明らかにしている。この二者は『往生論』にその語句の起源を求めることはできず、かつ『論註』以前の経論にもその用例をみることができないため、曇鸞により創出されたものと考えられる。

この往相・還相に関する論考はこれまでにも多くみることができる。しかし、本邦の親鸞によって特に重用された思想であるためか、親鸞の還相回向に関する検討、もしくは曇鸞の往相・還相について検討を行いながらも親鸞の還相回向の開示を意図した論考が多いように思われる。そのようななか、本節ではこれまでと同様に(41)、曇鸞自身の意図に注目し、『論註』における説示に基づいて、改めてこの往相・還相について検討してゆきたい。

なお本節では、曇鸞の往相と還相の二種回向について整理し、併せて還相の思想背景について明らかにすることを目的とする。

第二項　往相と還相の往生行

回向は仏教、特に大乗仏教の仏道修行において重視される思想である。この回向について曇鸞は、『論註』巻上に『往生論』の偈頌の最後の四句について解釈するなか、以下のような理解を示している。

　次下四句是迴向門

　我作レ論説レ偈　願見二彌陀佛一　普共二諸衆生一　往二生安樂國一

　此四句、是論主迴向門。迴向者、迴二己功德一、普施二衆生一、共見二阿彌陀如來一、生二安樂國一。(42)

ここで曇鸞は、この四句が五念門のうち回向門に該当する、との『往生論』にはみられない独自の理解を示し、そのうえで回向について、自らの功徳をめぐらし、すべての衆生に施して、衆生とともに阿弥陀仏を見て安楽国に生まれることであるとしている。

このような理解は『論註』において一貫しており、先の巻上の説示と対応する巻下「善巧摂化」には以下のようにいっている。

凡釋迴向名義、謂以己所集一切功徳、施與一切衆生、共向佛道。[43]

ここでも回向について、自ら集めたすべての功徳を衆生に施し、共に仏道に向かうことであると、先と同様の理解を示している。

以上のような、自らの利益（自利）のみを求めるのではなく、その利益を他にも施す（利他）ことは大乗仏教の仏道修行の実践において極めて当然のことと思われるが、ここでの理解に示される回向の実践こそが、『論註』巻下「起観生信」に説示される回向門の実践となる。そして、このような回向の実践を、阿弥陀仏の浄土への往生を指向する五念門という往生行中において理解するなか、往相と還相の二種回向という曇鸞独自の理解が示されることとなる。

では次に、往相と還相の説示内容についてみてゆくこととする。

云何迴向、不捨一切苦惱衆生、心常作願迴向爲首、得成就大悲心故迴向有二種相。一者、往相。二者、還相。

往相者、以己功徳、迴施一切衆生、作願、共往生彼阿彌陀如來安樂淨土。

還相者、生彼土已、得奢摩他・毘婆舍那方便力成就、迴入生死稠林、教化一切衆生、共向佛道。

若往、若還、皆爲拔衆生渡生死海。是故言迴向爲首得成就大悲心故。[44]

先述のとおり巻下「起観生信」において回向門を註釈するなか、以上のように説示されている。ここでの説示によれば、まず往相とは、自らの功徳を施して、衆生とともに阿弥陀仏の浄土への往生を作願することをいい、また還相とは、阿弥陀仏の浄土への往生以後に、奢摩他・毘婆舎那の方便力を成就したならば、再び娑婆世界へと入り、すべての衆生を教化して共に仏道へと向かうことをいう。そしてこの往相と還相のいずれもが、生死をくり返す娑婆世界から衆生を救いとることを目的としている。

この二種回向を菩薩の修道行程上において考えるならば、まず往相とは往生を得るまで（往生以前）に行う回向の実践とみることができる。巻下「善巧摂化」には、以下のようにある。

此無上菩提心、即是願作佛心。願作佛心、即是度衆生心。度衆生心、即攝二取衆生一生二有佛國土一心。是故、願レ生二彼安樂淨土一者、要發二無上菩提心一也。若人不レ發二無上菩提心一、但聞二彼國土受樂無レ間、爲レ樂故願レ生、亦當レ不レ得二往生一也。是故、言下不レ求二自身住持之樂一、欲レ拔二一切衆生苦一故上。[45]

ここでは浄土への往生を求めるすべての者が菩提心を起こすべきであるとし、その無上なる菩提を求める心（「無上菩提心」）がそのまま作仏を願う心（「願作仏心」）となり、さらにその作仏を願う心がそのまま衆生を救い浄土へと生ぜしめる心（「度衆生心」）になると述べ、それゆえにまず、「無上菩提心」をおこすことが重要であるとしている。そして、もしこの菩提心をおこすことなく、単に浄土における享楽のみを求めたならば、往生することはできないとしている。すなわち、「無上菩提心」を求めることが、結果として、自らの享楽を求めず、すべての人々の苦を救いとると『往生論』の本文にも示されるように、「度衆生心」へと通じるのである。

ここに示される「度衆生心」は、まさに往相の回向の意図する、衆生とともに浄土に往生することを目的としている。そしてなおかつ「度衆生心」を持たなければ往生を得ることができないとの説示されることからも、往生を得るまで（往生以前）に行うことであって、往相の回向と同内容の説示がなされているといえる。

それに対し還相とは、往生を得たのち（往生以後）に行うものとみることができる。曇鸞の実践体系は往生の獲得によって帰結するのではなく、例えば、作願門と観察門の内実である奢摩他と毘婆舎那の実践のように、往生以前から往生以後も継続的に行われるものである。[46]還相の回向もそれらと同様に往生以後において、奢摩他と毘婆舎那の方便力を成就したのち、再び娑婆世界へと入り、すべての衆生を教化して共に仏道へと向かうことをいうのである。

以上のように、回向の実践とは、往生以前ならびに往生以後も継続的に行われるものであるが、願生者（菩薩）の修道上において考えれば、往生以前に行う回向の実践が往相であり、往生以後に行う回向の実践が還相と分類される。

さて、曇鸞の理解によればこの回向門の実践について、巻下「起観生信」冒頭に五念門を総説するなか、以下のようにある。

門者、入出義也。如二人得一レ門、則入出無礙。前四念、是入二安樂淨土一門。後一念、是出二慈悲教化一門。(47)

ここで示されるように、回向門を除く四門が阿弥陀仏の浄土に入ることを目的としているのに対し、回向門とは慈悲教化に出ることを目的としている。回向の実践とは、往生以前ならびに往生以後に共通して求められるとの点はこれまでに確認されたとおりである。

以上の二つの理解を勘案するならば、曇鸞にとって、往生以前に行う往相の回向とは四念門の実践に通底すべきものであり、往生以後に行う還相の回向の実践こそが回向門における実践を意図したものと考えられる。すなわち、回向は願生者（菩薩）の修道上において常に求められるものといえるが、浄土への往生を指向する五念門中、回向門の実践についてみるならば、その具体的な内容とは還相の回向を意図していたものといえる。

この還相の回向を曇鸞が説示した思想背景については、これまでも検討がなされ多くの経論がその典拠として指摘されているが、まずその典拠の一例として『往生論』における説示を確認するならば以下のようにある。

『往生論』では五念門の成就として以下の五種門を挙げている。

復有㆓五種門㆒、漸次成㆓就五種功徳㆒。應㆑知。
何者五門。一者、近門。二者、大會衆門。三者、宅門。四者、屋門。五者、園林遊戯地門。(48)

このうち、園林遊戯地門が回向門の成就したものである。その園林遊戯地門について、さらに以下のように説示される。

出第五門者、以㆓大慈悲㆒、觀㆓察一切苦惱衆生㆒、示㆓應化身㆒、迴㆓入生死園煩惱林中㆒、遊戯神通、至㆓教化地㆒。以㆓本願力㆒迴向故、是名㆓出第五門㆒。(49)

ここで世親は、浄土に往生した菩薩が大慈悲を以て一切の苦悩する衆生のために応化身を示し、「生死園煩悩林」である娑婆世界へと迴入して本願力を以て回向をするとしている。

ここでの、浄土に往生した菩薩が娑婆世界へと迴入して回向をするとの内容は、還相の回向に相当するものであり、このような世親の説示をもとに還相の回向について五念門の解説中に行ったものと考えられる。また同時に、曇鸞の回向門の理解について考える場合も、世親の理解を踏まえたことを考えるならば、上記の検討の如く、回向門の実践とは具体的には還相の回向を意図していたものとみることができる。

第三項　還相の思想背景とその形成

以上の検討を踏まえ、次にその思想背景とその形成についてみてゆきたい。

すでに述べたように、還相の思想背景として『往生論』にその典拠を求めることができる。その点を考慮すれば、還相の回向を創出した第一次的な思想背景としては『往生論』を指摘することが妥当であろう。しかし、その『往生論』のみが還相の回向の創出への起因となるのであろうか。ここでは特に、その特徴的な娑婆世界へ入るという菩薩の行相に着目して考察してゆきたい。

これまでも曇鸞の浄土教思想について検討してきたように、例えば仏身論についてもいうことができるが[50]、その思想の多くは『大智度論』などに代表される羅什訳による般若系論書に基づいている。曇鸞がいかなる理由で『往生論』の註釈を行うに至ったのか定かではないが、少なくとも、『往生論』の説示が浄土教へ帰依する以前に修学したと考えられる『涅槃経』や四論と相反する思想を有するものと曇鸞が考えていたとは、『往生論』への註釈の姿勢をみるかぎり考えられない。むしろこのことは、その仏身論などにもみられるように、曇鸞がそれまでに修学した涅槃や四論を最大限に援用し、『往生論』の解釈を行ったものといえる。以上のような点から、『往生論』に限らず他の経論の影響を考慮し、還相の思想背景の再検討を行いたい。

これまでの先学の研究をうかがってみると、『無量寿経』の第二十二願を指摘するものが多くみられる[51]。先学のいうとおり『往生論』は、それが『無量寿経』と同一であるかどうかは別として、「無量寿経」に対して論議（優婆提舎）したことは間違いない。そのように考えると『無量寿経』を思想背景とみることは一見合理的な考え方とも思われる。しかし、曇鸞はこの第二十二願を『論註』において二箇所で引用し[52]、そのいずれも阿弥陀仏の浄土に往生した者が一生補処に至ることを主旨として引用したものである。これまでの研究では、第二十二願に説かれる「普賢の徳」の内容に対する理解から導き出されたものと考えられるが、いずれにしても曇鸞は『論註』において二度も同文の引用を行っているにもかかわらず、そこから還相の回向へ通ずる理解を示していない。少なくとも曇鸞の理解によるならば、この第二十二願を以て還相の思想背景とすることに合理性を導き出すことはできない。

そこで、次に『大品般若』および『大智度論』の影響について考えてみたい。

還相を行う菩薩は先に整理したとおり、往生を得たのちの菩薩である。そして五種門の註釈中には以下のように説かれる。

此五種、示㆓現入出次第相㆒。入相中、初至㆓淨土㆒、是近相。謂入㆓大乘正定聚㆒、近㆓阿耨多羅三藐三菩提㆒。入㆓淨土㆒已、便入㆓如來大會衆數㆒。入㆓衆數㆒已、當㆑至㆓修行安心之宅㆒。入㆑宅已、當㆑至㆓修行所居屋寓㆒。修行成就已、當㆑至㆓教化地㆒。教化地、即是菩薩自娯樂地。是故出門、稱㆓園林遊戲地門㆒。[53]

ここでの説示から明らかとなるように、還相を行う菩薩は、ただ浄土に往生したのみでなく前四門の修行を成就した者である。

曇鸞は菩薩の形相について、八地以上の平等法身の菩薩と、初地以上七地以前の未証浄心の菩薩の二種に分類して理解している[54]。この二種の菩薩について解説するなか、未証浄心の菩薩について以下のように述べている。

此菩薩、願㆑生㆓安樂淨土㆒、即見㆓阿彌陀佛㆒。見㆓阿彌陀佛㆒時、與㆓上地諸菩薩㆒畢竟身等法等。[55]

ここで、下位にある未証浄心の菩薩が浄土に往生し、阿弥陀仏を見ることによって、上地の諸菩薩、すなわち平等法身の菩薩と身も法も等しくなるとの理解を示している。このように浄土への往生を境として、初地以上七地以前の未証浄心の菩薩から八地以上の平等法身の菩薩へと、菩薩の階位についても、その境界についても劇的な変化がみられるのである。

還相を行う菩薩を、この二種の菩薩に照らし合わせるならば、往生を得たのちの菩薩であることから、八地以上の平等法身の菩薩とみることができる。すなわち応化身を示して娑婆世界へと入る前の菩薩とは平等法身の菩薩の境界にあることとなる。

この平等法身の菩薩について、曇鸞は以下のような註釈を行っている。

平等法身者、八地已上法性生身菩薩也。寂滅平等者、即此法身菩薩所證、寂滅平等之法也。以レ得二此寂滅平等法一故、名爲二平等法身一。以二平等法身菩薩所得一故、名爲二寂滅平等法一也。此菩薩得二報生三昧一、以二三昧神力一、能一處一念一時遍二十方世界一、種種供二養一切諸佛及諸佛大會衆海一、能於下無量世界無二佛法僧一處上、種種示現、種種教化、度二脱一切衆生一常作二佛事一。初無二往來想・供養想・度脱想一。是故、此身、名爲二平等法身一。此法、名爲二寂滅平等法一也。(56)

ここで平等法身の菩薩が報生三昧の境界にあると説示されるが、すでに指摘したとおり(57)、この報生三昧とは『大品般若』および『大智度論』のほかにみることができない用語である。そして曇鸞の引用経論の用例からみても『大品般若』の註釈書である『大智度論』によったものとみなして間違いないであろう。

ここで注意したいのは、『大智度論』は大きな命題として、菩薩が般若波羅蜜と相応し、また阿耨多羅三藐三菩提を得ることを目的とするが、そこに説かれる報生三昧の境界によって、曇鸞が阿弥陀仏の浄土への往生を得た菩薩の境界を説明している点である。すなわちこのことは、『大智度論』に示される、いわゆる大乗菩薩道と曇鸞の往生行の実践が同一の指向を有していることを示すものと考えられる。

この報生三昧は『大智度論』巻四九・五〇「発趣品」に説かれる。この「発趣品」は初地から十地へと至る菩薩の進趣について示されるが、このうち八地の菩薩が得る境界として報生三昧は説示される。

常入三昧者、菩薩得二如幻等三昧一、所役心能有二所作一、今、轉レ身得二報生三昧一。如三人見レ色、不レ用二心力一、住二是三昧中一、度二衆生一安隱、勝レ於二如幻三昧一、自然成レ事、無レ所二役用一。如下人求レ財、有二役力得者一、有中自然得者上。

隨二衆生所應善根一受レ身者、菩薩得二二種三昧、二種神通行得、報得一。知下以二何身一、以二何語一、以二何因縁一、以二

何事一、以二何道一、以中何方便上、而爲受レ身、乃至受二畜生身一、而化二度之一[58]（八地竟）

「常に三昧に入る」「衆生所応の善根に随って身を受く」との内容は、『大品般若』に示される八地の菩薩が具足すべき五法のうち、第四と第五にあたる。ここで報生三昧についての明確な内容規定はなされないが、『大品般若』にみられる「常に三昧に入る」状態を意図したものと考えられる。そして注目すべきは「衆生所応の善根に随って身を受く」との説示である。ここで、八地の菩薩は如幻三昧ならびに報生三昧、さらには二種の神通の行得と報徳を得て、衆生に対し、いかなる身、言葉、因縁、事象、道、方便を以て行うべきかを知り、そのうえで、身、場合によっては畜生ともなり、衆生を化度もする、と説示される。ここでその対象を衆生とするとあることからも、八地の菩薩が欲界へと身を変じ、化度を行うものと考えられる。

このような菩薩が欲界へ生ずるという内容は上記の説示に限らず『大智度論』に散説される。一例を挙げれば、巻七四「不退転品」には以下のようにある。

是人功徳智慧大故、隨二意所往一。若欲レ至二諸佛世界一、隨レ意得レ生。是菩薩、雖三離レ欲得二諸禪定一、以二方便力一故、爲二衆生一生二欲界一、有二現在佛處一。生二欲界一者、故爲二衆生一、留二愛慢分一、不下以二此禪定果報一、生中色無色界上。但以二禪定一、柔二和其心一、不レ受二其報一。[59]

ここでは、禅定を修めることにより、その果報として色無色界に生ずることのできる身でありながら、欲界の衆生のために愛慢の煩悩を留め、方便力を以て欲界に生じると説かれている。

曇鸞は、『大智度論』の説示を援用し、還相の菩薩の形相である平等法身の菩薩について、『大智度論』に説かれる報生三昧の境界にあると理解している。そしてその『大智度論』に説かれる八地の菩薩は、報生三昧を得た後、欲界へと身を変じ、化度を行うと説示されている。還相の思想背景について考える場合、先にも述べたとおり、第一次的な思想背景としては『往生論』が指摘される。しかし、『大智度論』に示される大乗菩薩道の実践と曇鸞の往生行の実践が同一の指向を有しており、かつ平等法身の菩薩に相当する『大智度論』に示される八地の菩薩は化度のために欲界にも生ずることを考えると、『往生論』と同時に『大智度論』の影響も考慮すべきであると考える。

曇鸞が『往生論』の説示に従い、還相の回向に通ずる思想を機械的に受容した可能性ももちろん否定することはできない。しかし同時に、浄土に往生した菩薩の境界を『大品般若』『大智度論』のみに説示される報生三昧として理解しているにもかかわらず、それに続く第八地の菩薩は化度のために欲界にも生ずるという説示を無視して、『往生論』のみによって菩薩の還相について理解したとばかりはいえないのである。

第四項　まとめ

本節では、曇鸞の往相と還相の二種回向の説示について整理し、併せて還相の思想背景について検討した。

往相と還相の二種回向について、回向の実践とは往生以前ならびに往生以後も継続して行われるものであるが、それを菩薩の修道上において考えれば、往生以前に行う回向の実践を往相、往生以後に行う回向の実践を還相と分類することができる。そして、五念門中、回向門の内相とはこのうち還相の回向を意図したものと推察される。

また、娑婆世界へ入るという菩薩の行相に着目して、還相の思想背景の検討を行ったが、その思想背景として第一次的なものとしては、まず被註釈書である『往生論』に導かれたものとすることが妥当である。しかし、曇鸞が還相の菩薩の形相である平等法身の菩薩の境界を『大智度論』のみに説示される報生三昧であるとの理解を示し、かつ、今回明らかとなったように、報生三昧の境界にある八地の菩薩が、衆生の化度を目的として欲界へと身を変じて生じるという『大智度論』の説示を勘案するならば、『往生論』と同時に『大智度論』の思想的影響を考慮すべきであると考える。

また最後に一言すれば、今回検討した往相と還相の二種回向を創出した重要な要因に、阿弥陀仏の存在を指摘することができる。還相の菩薩が欲界へと入ることが可能となったのは、八地以上の平等法身の菩薩であったためである。初地以上七地以前の未証浄心の菩薩が平等法身の菩薩となるためには、先に明らかにしたとおり、浄土に生じて阿弥陀仏をみることが必要となる。このことは同時に、阿弥陀仏をみることがなければ平等法身の菩薩とは成りえず、それは同時に菩薩が還相することができないことを意味し、還相という概念が成立しない。また還相という概念が成立しえなければ、対概念である往相も当然成立しないのである。

註

（1）藤堂恭俊「曇鸞の願生に関する見解―「無生而生」と「見生而無」―」（『無量寿経論註の研究』佛教文化研究所、一九五八年）、内藤知康「曇鸞の往生思想―『往生論註』を中心として―」（『曇鸞の世界―往生論註の基礎的研究―』永田文昌堂、一九九六年）等。

（2）塚本善隆「竜門石窟に現れたる北魏仏教」（『塚本善隆著作集』二、大東出版社、一九七四年）。

（3）藤堂恭俊「北魏時代における浄土教の受容とその形成―主として造像銘との関連において―」（『無量寿経論註の研究』佛教文化研究所、一九五八年）。

（4）本書第一章第一節「北魏の無量寿仏信仰―造像銘を通じて―」を参照。

（5）大正蔵四〇、八二六頁中。

（6）大正蔵二五、二六四頁上。

（7）大正蔵二五、二六四頁上。

(8) 大正蔵二五、三三二頁中。
(9) 大正蔵二五、三三八頁中―下。
(10) 大正蔵二五、五三二頁中。
(11) 大正蔵二五、五七七頁中。
(12) 大正蔵二五、七五一頁上。
(13) 大正蔵二五、七五三頁下。
(14) 大正蔵二五、三三八頁上。
(15) 大正蔵二五、三三八頁中。
(16) 大正蔵二五、三三八頁中―下。
(17) 大正蔵二五、三三七頁中。
(18) 大正蔵二六、三三一頁下。
(19) 大正蔵二六、三三三頁上。
(20) 大正蔵二六、四〇頁下。
(21) 本書第三章第三節「阿弥陀仏論―法蔵菩薩の成仏と浄土建立―」を参照。
(22) 大正蔵二六、四三頁上。
(23) 大正蔵四〇、八三九頁上。
(24) 大正蔵四〇、八二七頁中。
(25) 大正蔵四〇、八三三頁下―八三四頁上。
(26) 大正蔵四〇、八三九頁中。
(27) 大正蔵四〇、八四三頁下―八四四頁上。
(28) 大正蔵四〇、八四四頁上。
(29) 大正蔵四〇、八二八頁上。
(30) 大正蔵四〇、八四四頁上。

(31)大正蔵四〇、八四四頁上。
(32)大正蔵四〇、八四〇頁中。
(33)大正蔵四〇、八二七頁下。
(34)金子寛哉『「釈浄土群疑論」の研究』大正大学出版会、二〇〇六年、二〇六頁参照。
(35)大正蔵四〇、八二八頁上。
(36)大正蔵四〇、八二八頁上―中。
(37)大正蔵四〇、八三〇頁上。
(38)大正蔵二五、三四〇頁上。
(39)大正蔵四〇、八三〇頁下。ただし「超」の文字は、大正蔵では「起」と表記されるが、親鸞加点本等をはじめとして、諸本では「超」と記載されるため、ここでは改めた。
(40)大正蔵二六、四三頁中（前掲註(22)）。
(41)本書第三章第二節「二種法身説の創出とその体系」、第一項「研究方法について」を参照。
(42)大正蔵四〇、八三三頁下。
(43)大正蔵四〇、八四二頁上。
(44)大正蔵四〇、八三六頁上。
(45)大正蔵四〇、八四二頁上。
(46)本書第五章第三節「奢摩他・毘婆舎那の実践体系」を参照。
(47)大正蔵四〇、八三五頁上。
(48)大正蔵四〇、八四三頁上。
(49)大正蔵四〇、八四三頁中。
(50)本書第三章第一節「二種法身説の思想背景」を参照。
(51)例えば、神子上恵龍「往相と還相」(『印仏研』三―二、一九五五年)、幡谷明『曇鸞教学の研究―親鸞教学の思想的基盤―』(同朋舎出版、一九八九年)等。

(52) 大正蔵四〇、八四〇頁中、ならびに八四四頁上。
(53) 大正蔵四〇、八四三頁上。
(54) 本書第四章第一節「平等法身の菩薩と未証浄心の菩薩」を参照。
(55) 大正蔵四〇、八四〇頁中。
(56) 大正蔵四〇、八四〇頁上。なおここに示される「能於㆘無量世界無㆓佛法僧㆒處㆖、種種示現、種種教化、度㆓脱一切衆生㆒、常作㆓佛事㆒」との説示は、『大智度論』に説かれる不退転の菩薩の利他行と共通する点は注意したい。
(57) 本書第四章第一節「平等法身の菩薩と未証浄心の菩薩」を参照。
(58) 大正蔵二五、四一八頁中—下。
(59) 大正蔵二五、五七八頁下。

総結

これまで六章にわたって曇鸞の浄土教思想とその思想形成の背景について論じてきた。以下、まず各章において知りえたことを述べ、併せて全体において知りえた内容に基づいて、曇鸞の浄土教思想の特徴と今後の課題を述べて、本書の締めくくりとしたい。

第一章「北魏仏教の民間信仰的側面」では、曇鸞の浄土教信仰との関わりから、曇鸞の活躍した北魏という時代における諸信仰について考察した。まず金石文にみられる造像銘を史料として曇鸞当時の無量寿仏信仰の実態について検討し、それらが西方願生思想を有しながらも弥勒信仰など諸信仰との混同が多くみられる点を指摘して、弥陀浄土への往生を三界の超出ととらえる曇鸞の浄土教信仰との差違について明らかにし、曇鸞が北魏の時代において独自の浄土教信仰を提唱した背景を、当時の諸信仰との混同がみられる無量寿仏信仰からの回避を目的としていたことを指摘した。また『観世音応験記』を史料として、当時盛んであった観世音信仰における称名という宗教的実践について検討し、曇鸞の称名思想と観世音信仰の称名が、同じ称名という行業を意図しながらもその性格は異なり、共に意業の実現を口業によって達成するという宗教的行為を有する点を指摘した。

第二章「『往生論註』成立に関する諸問題」では、まず『往生論註』（以下『論註』と略す）の構成からみられる曇鸞の独自性に注目した。『論註』は逐文解釈の註釈書という性格を有しながらも、その逐文解釈以外の説示が多くなされることを明らかにし、難易二道の説示など、特にそこから曇鸞独自の思想が提示されることを指摘した。また、三種二十九句の荘厳相の解釈中にみられる曇鸞作成の願文に注目して、曇鸞が『往生論』の註釈を行う際に、それを世親という人師の著作ととらえず、仏説に準ずるものとして扱い、註釈作業を行っていることを指摘した。

第三章「仏身論」では、仏身論について検討した。まず二種法身説についてうかがい、その思想背景として、近年提唱された唯識経論にみられる三身説を支持する説に対して批判を加え、歴史的にみても曇鸞の唯識経論が疎遠であり、なおかつその思想内容からも近似性はみられないことを指摘した。そしてさらにその二種法身説の思想内容について詳細に検討を重ね、この二種法身説が阿弥陀仏一仏に対する論理ではないことを明らかにして、法性法身と方便法身が共に無相であり、無生の境界である法身であることを意図しながらも、曇鸞は方便法身である阿弥陀仏の荘厳相を、相として執着されるものはない境界における相ととらえたゆえに、不一不異の関係にある二種法身説を提示しえたことを指摘した。さらに曇鸞が阿弥陀仏を本願成就身としてとらえることとなった背景に言及し、『十住毘婆沙論』所説の本願成就の浄土に基づいて、阿弥陀仏の本願成就として極楽を浄土として認識し、それゆえに曇鸞が阿弥陀仏を本願成就身ととらえたことを指摘した。

第四章「菩薩道と願生者」では、弥陀浄土への往生行という菩薩道の実践のなかで、曇鸞がその願生者をいかにとらえたかを考察した。まず平等法身の菩薩と未証浄心の菩薩に関する説示に着目して、浄土へ往生した平等法身の菩薩の境界を『大品般若』『大智度論』所説の「報生三昧」にあることを意図して、願生者に対して『往生論』

には説示されない十地の階位の規定を行ったことを明らかにし、またそのことから曇鸞が往生行を大乗菩薩道の実践そのものであると認識していたことを指摘した。また、この願生者を上品生と下品下生の二種に分類した点について検討し、曇鸞が主として下品下生の願生者の往生を念頭に説示を行っていることを明らかにして、併せてその両者が共に自利行として菩提を求め、なおかつ利他行として慈悲を有することを求めるように、この二種の願生者が共に大乗の菩薩であるとの認識を有していたことを指摘した。

第五章「実践論」では、往生行に関わる具体的な修行内容について検討した。まず難易二道の説示意図についてうかがい、その意図は、『往生論』説示の阿弥陀仏信仰が『十住毘婆沙論』の易行道の説示にあったのと同様に、必ず阿毘跋致を得て、なおかつ速やかに得ることが可能であることを顕示することにあると指摘した。また『往生論』と『論註』の五念門の説示内容の相違に着目し、五念門の実践について、世親は現在世において行ずるべきものと考えていたのに対し、曇鸞は往生行自体を往生以前から往生以後へと連続して行ずるものととらえたゆえに、その五念門の理解の相違が生じたことを指摘した。またこの五念門のうち奢摩他・毘婆舎那について、曇鸞が当時の止観の理解に基づいて奢摩他・毘婆舎那の註釈を行ったことを明らかにし、併せてこの奢摩他・毘婆舎那についても往生以前から往生以後へと連続して行ずるものと認識していたことを指摘した。最後に十念について検討を試み、曇鸞が称名と憶念が不可分の行業であると認識していたことを明らかにし、さらにそれを『観無量寿経』（以下『観経』と略す）「下品下生」の経文解釈に適用して、曇鸞が十念を憶念と理解していたことを指摘した。

第六章「曇鸞の往生思想の形成とその特徴」では、曇鸞の意図した往生行がいかに形成され、またいかなる特徴を有するかを推考した。まず『論註』『大智度論』『十住毘婆沙論』所説の往生の内容を検討して、『論註』所説の往生思想が、単に浄土経典のみによって形成されたのではなく、三界を超出する行として往生行をとらえる『大智度論』『十住毘婆沙論』所説の往生観に基づいて構築されたことを指摘した。また往相・還相の菩薩の行相に着目し、還相の菩薩の形相である平等法身の菩薩が『大品般若』『大智度論』のみに説示される報生三昧の境界にあり、なおかつ『大智度論』にはその菩薩が衆生の化度を目的として欲界へと身を変じて生じると説示されることを明らかにして、此土から彼土への往相、ならびに彼土から此土への還相という一連の往生行を曇鸞が説示する際に、『大智度論』等の羅什訳般若系論書の強い影響下においてなされたことを指摘した。

次に、全体において知りえた内容に基づいて、曇鸞の浄土教思想の特徴と今後の研究課題について述べたい。

初めに、曇鸞の浄土教信仰における目的について考えるならば、それは易行道の提示からも明らかなように阿毘跋致という悟りの獲得といえる（第五章第一節）。曇鸞は当時、五濁の世、無仏時であるがゆえに、難行道により阿毘跋致を獲得することは難しいととらえていた。しかし、阿弥陀仏の本願力によることにより、その浄土へと往生することが可能であり（第十八願）、またそこで阿弥陀仏を見仏することにより阿毘跋致を得ることができる（第十一願）と考えていたのである。しかし、そのような他力によって阿毘跋致を得ることのみを目的として曇鸞が浄土教信仰を有していたのではない。往生という行そのものが、この生死流転する三界からの超出を意味することが重要であったのである。造像銘にみられる北魏当時の無量寿仏信仰には、「離苦得楽」「普登正覚」などの祈願が示される。しかしその信仰とは、曇鸞が他力によると言及したような教理的な根拠も示されず、また三界を超出するとの発想はみられない（第一章第一節）。それに対して曇鸞の往生思想とは、『往生論』の「出過三界」の説示を起因として、『大智度論』『十住毘婆沙論』の思想的影響下、その三界から超出することを大きな目標としていたのである。そしてそのような三界を超出した浄土への往生を、曇鸞は阿弥陀仏の本願力を根拠に求め、その往生ののち、阿毘跋致を得ることを目的としていた。

曇鸞はこの往生行の実践を、大乗菩薩道の実践ととらえ、また、その往生を求める願生者についても菩薩として認識していた。ただし、その願生者を上品生と下品生の二種に分類して、さらにその両者は各々異なる実践行を行うのである（第四章第二節）。まず上品生の者については、世親の『往生論』の説示に基づいて五念門の実践を提示するが、『往生論』は五念門の実践を往生以前の現在世において実修されるものととらえたのに対して、曇鸞は往生行が単に彼土への往生を意味するものではなく、大乗菩薩道の実践として往生ののちに再度現在世へと還相することを意図しているように（第四章第一節、第六章第二節）、往生以後も実践するものである、との原意とは異なる理解を行っている。また下品下生の者は、『観経』「下品下生」の説示に基づいて、称名と十念の実践を行うのである。この上品生と下品下生の願生者が異なる実践行を行いながらも、共に阿弥陀仏の本願力によって往生が可能となることに変わりはない（第四章第二節）。

このような曇鸞の本願観は、『無量寿経』所説の法蔵菩薩の存在を、『十住毘婆沙論』の思想的影響下において大乗菩薩道の実践者としてとらえ、なおかつ阿弥陀仏の存在をその菩薩の本願成就身として認識したことにより形成されたものにほかならない（第三章第三節）。しかし曇鸞がそのような本願観を有していたからこそ、阿弥陀仏ならびにその浄土は、本来、法性に適っており、なおかつ無相の境界にありながらも、有相としての荘厳相を有しているといえるのである（第三章第二節）。また願生者の往生の論理を考える場合も、その阿弥陀仏の本願を根拠として、下品下生という仏道修行者としては下位にありながらも、称名と十念を実践することにより生死を流転することのない三界を超出した浄土へと往生することが可能となり、また往生の後には阿毘跋致という悟りの境界へと入ることが可能となる。そしてその実践が『論註』冒頭に提示される易行道の実践を意味しているのである。このように曇鸞の浄土教思想を考える場合、そのすべての基盤となる思想が本願思想であるといって過言ではない。本書の序論冒頭に示した中国浄土教思想の形成段階における曇鸞の位置づけについて考える場合、まさにこの本願思想の開顕こそがその中国浄土教思想の形成における曇鸞の果たした役割であり、またここに初期中国浄土教の形成過程の一端が示されるといえるのである。

以上の検討を踏まえて考えると、『大智度論』『十住毘婆沙論』をはじめとする般若系論書の曇鸞への強い影響が確認される。これまで般若系論書の曇鸞への影響についての研究は、特に、『十住毘婆沙論』から難易二道が提示され、また『大智度論』をはじめとする般若系論書から「無生」の論理や二種法身説が説示されたという点に限られてきたように思われる。しかし本書で考察したように、阿弥陀仏の本願成就、願生者に対する理解、往生思想など、いずれも般若系論書の強い思想的影響下において形成されたことが明らかとなった。このような点からも、曇鸞の浄土教思想が形成されるにあたって、それが単に『無量寿経』等をはじめとする浄土経典、そして『往生論』のみから導き出されたものではなく、般若系論書を介在として形成されたことを指摘することができる。

そして最後に、今後の曇鸞研究の課題として、伝統的な解釈に対する再考の必要性を指摘したい。例えば二種法身説などは、曇鸞の阿弥陀仏一仏に対して論じたものであるとの前提のもとに論じられる傾向にある。また親鸞は、法性法身から方便法身である法蔵菩薩が現出し、その法蔵が誓願を成就して阿弥陀仏となったとの二種法身説に基づく阿弥陀仏の成就の論理を提示しており、これに依拠した曇鸞の仏身論の研究が多くみられる。しかし本書の検討からも明らかなように、二種法身説とは諸仏菩薩の存在論を明確にした論理であり、またその二種法身説を阿弥陀仏の本願成就の論理としてとらえることは、曇鸞の理解を逸脱するものといえる。このような例にとどまらず、これまでの曇鸞研究を振り返ると、上記のような後世の理解を介在させて理解する傾向が非常に強い。もちろん宗学研究の延長として曇鸞の研究を行う場合、そのような理解は是認されるものと思われるが、中国・北魏の浄土教信仰者としての曇鸞の思想について明らかにしてゆく場合、実際に曇鸞が有していた思想と乖離してしまう可能性を有している。曇鸞研究を進めてゆく際に、いま一度その伝統的な解釈を批判的に考察する必要があることが本書の検討を通じて再認識されると同時に、今後、そのような研究を進めてゆくことにより、新たな曇鸞像を見いだすことが可能になると考えるのである。

参考文献

○著作
赤松俊秀他編『増補　親鸞聖人真蹟集成』七、法藏館、二〇〇六年。

安藤俊雄『天台学論集―止観と浄土―』平楽寺書店、一九七五年。

石松日奈子『北魏仏教造像史の研究』ブリュッケ、二〇〇五年。

和泉市久保惣記念美術館編『特別展示　六朝時代の金銅仏』和泉市久保惣記念美術館、一九九一年。

稲葉圓成『往生論註講要』西村為法館、一九五七年。

殷光明『北涼石塔研究』㈶覚風仏教芸術文化基金会、二〇〇〇年。

上杉思朗『解読浄土論註』西村為法館、一九五五年。

恵谷隆戒『浄土教の新研究』山喜房佛書林、一九七六年。

王青『魏晋南北朝時期的　仏教信仰与神話』中国社会科学出版社、二〇〇一年。

横超慧日編『北魏仏教の研究』平楽寺書店、一九七〇年。

横超慧日『法華思想の研究』平楽寺書店、一九七一年。

大江淳誠『往生論註大綱』永田文昌堂、一九七六年。

大阪市立美術館編『六朝の美術』平凡社、一九七六年。

大阪市立美術館編『山口コレクション中国石仏編』（大阪市立美術館蔵品図録Ⅶ）大阪市立美術館、一九七九年。

大阪市立美術館編『中国の石仏―荘厳なる祈り―』大阪市立美術館、一九九五年。

大田利生『増訂　無量寿経の研究―思想とその展開―』永田文昌堂、二〇〇〇年。

大村西崖『支那美術史彫塑篇』仏書刊行会図像部、一九一五年。

梶山雄一『菩薩ということ』人文書院、一九八四年。

香月乗光『法然浄土教の思想と歴史』山喜房佛書林、一九七四年。

加藤智學『龍樹の宗教』法藏館、一九二三年。

河南省文物研究所編『中国石窟　鞏県石窟寺』平凡社、一九八三年。

金子寛哉『「釈浄土群疑論」の研究』大正大学出版会、二〇〇六年。

鎌田茂雄『中国仏教史』岩波書店、一九七八年。

菅野博史『中国法華思想の研究』春秋社、一九九四年。

神戸和麿『「無量寿経優婆提舎願生偈註」読解』東本願寺出版部、二〇〇六年。

甘粛省文物工作隊・炳霊寺文物保管所編『中国石窟　炳霊寺石窟』平凡社、一九八六年
木村英一編『慧遠研究』全二巻、創文社、一九六〇年。

木村宣彰『注維摩経序説』東本願寺出版部、一九九五年。

金申『中国歴代紀年佛像図典』文物出版社、一九九四年。

工藤成性『世親教学の体系的研究』永田文昌堂、一九五五年。

熊本県立美術館編『細川コレクションを中心とした　中国の仏像展』熊本県立美術館、一九八五年。

高峡主編『西安碑林全集』第一〇五巻「造像題記」、広東経済出版社、一九九九年。

侯旭東『五、六世紀北方民族佛教信仰―以造像記為中心的考察―』中国社会科学出版社、一九九八年。

三枝充悳『般若経の真理』春秋社、一九七一年。

三枝充悳『増補新版　龍樹・親鸞ノート』法藏館、一九九七年。

佐藤成順『中国仏教思想史の研究』山喜房佛書林、一九八五年。

佐藤智水『北魏仏教史論考』（岡山大学文学部研究叢書一五）岡山大学文学部、一九九八年。

信楽峻麿『改訂　浄土教における信の研究』（信楽峻麿著作集一）法藏館、二〇〇七年。

篠田龍雄『往生論註の真宗思想』百華苑、一九六二年。

柴田泰山『善導教学の研究』山喜房佛書林、二〇〇六年。

末木文美士他『観無量寿経・般舟三昧経』（浄土仏教の思想二）講談社、一九九二年。

泉屋博古館『特別展　金銅仏―東アジア仏教美術の精華―』泉屋博古館、二〇〇四年。

相馬一意『往生論註講読』百華苑、二〇〇〇年。

曾布川寛編『龍門石窟石刻集成』京都大学人文科学研究所附属東洋学文献センター、二〇〇〇年。

田上太秀『菩提心の研究』東京書籍、一九九〇年。

武田浩学『大智度論の研究』山喜房佛書林、二〇〇五年。

武邑尚邦『十住毘婆沙論研究』百華苑、一九七九年。

玉城康四郎『中国仏教思想の形成』第一巻、筑摩書房、一九七一年。

千葉良導『往生浄土論註概説』佛教専門学校出版部、一九三三年。

千葉良導編『新編　往生浄土論註』佛教専門学校出版部、一九三七年。

陳忠凱他編『西安碑林博物館蔵碑刻総目提要』綫装書局、二〇〇六年。

陳揚炯『中国浄土宗通史』（中国仏教宗派史叢書）江蘇古籍出版社、二〇〇〇年。

陳揚炯『曇鸞大師伝』宗教文化出版社、二〇〇〇年。

塚本善隆編『肇論研究』法藏館、一九七二年。

塚本善隆『塚本善隆著作集』全七巻、大東出版社、一九七四―一九七六年。

東京国立博物館編『特別展　金銅仏―中国・朝鮮・日本―』東京国立博物館、一九八七年。

坪井俊映『浄土三部経概説　新訂版』法藏館、一九九六年。

藤堂恭俊『無量寿経論註の研究』佛教文化研究所、一九五八年。

藤堂恭俊他『曇鸞・道綽』（浄土仏教の思想四）講談社、一九九五年。

藤堂祐範『浄土教版の研究』（藤堂祐範著作集、中巻）山喜房佛書林、一九七六年。

常盤大定『支那佛教の研究』全三巻、春秋社、一九三八年。

湯用彤『漢魏両晋南北朝仏教史』中華書局、一九五五年。

礪波護『隋唐の仏教と国家』中央公論社、一九九九年。

長尾雅人『中観と唯識』岩波書店、一九七八年。

名畑應順『略論安楽浄土義講案』東本願寺出版部、一九六六年。

西山邦彦『龍樹と曇鸞―浄土論註研究序説―』法藏館、一九八二年。

西山邦彦『意訳浄土論註』法藏館、一九八三年
任継愈主編・丘山新他訳『定本中国仏教史』（第一期全三巻）柏書房、一九九二―一九九四年。

野上俊静『中国浄土三祖伝』文栄堂書店、一九七〇年。

野上俊静『中国浄土教史論』法藏館、一九八一年。

延塚知道『「浄土論註」講讃―宗祖聖人に導かれて―』東本願寺出版部、二〇〇六年。

長谷岡一也『龍樹の浄土教思想』法藏館、一九五七年。

幡谷明『曇鸞教学の研究―親鸞教学の思想的基盤―』同朋舎出版、一九八九年。

服部英淳『浄土教思想論』山喜房佛書林、一九七四年。

早島鏡正・大谷光真『浄土論註』（佛典講座二三）大蔵出版、一九八七年。

平川彰他編『般若思想』（講座大乗仏教二）春秋社、一九八三年。

平川彰他編『浄土思想』（講座大乗仏教五）春秋社、一九八五年。

平川彰『浄土思想と大乗戒』（平川彰著作集七）春秋社、一九九〇年。

北京図書館金石組編『北京図書館蔵中国歴代石刻拓本匯編』中州古籍出版社、一九八九―一九九〇年。

「浄土教の総合的研究」研究班編『無量寿経論校異』佛教大学総合研究所、一九九九年。

福原亮厳『往生論註の研究』永田文昌堂、一九七八年。

佛教拓片研読小組編『中央研究院歴史語言研究所蔵　北魏紀年佛教拓本目録』中央研究院歴史語言研究所、二〇〇二年。

藤田宏達『原始浄土思想の研究』岩波書店、一九七〇年。

藤田宏達『観無量寿経講究』東本願寺出版部、一九八五年。

藤田宏達『大無量寿経講究』東本願寺出版部、一九九〇年。

藤田宏達『阿弥陀経講究』東本願寺出版部、二〇〇一年。

舟橋一哉『仏教としての浄土教』法藏館、一九七三年。

北京魯迅博物館・上海魯迅博物館編『魯迅輯校石刻手稿』第二函、上海書画出版社、一九八七年。

牧田諦亮『六朝古逸観世音応験記の研究』平楽寺書店、一九七〇年。

牧田諦亮『中国仏教史研究』全三巻、大東出版社、一九八一年。

松原三郎『中国仏教彫刻史論』全四巻、吉川弘文館、一九九五年。

松本文三郎『弥勒浄土論・極楽浄土論』平凡社、二〇〇六年。

神子上恵龍『弥陀身土思想の展開』永田文昌堂、一九六八年。

神子上恵龍『往生論註解説』永田文昌堂、一九六九年。

水野清一・長廣敏雄『龍門石窟の研究』座右宝刊行会、一九四一年。

水野清一・長廣敏雄『雲崗石窟―西暦五世紀における中国北部仏教窟院の考古学的調査報告―』京都大学人文科学研究所雲崗刊行会、一九五一―一九七五年。

水野弘元『仏教要語の基礎知識』春秋社、一九七二年。

道端良秀『中国の浄土教と玄中寺』永田文昌堂、一九五〇年。

蓑輪秀邦編『解読浄土論註』（改訂版）真宗大谷派宗務所出版部、一九九五年。

望月信亨『浄土教概論』弘文堂書房、一九四〇年。

望月信亨『中国浄土教理史』法藏館、一九七五年。

八木春生『中国仏教美術と漢民族化　北魏時代後期を中心として』法藏館、二〇〇四年。

山口県立萩美術館他編『小さな御仏たち』山口県立美術館・浦上記念館、二〇〇四年。

山口益『世親の浄土論』法藏館、一九六六年。

大和文華館編『特別展　中国の金銅仏』大和文華館、一九九二年。

楊伯達（松原三郎訳）『埋もれた中国石仏の研究―河北省曲陽出土の白玉像と編年銘文―』東京美術、一九八五年。

吉田隆英『月と橋―中国の社会と民俗―』平凡社、一九九五年。

李静傑主編『中国金銅仏』宗教文化出版社、一九九六年。

龍谷大学真宗学会編『曇鸞教学の研究』永田文昌堂、一九六三年。

劉景龍・李玉昆主編『龍門石窟碑刻題記彙録』上・下、中国大百科全書出版社、一九九八年。

劉長東『晋唐弥陀浄土信仰研究』巴蜀書社出版、二〇〇〇年。

論註研究会編『曇鸞の世界―往生論註の基礎的研究―』永田文昌堂、一九九六年。

○論文

赤沼智善「浄土論註概説」(『仏教教理之研究』法藏館、一九八一年)。

池本重臣「論註の二種法身説について―教理史的意義とその理解に関して―」(『真宗学』三八、一九六八年)。

大田利生「浄土教における十念思想」(『真宗学』九一・九二、一九九五年)。

岡亮二「『略論安楽浄土義』の一考察―曇鸞撰述説をめぐりて―」(『宗学院論集』八三、一九六七年)。

岡亮二「『往生論註』の念仏思想について」(『龍谷大学論集』三八六、一九六八年)。

岡亮二「『略論安楽浄土義』の一考察―曇鸞撰述説をめぐりて―」(『同朋大学論叢』四三、一九八〇年)。

岡亮二「中国三祖の十念思想(一)―曇鸞の十念思想―」(『真宗学』九四、一九九六年)。

小澤憲珠「『大品般若経』の十地に関する二、三の問題」(『佛教論叢』三〇、一九八六年)。

梶山雄一「書評『曇鸞教学の研究』」(『親鸞教学』五六、一九八〇年)。

梶原隆浄「『往生論』の五念門に関する一考察」(『佛教論叢』三六、一九九二年)。

梶原隆浄「曇鸞の往生観考」(『佛教大学大学院研究紀要』二一、一九九三年)。

梶原隆浄「曇鸞の十念観」(『佛教大学総合研究所紀要』四、一九九七年)。

梶原隆浄「曇鸞の浄土観」(香川孝雄古稀記念『佛教学浄土学研究』永田文昌堂、二〇〇一年)。

加藤智学「般若経に於ける往生来生の思想」(『大谷学報』一〇-二、一九二九年)。

金子寛哉「「願成就文」考」(『印仏研』四四-一、一九九五年)。

河原静雄「曇鸞大師研究文献略目録」(『宗学院論輯』三五、一九四二年)。

楠山春樹「漢語としての止観」(関口真大編『止観の研究』岩波書店、一九七五年)。

工藤成性「浄土教発達史上に於ける『無量寿経優婆提舎』の地位」（『印仏研』二―二、一九五四年）。

工藤成性「『浄土論』の本義と曇鸞・親鸞両聖人の釈義」（『龍谷大学論集』三五三、一九五六年）。

工藤成性「『無量寿経優婆提舎願生偈』の本義とそれに対する曇鸞の註解との比較研究」（『日仏年報』二三、一九五八年）。

工藤成性「親鸞聖人の『往生論』・『往生論註』観」（『龍谷大学論集』三六五・三六六、一九六〇年）。

久野美樹「造像背景としての生天、託生西方願望―中国南北朝期を中心として―」（『佛教藝術』一八七、一九八九年）。

呉杏全他「館蔵佛教造像銘文研究」（『文物春秋』一九九四年第一期）。

佐藤泰舜「六朝時代の観音信仰」（『支那佛教思想論』古径荘、一九六〇年）。

佐藤智水「北朝造像銘考」（『史学雑誌』八六―一一、一九七七年）。

色井秀譲「曇鸞の五念門釈―世親の五念門説との対比―」（『高田短期大学紀要』一、一九八二年）。

柴田泰「中国仏教における『浄土論』『浄土論註』の流伝と題名（一）（二）」（『印度哲学仏教学』一一・一二、一九九六年・一九九七年）。

常叙政「山東省高青県出土仏教造像」（『文物』一九八七年第四期）。

晋華他「山西寿陽出土一批東魏至唐代銅造像」（『文物』一九九一年第二期）。

相馬一意「論註本文考―本文の字と反切との斉合性―」（『教学研究所紀要』一、一九九一年）。

相馬一意「往生論註の唯識学的源泉」（『印仏研』四二―一、一九九三年）。

相馬一意「論註法界身釈の訓みと意味」（中西智海還暦記念『親鸞の仏教』永田文昌堂、一九九四年）。

相馬一意「往生論註（下巻）研究の問題点」（『行信学報』八、一九九五年）。

相馬一意「論註以前の唯識典籍における仏身説」（『行信学報』九、一九九六年）。

相馬一意「五台山近辺の道教的雰囲気―六世紀初頭の北魏仏教の一面―」（『行信学報』一〇、一九九七年）。

相馬一意「菩提流支訳経論における仏身論」（『印仏研』四五―一、一九九七年）。

相馬一意「曇鸞の思想と道教」（『日仏年報』六二、一九九七年）。

相馬一意「往生論註に見られる仏身説」（渡邊隆生還暦記念『佛教思想文化史論叢』永田文昌堂、一九九七年）。

相馬一意「曇鸞と称名思想その（Ⅰ）」（『印仏研』四七―一、一九九九年）。

相馬一意「高僧伝等における四論の研究者」(『行信学報』一三、二〇〇〇年)。

相馬一意「高僧伝等における四論の研究者(2)」(『行信学報』一四、二〇〇一年)。

相馬一意「『論註』と三論ないし四論との関係」(『仏教学研究』五六、二〇〇二年)。

相馬一意「曇鸞時代の仏身説の展開」(『行信学報』一九、二〇〇六年)。

曽根宣雄「『往生論註』に説かれる広略相入について—藤堂恭俊博士の解釈をめぐって—」(『佛教文化学会紀要』一〇、二〇〇一年)。

曾和義宏「阿弥陀仏の仏身規定をめぐって」(『浄土宗学研究』二六、二〇〇〇年)。

孫貫文「北京大学図書館蔵歴代石刻拓本草目(二)」(『考古学集刊』八、一九九四年)。

武内紹晃「二種法身についての一試論」(石田充之博士古希記念論文集刊行会編『浄土教の研究』永田文昌堂、一九八二年)。

田村芳朗「法と仏の問題—仏身論を中心として」(平川彰博士還暦記念論集『仏教における法の研究』春秋社、一九七五年)。

田村芳朗「三種の浄土観」(『日仏年報』四二、一九七七年)。

田村芳朗「来世浄土と阿弥陀仏—浄土念仏の二要素」(『印仏研』三〇-一、一九八一年)。

沈銘傑「河北省景県出土北朝造像考」(『文物春秋』一九九四年第三期)。

妻木直良「春日版往生論註について」(『寧楽』七、一九二七年)。

程紀中「河北藁城県発現一批北斉石造像」(『考古』一九八〇年第三期)。

藤堂恭俊「道安教學に關する一考察」(望月仏教文化研究所編『佛教文化研究』一、一九四四年)。

藤堂恭俊「往生論註の教理的意義」(『佛教論叢』一、一九四七年)。

藤堂恭俊「往生論の成立と其の思想的背景」(『佛教論叢』二、一九四九年)。

藤堂恭俊「世親の浄土観—無量寿経論の瑜伽行派的理解—」(『佛教文化研究』四、一九四九年)。

藤堂恭俊「北魏時代に於ける浄土教の受容とその形成—主として造像銘との関連に於て—」(『佛教文化研究』一、一九五一年)。

藤堂恭俊「無量寿経論序観—如来蔵思想による把握—」(『佛教大学学報』二六、一九五〇年)。

藤堂恭俊「浄土教に於ける中観・瑜伽の交渉」(『佛教大学学報』二七、一九五二年)。

藤堂恭俊「無量寿経論註に説示せられる願生浄土の思想に関する両つの見解」(『宗教研究』一三一、一九五二年)。

藤堂恭俊「無量寿経論註に説示せられる仏身土に関する見解」(『佛教文化研究』二、一九五二年)。

藤堂恭俊「十住毘婆沙論漢譯攷」(『佛教文化研究』三、一九五三年)。

藤堂恭俊「六世紀前半、北シナにおいて形成された無仏思想について」(『佛教大学学報』二九、一九五四年)。

藤堂恭俊「無量寿経論註に説示される智断具足に関する二つの見解」(『浄土学紀要』三、一九五四年)。

藤堂恭俊「僧肇の般若無知攷」(『印仏研』三―一、一九五四年)。

藤堂恭俊「往生論註と大智度論」(『印仏研』三―二、一九五五年)。

藤堂恭俊「曇鸞の名号観とその背景」(『佛教文化研究』五、一九五五年)。

藤堂恭俊「僧肇と曇鸞―『論註』における僧肇の役割―」(『印仏研』四―二、一九五六年)。

藤堂恭俊「曇鸞の仏徳観」(『佛教大学学報』三一、一九五六年)。

藤堂恭俊「『無量寿経論註』成立の精神風土と基本的思想材」(『佛教大学学報』三四、一九五八年)。

藤堂恭俊「曇鸞の浄土に関する見解」(『佛教文化研究』六・七、一九五八年)。

藤堂恭俊「『坐禅三昧経』に説示する念仏観の成立背景」(『印仏研』八―二、一九六〇年)。

藤堂恭俊「鳩摩羅什訳出と言われる禅経典の説示する念仏観」(福井博士頌壽記念『東洋思想論集』福井博士頌壽記念論文集刊行会、一九六〇年)。

藤堂恭俊「シナ佛教における危機観―特に隋・唐時代以前における諸問題―」(『佛教大学研究紀要』四〇、一九六一年)。

藤堂恭俊「浄土教における観・称の問題(1)―特にシナ浄土教にみられる観より称への移行―」(『佛教文化研究』一一、一九六三年)。

藤堂恭俊「石壁寺曇鸞大師の浄土観成立の意義とその特徴について」(『佛教大学研究紀要』五〇、一九六六年)。

藤堂恭俊「曇鸞の奢摩他・毘婆舎那観」(福井博士頌寿記念『東洋文化論集』早稲田大学出版部、一九六九年)。

藤堂恭俊「北魏仏教における称名とその社会背景―特に曇鸞浄土教を中心にして―」(横超慧日編『北魏仏教の研究』平楽寺書店、一九七〇年)

藤堂恭俊「往生浄土論註の末書について」(『佛教論叢』一五、一九七一年)。

藤堂恭俊「曇鸞大師の五念門釈攷（上）」（『浄土宗学研究』一八、一九九二年）。

藤堂恭俊「曇鸞浄土教における信」（『信』（仏教思想一一）平楽寺書店、一九九二年）。

戸松憲千代「智光の浄土教思想に就いて　上・中・下」（『大谷学報』六五・六八・六九、一九三七年・一九三七年・一九三八年）。

内藤知康「曇鸞の往生思想―『往生論註』を中心として―」（『曇鸞の世界―往生論註の基礎的研究―』永田文昌堂、一九九六年）。

中平了悟「『往生論註』の十念について」（『印仏研』五一―一、二〇〇二年）。

中山正晃「禅と浄土―曇鸞とその周辺―」（『印仏研』二七―二、一九七四年）。

橋本芳契「曇鸞浄土論註の宗教的志向」（『宗教研究』五六―四、一九八三年）。

橋本芳契「曇鸞の信仰論理―大集経の浄土教理―」（『印仏研』三二―一、一九八三年）。

橋本芳契「往生論註序説―維摩経との関わりに於て―」（竹中信常頌寿記念『宗教文化の諸相』山喜房佛書林、一九八四年）。

幡谷明「『浄土論』試攷」（『大谷学報』三七―二、一九五七年）。

幡谷明「浄土教と大集経」（『親鸞教学』五三、一九八九年）。

服部純雄「『往生論註』における「得涅槃分」の一考察」（『印仏研』三二―一、一九八三年）。

服部純雄「『往生論註』所説「紹隆三宝常使不絶」の一考察―鳩摩羅什・僧肇の理解をめぐって―」（『佛教論叢』二九、一九八五年）。

服部純雄「『往生論註』の思想材としての『大智度論』」（『印仏研』三四―一、一九八五年）。

服部純雄「『往生論註』の浄土の衆生について」（『佛教論叢』三〇、一九八六年）。

服部純雄「『往生論註』の浄土の衆生について（二）―菩薩を中心に―」（『佛教論叢』三一、一九八七年）。

林彦明「天親浄土論の奢摩他毘婆舎那に就て」（『専修学報』八、一九四〇年）。

ピーター・N・グレゴリー「宗密と本覚思想の問題」（『駒澤大学仏教学部論集』二五、一九九四年）。

傅永魁「河南鞏県石窟寺発現一批石刻和造像龕」（『文物資料叢刊』五、一九八一年）。

藤丸智雄「曇鸞と僧肇―不思議の語をめぐって―」（『印仏研』四四―二、一九九六年）。

藤丸智雄「曇鸞の光明観に関する考察」（『インド哲学仏教学研究』五、一九九八年）。

藤丸智雄「曇鸞の光明観」（『印仏研』四六―二、一九九八年）。

藤丸智雄「曇鸞の光明観の淵源―康僧鎧訳『無量寿経』との比較―」（『印仏研』四七―二、一九九九年）。

藤丸智雄「『浄土論註』讃嘆門に関する諸問題について―近代以前の注釈書を通じて―」（『仏教文化研究論集』六、二〇〇二年）。

藤丸智雄「『浄土論註疏』訳註研究」（『教学研究所紀要』一一、二〇〇五年）。

藤善真澄「曇鸞大師生卒年新考―道宣律師の遊方を手がかりに―」（『教学研究所紀要』一、一九九一年）。

藤善真澄「曇鸞と『往生論註』の彼方」（『教学研究所紀要』六、一九九八年）。

船山徹「聖者観の二系統―六朝隋唐佛教史鳥瞰の一試論―」（『三教交渉論叢』京都大学人文科学研究所、二〇〇五年）。

水野弘元「禅宗成立以前のシナの禅定思想史序説」（『駒澤大学研究紀要』一五、一九五七年）。

神子上恵龍「曇鸞教学の浄土教的理論構造」（大原先生古稀記念『浄土教思想研究』永田文昌堂、一九六七年）。

神子上恵龍「往相と還相」（『印仏研』三―二、一九五五年）。

三桐慈海「浄土論註法身説の背景」（『大谷学報』四一―四、一九六二年）。

宮井里佳「曇鸞から道綽へ―五念門と十念―」（『日仏年報』五七、一九九一年）。

三宅徹誠「金剛寺蔵保延四年写『無量寿経優婆提舎願生偈註』巻下・解題」（『金剛寺蔵 観無量寿経 無量寿経優婆提舎願生偈註巻下』日本古写経善本叢刊第三輯、国際仏教学大学院大学学術フロンティア実行委員会、二〇〇八年）。

望月信亨「菩薩行と往生浄土行」（『浄土学』二〇、一九四二年）。

矢田了章「論註における願生者について」（『印仏研』一六―二、一九六八年）。

吉津宜英「慧影の『大智度論疏』をめぐる問題點」（『印仏研』一六―一、一九六七年）。

吉津宜英「北土智度論師について」（『印仏研』一七―二、一九六九年）。

吉津宜英「吉蔵における『大智度論』依用と大智度論師批判」（『三論教学の研究』春秋社、一九九〇年）。

吉津宜英「仏教思想史論」（『駒澤大学仏教学部論集』二四、一九九三年）。

吉津宜英「中国仏教研究の一動向―「批判的研究」について―」（『佛教学』三六、一九九四年）。

吉田隆英「曇鸞と仙経」（北畠典生古稀記念『日本佛教文化論叢』下巻、永田文昌堂、一九九八年）。

李静傑「佛教造像碑尊像彫刻」（『敦煌学輯刊』一九九六年第二期）。

李静傑「佛教造像碑」（『敦煌学輯刊』一九九八年第一期）。

李裕群「霊岩寺石刻造像考」（『文物』二〇〇五年第八期）。

渡辺了生「『浄土論註』広略相入の論理と道綽の相土・無相土論」（『真宗研究会紀要』二四、一九九二年）。

初出一覧

本書は六章から構成されている。これまでに学術雑誌へ投稿した論文、ならびに諸学会における発表原稿を中心に構成し、さらに大幅な加筆・訂正を加えたものである。個々の初出は次のとおりである。

・第一章

「北魏の無量寿仏信仰―造像銘を通じて―」（『浄土学』四四、二〇〇七年）。

「『往生論註』と『観世音応験記』」（平成一二年度浄土宗総合学術大会発表、二〇〇〇年、未公刊）。

・第二章

「『往生論註』の題号と構成について―曇鸞教学研究序説―」（浄土学研究会第一回学術大会発表、二〇〇五年、未公刊）。

「『往生論註』にみられる願文について」（『印仏研』五二―二、二〇〇四年）。

・第三章

「曇鸞「二種法身説」の思想背景について」（『大正大学大学院研究論集』二七、二〇〇三年）。

「曇鸞「二種法身説」をめぐって」（『浄土学』四二、二〇〇五年）。

「曇鸞の阿弥陀仏論」（平成一八年度浄土宗総合学術大会発表、二〇〇六年、未公刊）。

・第四章

「『往生論註』における未証浄心の菩薩について」（『印仏研』五一―二、二〇〇三年）。

「『往生論註』における修道体系―願生者の分類を中心に―」（『佛教文化学会紀要』一五、二〇〇七年）。

・第五章

「『往生論註』にみられる自力・他力について―難易二道の引用意図を通じて―」（『佛教論叢』五〇、二〇〇六年）。

「曇鸞の五念門釈について」（『宗教研究』七九-四、二〇〇六年）。

「『往生論註』所説の奢摩他・毘婆舎那について」（『佛教論叢』四六、二〇〇二年）。

「『往生論註』における十念と称名について」（『宗教研究』八〇-四、二〇〇七年）。

「『往生論註』における十念について」（『大正大学大学院研究論集』三二、二〇〇八年）。

・第六章

「『往生論註』における往生思想について」（丸山博正教授古稀記念論集『浄土教の思想と歴史』山喜房佛書林、二〇〇五年）。

「『往生論註』における往相・還相について」（『印仏研』五四-一、二〇〇六年）。

あとがき

本書は、二〇〇六年一〇月に大正大学へ提出した学位請求論文「曇鸞の浄土教思想とその形成」をもとに、改題のうえ、加筆と修正を加えたものである。幸いなことに二〇〇七年三月、博士（仏教学）の学位を授与された（主査・金子寛哉教授、副査・廣川堯敏教授、丸山博正名誉教授）。振り返ると本書が刊行されるまでには多くの方々からご指導、ご鞭撻を賜った。

縁あって寺院に生まれた筆者にとって、仏教とはまさに生活そのものであった。その仏教を、学問の対象へと最初に導いて頂いたのは、駒澤大学の吉津宜英先生であった。浄土宗寺院に生まれながら駒澤大学の門を叩いたのは、まずは広い視野から仏教を学びたいと思ったからにほかならない。しかし、大学生活と並行して浄土宗少僧都養成講座へと入行して浄土宗の教えを学ぶなかで、筆者は次第に浄土教の世界へと惹かれていった。吉津先生にはそのような筆者の想いを受け入れて頂き、浄土宗の所依の経論でもある世親『往生論』を卒業論文の課題とさせて頂いた。いま思えば、禅学研究の駒澤大学、そして華厳学の大家である吉津先生のもとでこのような課題設定をさせて頂いたことは、我ながら不思議なことのように思われる。そしてさらに、卒業後、大正大学大学院に進学することも快諾して頂いた。大正大学へと籍を移したのちも、吉津先生の大学院のゼミに参加させて頂いたが、そこは、駒澤大学の学生のみならず、華厳学を中心とした中国・朝鮮仏教を専門とする関東の若手研究者が集う、学究心に溢れる刺激的な場であった。そこで諸大学の先輩方が次々と博士論文を提出される姿をみて、筆者もいつの日か博士論文に挑戦してみたいという思いを抱くようになっていった。

大正大学大学院の博士前期課程に籍を移してからは、指導教授であった丸山博正先生をはじめとして、阿川文正先生、故大谷旭雄先生のご指導を賜った。浄土学の基礎を疎かにしていた筆者にとって、大学院での演習は学ぶことばかりであり、勉強に追われる日々が続いた。学部で『往生論』を研究課題とした筆者は、大学院において曇鸞『往生論註』を研究課題とすることを心に決めていたが、初学者に難解な『往生論註』を読み進めてゆくことができたのも、演習で丸山先生の『往生論註』の講読に参加できたからにほかならない。そのような縁に恵まれたことを深く感謝するとともに、なにより丸山先生には心からお礼を申し上げたい。

その後、さらに同博士後期課程に進学してからは、廣川堯敏先生、金子寛哉先生にもご指導を賜った。特に、博士後期課程からの指導教授であり、課程博士論文の主査もご担当頂いた金子先生のご指導は格別なものであった。大学院での講義や演習にとどまらず、ご自坊にまで通わせて頂き、懇切なるご指導を賜った。またその指導は時に夜遅くに及ぶことがあったが、令夫人に食事のお世話までして頂いた。そのような環境を提供してくださった金子先生ご夫妻には感謝の念に堪えない。

またそれと時を同じくして、金子先生、ならびに筆者と同じ金子先生の門下生である柴田泰山先生の博士論文の編集・執筆作業が行われたが、それらを間近で拝見できたことも誠に幸運なことであった。博士論文提出への淡い想いが、強い決意へと変わったのもその時だった。そして金子先生のご指導のもと、諸学会において研究発表を進めながら、今後の研究生活の一里塚として、拙いながらも課程博士論文を提出することとなり、本書の刊行をみることとなったのである。

以上の先生方のほかにも、大正大学の小澤憲珠先生、林田康順先生、曽根宣雄先生、国際仏教学大学院大学の落合俊典先生、関西国際大学の坂上雅翁先生をはじめとして、多くの先生方からご指導、ご助言を頂戴した。

巻末の英文目次は浄土宗総合研究所の島恭裕氏、マック・カレン氏に、中文目次は慶應義塾高等学校の吉川龍生氏、お茶の水女子大学の周媛氏にお願いした。また大正大学綜合佛教研究所の郡嶋昭示氏、吉水岳彦氏、工藤量導氏、石川達也氏、大正大学大学院の沼倉雄人氏には校正のお手を煩わせた。深く謝意を表したい。そして出版にあたっては株式会社法藏館の戸城三千代編集長、編集部岩田直子氏に大変お世話になった。厚く御礼を申し上げたい。

最後に私事にわたり恐縮であるが、筆者の学究生活を物心両面で支えてくれた両親、ならびに妻に対し、感謝の念を表したい。

平成二一年（二〇〇九）七月

石川琢道

證空浄土教の研究	中西随功著	九五〇〇円
奈良・平安期浄土教展開論	梯　信暁著	六六〇〇円
改訂 浄土教における信の研究	信楽峻麿著作集Ⅰ	一五七五〇円
親鸞と浄土教	信楽峻麿著	一〇〇〇〇円
親鸞思想の源流	西山邦彦著	三六〇〇円
親鸞Ⅰ	西山邦彦著	一四〇〇〇円
親鸞思想の原点	本多弘之著	二八〇〇円
親鸞の華厳	中村　薫著	二八〇〇円

価格は税別

法藏館

石川琢道（いしかわ　たくどう）

1976年　神奈川県小田原市生まれ
1998年　駒澤大学仏教学部仏教学科卒業
2001年　大正大学大学院文学研究科仏教学専攻博士前期課程修了
2004年　大正大学大学院仏教学研究科仏教学専攻博士後期課程単位取得満期退学
2007年　博士（仏教学、大正大学）
現　在　大正大学非常勤講師、明治学院大学非常勤講師、浄土宗総合研究所研究員、浄土宗春光院副住職

曇鸞浄土教形成論——その思想的背景——

二〇〇九年　七月二五日　初版第一刷発行

著　者　石川琢道
発行者　西村明高
発行所　株式会社　法藏館
京都市下京区正面通烏丸東入
郵便番号　六〇〇-八一五三
電話　〇七五-三四三-〇〇三〇（編集）
〇七五-三四三-五六五六（営業）

装幀者　高麗隆彦
印刷・製本　亜細亜印刷株式会社

ISBN 978-4-8318-7359-0 C3015

索　引

Ⅰ．人名

あ　行

か　行

さ　行

た　行

な　行

は　行

ま　行

や　行

ら　行

Ⅱ．事項

あ　行

か　行

さ　行

た　　行

な　　行

は　　行

Ⅲ. 書名

あ　　行

か　　行

さ　　行

た　　行

は　　行

ま　　行

や　　行

ら　　行

Theory of Tanluan's Pure Land Philosophy Formation:

Its Phliosophical Background

BY
ISHIKAWA Takudo

Contents

昙鸾净土教形成论
—其思想背景—

石川琢道著